EINE EINFÜHRUNG

Die Außenpolitik der Bundesrepublik Deutschland

Von Adenauer zu Merkel

Frank R. Pfetsch

Die Reihe
uni studien politik
wird herausgegeben von
Uwe Andersen,
Gotthard Breit,
Peter Massing,
Stefan Schieren,
Johannes Varwick,
Wichard Woyke
Band 44

EINE EINFÜHRUNG

WOCHEN
SCHAU
VERLAG

Bibliografische Information der Deutschen Nationalbibliothek

Die Deutsche Nationalbibliothek verzeichnet diese Publikation in der Deutschen Nationalbibliografie; detaillierte bibliografische Daten sind im Internet über http://dnb.d-nb.de abrufbar.

www.wochenschau-verlag.de

Titelgestaltung: Ohl Design
Titelbild: © dpa
Gesamtherstellung: Wochenschau Verlag
Gedruckt auf chlorfreiem Papier
ISBN 978-3-89974840-6

Inhalt

Vorwort

Dieses Buch bietet einen Überblick über Entstehung und Entwicklung der Außenpolitik der Bundesrepublik Deutschland seit ihrer Existenz. Die Interpretation und die Umsetzung des von der jeweiligen historischen Lage bestimmten nationalen Interesses in politisches Handeln sind dokumentiert in einer nunmehr sechzigjährigen Geschichte, deren Verlauf in verschiedenen historischen Phasen beschrieben und analysiert wird.

Das Jahr 1945, oft als „Stunde Null" bezeichnet, und die nachfolgenden Jahre ergaben in Europa ein gänzlich neues Muster in den Beziehungen der Staaten zueinander. Der epochale Bruch mit der Vergangenheit kann nach den verheerenden Kriegen als Wende von nationaler Machtpolitik, die die vergangenen Jahrhunderte in Europa bestimmt hat, hin zu verhandelter Regionalpolitik gekennzeichnet werden. Es begann sich die Einsicht bei führenden Politikern in Westeuropa durchzusetzen, dass nationale Ziele wie Sicherheit, Wohlstand und die Wahrung eigener Werte nicht gegeneinander, sondern im Miteinander erreicht werden können. Diese Auffassung hat sich bei westeuropäischen Politikern der ersten Stunde allmählich durchgesetzt und hat sich zu dem europäischen Projekt, das heute die Europäische Union darstellt, entwickelt. Die deutsche Außenpolitik war und ist integraler Bestandteil dieses regionalen Aushandlungsprozesses unter demokratischen Staaten. So konnten auch die meist friedlich verlaufenden revolutionären Veränderungen, die sich im östlichen Teil des europäischen Kontinents im ausgehenden 20. Jahrhundert vollzogen haben, die deutsche Vereinigung und die Auflösung des sowjetischen Imperiums, erreicht werden und ergaben für die deutsche Außenpolitik gänzlich neue, von der Konfrontation bis zur Kooperation reichende Rahmenbedingungen. Man kann sagen, dass in säkularer Betrachtung die Jahre 1989/90 für die deutsche Politik eine vergleichbare Zäsur wie die

Jahre 1870/71, 1918/19, 1945/47 darstellen. Zentrale Themen der deutschen Außenpolitik, die sich aus der Spaltung des europäischen Kontinents und Deutschlands ergaben, wie das den Handlungsspielraum bestimmende Ost-West-Verhältnis, die deutsche Teilung oder das Westeuropa der Nationalstaaten sind weggefallen oder haben Modifizierungen erfahren. Auch die westliche Integrationspolitik ist durch die Erweiterung und Vertiefung der Europäischen Gemeinschaft/Union verändert worden. Es zeigte sich, dass Grundpositionen der „alten" Bundesrepublik erhalten geblieben sind und die Kontinuitäten eine Fortschreibung eher als eine Totalrevision nahe legen.

Da die deutsche Außenpolitik eng mit der europäischen verbunden ist und sowohl von der deutschen zur europäischen als auch von der europäischen zur deutschen Politik Einflüsse ausgehen, wird diesem engen Zusammenhang besondere Aufmerksamkeit geschenkt. Europäisierungsprozesse laufen in beiden Richtungen von Brüssel nach Bonn/Berlin (top-down) und von Bonn/Berlin nach Brüssel (bottom-up). Sowohl die Rolle Deutschlands in der EG/EU als auch die Einflüsse der Brüsseler Politik auf die deutsche werden aufmerksam verfolgt. Die Verflechtung mit der europäischen Außenpolitik zeigt, dass eine weitgehende Parallelität wenn nicht Konkordanz zwischen deutscher und europäischer Außenpolitik gegeben ist.

Das Buch gliedert sich in zehn historische Phasen, die jeweils durch außen- und innenpolitische Veränderungen charakterisiert sind. Die besonders einschneidenden Phasen sind als Wegmarken in der Entwicklung gekennzeichnet und geben den roten Faden der Darstellung ab. Als Grundmuster werden fünf Determinantenfelder ausfindig gemacht, die in der Geschichte der deutschen Außenpolitik vier geopolitische Orientierungen bestimmt haben. Unter Bundesrepublik wird zunächst die „alte" Bundesrepublik verstanden; nach der Vereinigung sind die für die Außenpolitik wichtigen Institutionen und, mit Abstrichen, auch die Interessenlagen geblieben, so dass die „neue" Bundesrepublik an die „alte" anknüpft. Die Unterschiede zwischen den

neuen und den alten Bundesländern sind außenpolitisch weniger relevant als innenpolitisch.
Das Buch soll einen größeren Leserkreis ansprechen. Daher ist eine eher historische Darstellung mit im Zentrum handelnden Politikern gewählt worden. Aus der Sicht der Handelnden als auch aus der wissenschaftlichen Analyse werden immer wieder alternative Entwicklungspfade genannt, die Entscheidungssituationen reflektieren und Argumente für diese oder jene Option ergeben. Gleichwohl werden Erklärungen für das Handeln in unterschiedlichen Kontexten angeboten, ohne die die Außenpolitik nicht verstanden werden kann. Handliches auf Verstehen gründendes Wissen soll geboten werden über einen Gegenstand, der für einen Staat wie der Bundesrepublik dank seiner gewachsenen wirtschaftlichen und politischen Bedeutung und seinem politisch-militärischem Engagement jenseits von Europa von großem Interesse ist. Die Bundesrepublik als größte Demokratie im Herzen Europas ist in den Jahren eine vornehmlich zivile Handelsmacht geblieben, auch wenn das militärische Einschreiten außerhalb der Verteidigungsbündnisse in Südosteuropa, im Kaukasus, in Asien und Afrika den Status einer Zivilmacht relativiert.

Zusammenfassende Übersichten und Tabellen sowie Synopsen und Graphiken sollen das Lesen erleichtern und wichtige Informationen auf einen Blick zugänglich machen.

Das spezifisch Neue besteht also darin, dass die Verlaufsgeschichte der deutschen Außenpolitik nachgezeichnet und verstehend erklärt werden soll, dass diese Geschichte durch Identifikation bestimmender Wegmarken, determinierende Faktoren, geopolitische Orientierungen und unterscheidbare historische Perioden strukturiert wird und somit den historischen Stoff einprägsamer nachvollziehbar macht. Längsschnittartige Betrachtungen sowie vergleichende Analysen bringen das jeweils Typische und Charakteristische zum Ausdruck. Struktur- und akteursbezogene Analysen werden miteinander verschachtelt und ermöglichen das Geschehen zu verstehen.

Als Grundlagen für dieses Buch dienen meine früheren Darstellungen und Analysen. Seit der ersten einführenden Publikation 1981 habe ich mich immer wieder mit der deutschen und europäischen Außenpolitik beschäftigt und in zahlreichen Publikationen zum Ausdruck gebracht. Die vorliegende Publikation stellt so zu sagen eine komprimierte Darstellung der außenpolitischen Entwicklung der Bundesrepublik Deutschland dar. Es hat sich gezeigt, dass die in historischer Analyse identifizierten Grundpfeiler der deutschen Außenpolitik bis auf den heutigen Tag erhalten geblieben sind und den Handlungsrahmen abstecken. Meike Pavel und Kai Gräf bin ich für Recherchen und operative Hilfen zu Dank verpflichtet.

Heidelberg, im Sommer 2012

1. Einleitung

Anlässlich der 60 Jahre Bundesrepublik sagte der frühere Bundeskanzler *Helmut Schmidt* zur deutschen Geschichte:

> „Die Deutschen leben in der Mitte Europas, und das seit 1000 Jahren. Wir haben mehr unmittelbare Nachbarn als irgendein europäischer Staat. Diese Zentrallage mit so vielen Nachbarn hat Vor- und Nachteile: den Vorteil, dass wir kulturelle Einflüsse von vielen Nachbarn haben aufnehmen können. Und den Nachteil, dass immer dann, wenn die Deutschen schwach waren, andere in das Zentrum Europas vorgestoßen sind. So die Hunnen, die Ungarn, die Franzosen und so auch die Russen und die Amerikaner."

Und auf die Frage, wie verhielten sich die Deutschen bei Stärke antwortete Schmidt:

> „Dann sind die vorgestoßen, schon im Mittelalter viele Male nach Italien, in beiden Weltkriegen nach Osten und unter Hitler sogar nach Norden, im Süden nach Afrika und im Osten bis in den Kaukasus. Diese Zentrallage ist wahrscheinlich der bei weitem wichtigste Grund dafür, dass die Deutschen sich in die Europäische Gemeinschaft integrieren müssen, heute genannt Europäische Union. Dieser Meinung bin ich seit mehr als 60 Jahren seit 1948."

Zu den Zielen der damaligen deutschen Außenpolitik meinte Schmidt:

> „Europäische Integration und das Bündnis mit den Amerikanern. Aber gleichzeitig auch: Entspannung gegenüber der Sowjetunion und ihrer damals ungeheuren Macht."

Nun noch ein Zitat eines weiteren ehemals führenden Außenpolitikers, *Henry Kissinger*, der gefragt nach den gegenwärtig existierenden Herausforderungen antwortete:

> „Die Verlagerung des Zentrums der Welt vom Atlantik zum Pazifik. Proliferation. Neue globale Probleme wie Klimawandel und Umwelt. Die neue Weltordnung nach der Finanzkrise."

Ich habe diese Zitate[1] ehemals praktizierender Außenpolitiker an den Anfang gestellt, weil sie Grundsätze zum Verständnis außenpolitischen Handels zum Ausdruck bringen, nämlich die *geopolitische Lage* eines Landes, die Bestimmung des *nationalen Interesses* aus dieser Lage, das Verhältnis Deutschlands zu Europa sowie die globalen Herausforderungen vor denen die Politiker stehen. Während sich solche Herausforderungen im Zeitenlauf ändern können, bleiben die geopolitischen Gegebenheiten eines Staates relativ konstant. An der zentralen Lage Deutschlands in seinen verschiedenen Staatsformen hat sich seit Karl dem Großen wenig geändert. Die Grundpfeiler der deutschen Außenpolitik und ihre Wahrnehmung sollen im Folgenden eingehender behandelt werden.

1.1 Die deutsche Geschichte im Fadenkreuz geopolitischer Orientierungen

Der Nationalstaat, wie er sich seit der Reichsbildung 1870/1 darstellt, kennt folgende geopolitische Orientierungen: Aus der Mittellage des deutschen Staatsgebiets heraus sind sechs geopolitische Optionen möglich gewesen, die nach allen geographischen Richtungen zu bestimmten Zeiten der deutschen Außenpolitik der letzten hundertvierzig Jahre eingenommen worden sind: der unabhängige Nationalstaat der kontinentaleuropäischen Mittellage, saturiert bei Bismarck, Weltmacht bei Nachfolgern, das Westbündnis gegen den Osten (Konstellation vor den beiden Weltkriegen, Adenauersches Westbündnis), das Bündnis mit dem Osten gegen den Westen (Rapallo, DDR), die Gegnerschaft zu Ost und West (Zweifrontenkrieg), die Verständigungspolitik mit angrenzenden Nachbarstaaten (Stresemann/Briand, Ostpolitik), und schließlich als integrierte europäische Macht seit 1949 (vgl. Kap. 4).

1.1.1 Die Ausgangslage 1945

Ein Blick auf die Ausgangslage der drei politischen Regime, die auf deutschem Boden seit 140 Jahren existiert haben, lässt die Konturen der spezifischen Lage nach 1945 erkennen. Neun auffallende Gegebenheiten unterscheiden die Nachkriegssituation 1945 von denen der Reichsgründung 1870/71 und der Weimarer Republik 1918:

Erstens: Das Staatsgebiet und die Bevölkerung, für die die neue Verfassung geschaffen werden sollte, war kleiner als zur Zeit der anderen geschichtlichen Epochen. Die „alte" Bundesrepublik umfasste nur 52,7 % der Fläche und 62,0 % der Bevölkerung des Vorkriegszustandes von 1937. Die „neue" Bundesrepublik hat eine Fläche, die 70 % des Vorkriegszustandes ausmacht.

Zweitens: Die territoriale Verteilung der den jeweiligen Staat konstituierenden Gebiete (Bundesstaaten bzw. Länder) war *homogener* als in den davor liegenden Zeitabschnitten. Die elf Länder der Westzonen waren in ihrer Ausdehnung und Struktur bei allem Unterschied ähnlicher als in den drei anderen geschichtlichen Epochen. Das Fehlen des Giganten Preußen, der 65 % des Reichsgebietes und 62 % der Bevölkerung umfasste, gab den verbleibenden Ländern mehr Eigengewicht.

Drittens: Durch den Wegfall der ostdeutschen Territorien gab es bestimmte *gesellschaftliche Schichten*, die im Kaiserreich und der Weimarer Republik politisch bedeutenden Einfluss ausgeübt hatten, nicht mehr. Dem ostpreußischen Junkertum war die ökonomische Existenzgrundlage genommen worden, die insbesondere während der Weimarer Republik, aber auch zur Kaiserzeit das antidemokratische Spektrum mitbestimmte.

Viertens: Die *totale Niederlage* – politisch wie militärisch – ließ eine Dolchstoßlegende, wie sie die Weimarer Republik belastete und den Nationalsozialismus stützte, nicht aufkommen. Die militärische Niederlage von 1945 markiert zwar ähnlich wie das Jahr 1918 den Bruch mit einer historisch-politischen Epoche, die Auflagen der Siegermächte wurden aber 1945 im Gegensatz zu 1918/19 nicht zu einer Belastung für das nachfolgende (bzw. die nachfolgenden) Staatswesen. Die Schuldfrage war 1945 eindeutiger und die Distanzierung zum Nationalsozialismus aufgrund der bekannt gewordenen Verbrechen leichter als dies 1918 der Fall war. Viele der alliierten Maßnahmen konnten daher auch von den Deutschen gutgeheißen werden.

Fünftens: Die Entwicklung zum *Kalten Krieg* schuf auf deutschem Boden ideologische Großblöcke, die als Integrationsinstrumente von der westlichen wie östlichen politischen Führung benutzt werden konnten und wurden. Die Antibilder, oder besser: Feindbilder, wurden benutzt, um die jeweilige politische, gesellschaftliche und ökonomische Ausrichtung zu verfestigen.

Sechstens: Die Aktionen bzw. Reaktionen der *Siegermächte* unterschieden sich nach 1945 von denen nach 1918. Der frühe Antisowjet-Kurs des englischen Premiers Churchill, die Containment-Politik der Truman-Administration ließen die Perspektive eines deutschen Partners im Großraum Europa schon vor der Beratung des Grundgesetzes aufkommen. Selbst der schwierigste Nachkriegspartner für den westlichen Teil Deutschlands, Frankreich, ermöglichte früher als in der Zeit nach 1918 ein Arrangement mit dem ehemaligen Kriegsgegner Deutschland.

Siebentens: In den Jahren während und nach dem Zweiten Weltkrieg kam es zu einer *Bevölkerungsumschichtung* in räumlicher und sozialer Hinsicht, die mit den Folgen einer Revolution vergleichbar ist. Schätzungen ergeben, dass nach dem Krieg jeder zweite Deutsche den Wohnort gewechselt hat und dies nicht nur durch den Zuzug von etwa zwölf Millionen Vertriebenen und Flüchtlingen aus den östlichen Gebieten, den drei Millionen Flüchtlingen aus der DDR vor dem Mauerbau bis 1961, den Umsiedlern und Spätaussiedlern (eine Million) sowie den zwei Millionen, die von den neuen in die alten Bundesländer gewechselt sind. Auf dem Boden der alten Bundesländer haben nach 1945 insgesamt 18 Millionen ihren Wohnsitz erhalten, und rechnet man die Kriegsflüchtlinge von fünf bis sechs Millionen aus den kriegsgeschüttelten südosteuropäischen Ländern hinzu, wird damit die Bevölkerungsdichte erheblich erhöht.

Achtens: Diese Bevölkerungsbewegungen trugen auch zur Einebnung religiöser Unterschiede bei. Der Strom vornehmlich protestantischer Umsiedler aus den östlichen Gebieten in die katholischen des süddeutschen Raumes führte zu einer ausgeglicheneren *religiösen Verteilung*. Die in den fünfziger Jahren heiß umstrittene Frage der Konfessionsschule wurde im weiteren Verlauf von einem kooperativen Verhalten der beiden Konfessionen bis hin zur Ökumene geprägt und überwunden.

Neuntens: Die Gründungsjahre aller drei politischen Staatsformen in Deutschland waren gekennzeichnet durch bedeutende einseitige *finanzielle Transferzahlungen* (vgl. Mackscheidt 1980). 1871 erhielt das Deutsche Reich 4,2 Mrd. Mark als Kriegsentschädigung von Frankreich, in den Jahren 1924 bis 1929 bezahlte das Deutsche Reich 8,6 Mrd. Reichsmark an die Siegermächte (ca. 50 % an Frankreich). Die Reparationen der Bundesrepublik nach dem Zweiten Weltkrieg betrugen nach dem Londoner Schuldenabkommen von 1953 14,0 Mrd. DM (davon ca. 7 Mrd. DM an Israel). Dem stehen von 1946 bis 1952 8,4 Mrd. DM amerikanische Wirtschaftshilfe entgegen. Der Anteil dieses Betrags am Volkseinkommen (2 %) liegt zwar niedriger als die französische Kriegsentschädigung; ihre Wirkung war jedoch aufgrund des gezielten binnenwirtschaftlichen Einsatzes erheblich höher. Die amerikanischen Hilfsprogramme haben mit dazu beigetragen, dass der Bundesrepublik die wirtschaftlichen Schwierigkeiten der Weimarer Republik erspart geblieben sind. Nach der Wiedervereinigung sind erhebliche Transferzahlungen von West nach Ost geflossen. Berechnungen jährlicher Transferzahlungen von den alten Bundesländern in die neuen belaufen sich auf ca. 130 Milliarden Deutschmark. Insgesamt kann von einer Billion ausgegangen werden.

1.2 Die Determinanten und Wegmarken der deutschen Außenpolitik

Die historische Abfolge der deutschen Außenpolitik kann auf zugrunde liegende, die Entwicklung bestimmende Determinanten und auf einschneidende markante Ereignisse bezogen werden.

1.2.1 Fünf Determinanten

Die sechzigjährige Geschichte der Bundesrepublik lässt *fünf Determinantenfelder* erkennen, die als relativ konstante Grundbedingungen das außenpolitische Handeln materiell, ideell, geopolitisch und machtpolitisch determiniert haben bzw. determinieren und den Rahmen für das abgeben, was als „nationales" Interesse bezeichnet werden kann (vgl. Synopse 1). *Erstens:* die mittelbare und unmittelbare *nationale Geschichte,* ihre Belastungen, aber auch von ihr ausgehende Lerneffekte. *Zweitens:* die als Ergebnis des Zweiten Weltkriegs sich einstellende Teilung Deutschlands in zunächst fünf verschiedene Gebietskörperschaften, wobei die Diskussion um die zur Sowjetunion/Russland und Polen gehörenden Teile im Laufe der Nachkriegsentwicklung immer mehr obsolet geworden ist und die zwei deutschen Staaten BRD und DDR sowie West-Berlin den eigentlichen Kern dessen ausgemacht haben, was als *nationale Frage* diskutiert worden ist. Dieses Problemfeld wurde nach der Vereinigung verschoben hin zur Frage nach dem Standort der „neuen" Bundesrepublik. *Drittens:* das aus der zweigeteilten Lage an der Grenzscheide zu zwei Blöcken resultierende besondere militärische *Sicherheitsproblem,* das für die Bundesrepublik vor allem mit Berlin verbunden war. Die Sicherung seiner Zu- und Abgangswege wurde in Krisensituationen des Ost-West-Verhältnisses zu einem neuralgischen Problem der Sicherheit für den Westen. Nach der Vereinigung wird Sicherheit im umfassenderen Sinne gesehen, sowohl materiell (nicht nur militärisch), als auch geopolitisch (out of area). *Viertens* ergeben sich wichtige Determinanten für das außenpolitische Handeln der Bundesregierungen aus den *ökonomischen Prosperitätsbedingungen* einer immer mehr in den Weltmarkt verflochtenen kapitalistischen Industriegesellschaft. Diese das materielle wie immaterielle Innenpotential kennzeichnenden Faktoren (die noch um die „Innenausstattung" mit Normen und Institutionen sowie die zur Verfügung stehenden Instrumente ergänzt werden müssten) des Exportlandes Bundesrepublik sind schließlich *fünftens,* um die *internationalen Akteure* zu erweitern, weil insbesondere in der ersten Nachkriegszeit alle Grundbedingungen von den Siegermächten (mit)bestimmt oder entscheidend beeinflusst worden sind. Das Theorem des *penetrierten Systems*, das James Rosenau eingeführt und Wolfram Hanrieder am Beispiel der Bundesrepublik exemplifiziert hat, betont eben diese externen Determinanten, die im Zuge der Emanzipation der Bundesrepublik obsolet geworden sind und durch das Theorem des *integrierten Systems* ersetzt werden müssen. Der Handlungsspielraum ist in den integrierten Systemen der EG/EU, der NATO sowie der UNO größer geworden und hat darin mehr Verantwortung gefordert, die auch militärische Optionen außerhalb der territorial begrenzten Bündnissysteme einschließen. Somit sind in den fünf Determinanten die wichtigsten Merkmale staatlicher Existenz, Sicherheit/Friede, Wohlstand/Wohlfahrt und Herrschaft/Freiheit angesprochen. Regierungen haben die Aufgabe, die Bevölkerung nach innen und außen zu schützen, für wirtschaftliche Wohlfahrt und Gerechtigkeit zu sorgen und die territoriale Integrität zu wahren.

Außenpolitisch haben diese fünf Determinantenfelder der nationalen Geschichte, der Teilungs- bzw. Vereinigungsfrage, der militärischen Sicherheit, der wirtschaftlichen Wohlfahrt und der Interaktionen mit der Umwelt, also das, was das deutsche Nationalinteresse ausmacht, in der sechzigjährigen Geschichte der Bundesrepublik Deutschland zu vier markanten *Wegmarken und geopolitischen Optionen* geführt (vgl. Graphik 1 und Synopse 1).

1.2.2 Die vier Wegmarken als Basisentscheidungen

Die Einteilung der bundesrepublikanischen Außenpolitik in vier Wegmarken und durch die geographische Lage vorgegebene geopolitische Optionen sowie die zehn historischen Perioden erfolgt aufgrund dominierender Ereignisse in der Geschichte der Bundesrepublik und der internationalen Beziehungen.

Die erste Basisentscheidung der jungen Bundesrepublik ist die *Westintegration mit europäischen und transatlantischen Bünd-*

nissen, die vor allem dem Abbau geschichtlicher Last, der Herstellung eigenständiger Handlungsfähigkeit (Souveränität) und dem militärischen Sicherheitsbedürfnis Rechnung trägt, aber erweitert um den weltwirtschaftlichen Aktionsradius auch die Konstitutionsbedingungen einer zunehmend außenhandelsverflochtenen Industriegesellschaft abgibt. Über zahlreiche Verbindungsglieder (linkages) ist die atlantische mit der globalen oder mondialistischen Option im Innern der Bundesrepublik verbunden, und nach außen zeigen die wichtigsten demokratischen Industriegesellschaften des Westens neben wirtschaftlichem Wettbewerb eher Interessenharmonie: die Konstitutionselemente des ökonomischen Systems erfordern wirtschaftspolitische und damit auch politische Großräume. Solche Großräume boten sich an zunächst im transatlantischen Rahmen, wofür der Marshall-Plan ein erstes Modell abgibt, und die OEEC eine erste Organisationsform. Die großeuropäische Freihandelslösung wurde von Vertretern des exportorientierten und auf Liberalisierung – für Industriegüter im Export und für Rohstoffe im Import – im Welthandel drängenden Gruppierungen, allen voran vom ersten Wirtschaftsminister und zweiten Kanzler Ludwig Erhard sowie von seinen wirtschaftspolitischen Nachfolgern, einer kleineuropäischen Integrationslösung vorgezogen. Globalen Konzepten und Organisationsformen wie dem GATT wurde der Vorrang vor regionalen Teillösungen gegeben, und, wenn solche existierten, dann wurde eine Erweiterung (wie bei der EG/EU) befürwortet.

Die Orientierung auf Westeuropa deckt in unterschiedlicher Weise alle fünf Problemfelder ab. Als Rahmen für das Sicherheitsinteresse ist eine europäische Lösung, in welchen Schattierungen auch immer, wohl nie exklusiv angelegt gewesen. Dagegen traten die von deutschen Politikern anvisierten Europavorstellungen unterschiedlichen Deutschlandkonzepten Rechnung. Die Westintegration ist primär auf die westdeutsche Teilstaatslösung Bundesrepublik ausgerichtet gewesen, während Vorstellungen, die Europa als historische Gesamtheit im Auge hatten, auch Gesamtdeutschland anvisierten, also auch Neutralitäts- und Brückenkonzepte einschließen. Europa als der unmittelbare geopolitische Raum gab und gibt weiterhin den wichtigsten Rahmen für den politischen und wirtschaftlichen Aktionsradius ab und hat, wie unterschiedlich auch immer, zur Abtragung der historischen Belastung beigetragen.

Die zweite Wegmarke, die *Ostpolitik,* liegt im Bezugsfeld der Ost-West-Entspannungspolitik (KSZE), des bipolaren internationalen Systems und sollte zur Überwindung der deutschen und europäischen Spaltung führen. Ab den siebziger Jahren wird Osteuropa und hier insbesondere die Sowjetunion und später ihre Nachfolgestaaten als Vertragspartner wichtiger. Mit den Staaten Osteuropas werden Anfang der siebziger und Anfang der neunziger Jahre bilaterale Verträge geschlossen, die in unterschiedlichem Maße allen fünf nationalen Interessen Rechnung tragen. Die Politik der guten Nachbarschaft in Europa entspricht dem Wirtschaftsmodell ebenso wie der sogenannten Weltfriedenspolitik, die auf den Abbau von Spannungen im Ost-West- wie im Nord-Süd-Verhältnis gerichtet war bzw. ist. Osteuropa bleibt auch nach der Vereinigung als potentieller Wirtschaftsraum von Bedeutung.

Funktionale Äquivalente des ökonomischen und politischen Mondialismus sind also Organisationsformen wie die OECD, das GATT/WTO, die G7-, G8-, G20-Weltwirtschaftsgipfel, die Assoziationsabkommen mit den AKP-Staaten, die wirtschaftlichen wie politischen Arrangements mit osteuropäischen Staaten und China etc.

Graphik 1: Geopolitische Optionen der deutschen Außenpolitik

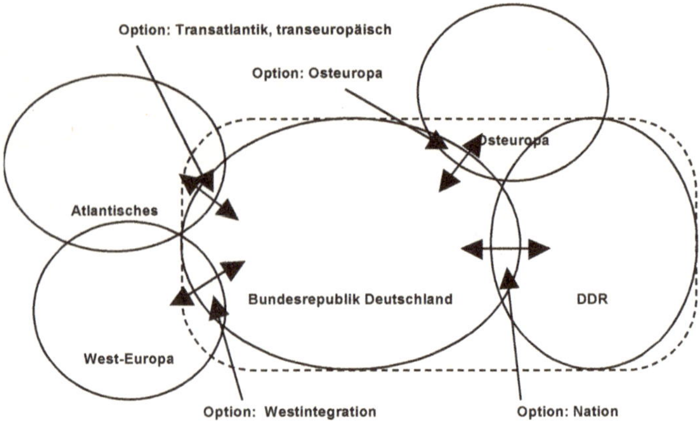

Die dritte Wegmarke, bis zur Vereinigung wohl aber wichtigste geopolitische Orientierung richtete sich auf die deutsche Frage, d.h. das *Verhältnis beider deutscher Staaten,* eine Orientierung, die von Interpreten der deutschen Außenpolitik als dominant und *germanozentrisch* (Alfred Grosser) bezeichnet wurde. Das Problem der deutschen Teilung hat (zumindest in den ersten beiden Nachkriegsjahrzehnten) die innenpolitische Diskussion zentral bestimmt, und es lassen sich funktionale Zusammenhänge zwischen bestimmten nationalen Optionen und den anderen geopolitischen Orientierungen nachweisen. Die ökonomischen Konstitutions- und die militärischen Sicherheitsbedingungen treten laut Grosser in ihrer Bedeutung gegenüber der nationalen Frage im deutsch-deutschen Verhältnis zurück.

Die Lösung der „nationalen Frage" wurde von allen politischen Gruppierungen in einem wie auch immer gearteten europäischen Staatensystem gesucht, wobei sich zunächst die westeuropäische Integration, später auch ein gesamteuropäisches System als Lösungsrahmen anbot bzw. von den jeweiligen Kanzlern angestrebt wurde. Basierte die erste Strategie im Zeichen des Kalten Krieges auf Konfrontation gegenüber den osteuropäischen kommunis-

Synopse 1: Konzeptionelle Kategorien zur Analyse der deutschen Außenpolitik

Die vier Wegmarken der deutschen Außenpolitik, geopolitische Optionen	Fünf Determinantenfelder	Zehn historische Perioden (1945-2009)
1. Westintegration 2. Öffnung nach Osten, Ostpolitik 3. Nation, Trennung, Vereinigung 4. Transeuropäisch, jenseits der Bündnissysteme (out of area)	1. Vergangenheitsbewältigung geschichtliches Erbe 2. Die deutsche Frage: von der Trennung zur Vereinigung 3. Sicherheit des geteilten Landes, später: umfassender Sicherheitsbegriff (materiell, geopolitisch) 4. Wirtschaftliche Wohlfahrt, wirtschaftlicher Aufstieg, exportunterstütztes Wachstum 5. Internationales Umfeld, Kalter Krieg, Entspannung, weltweite Herausforderungen	1. 1945-1949: Orientierungsphase 2. 1949-1957: Westintegration unter Adenauer 3. 1956/7-1963: Adenauers Kurs im Zeichen des Kalten Kriegs 4. 1963-1969: Tasten nach alternativen Optionen unter Erhard/Kiesinger 5. 1969-1975: Ostpolitik im Zeichen der Entspannung unter Brandt/Scheel 6. 1975-1988/9: Politik gegen den Spannungskurs unter Schmidt und Kohl 7. 1989-1990: Implosion der SU und deutsche Vereinigung unter Kohl/Genscher 8. 1990-1998: Verarbeitung der Vereinigung (Kohl) 9. 1998-2005: Rot-Grüne Koalition unter Schröder/Fischer 10. 2005-2010 Große Koalition unter Merkel/Steinmeier, ab 2009 Merkel/Westerwelle

tischen Staaten, so weist die Ostpolitik der siebziger Jahre im Zeichen der Entspannung auf ein Arrangement mit ihnen. Die militärische Sicherheitsfrage ist in Gestalt der gescheiterten EVG und später als WEU bzw. der GASP/ESVP zum Tragen gekommen.

Die vierte Wegmarke schließlich bestimmte ab den neunziger Jahren die innen- wie außenpolitische Orientierung der deutschen und europäischen Außenpolitik und bedeutet das, was als transeuropäische Option genannt werden kann, die jenseits der Territorien der Bündnissysteme auf dem Balkan, im Mittleren und Nahen Osten, in Afrika und Asien stattfindet. Diese vierte Wegmarke der bundesdeutschen Außenpolitik kann auch als „Aufbruch in die Weltpolitik“ bezeichnet werden, die allerdings in der Außenwirtschaftspolitik schon unter Helmut Schmidt in den siebziger Jahren begonnen hat.

1.2.3 Begriffliche Charakterisierungen zur deutschen Außenpolitik

Mit welchen Begriffen wurde die bundesrepublikanische Außenpolitik in den jeweiligen Phasen ihrer Entwicklung charakterisiert?[2]

Die erste deutschsprachige Zusammenschau über zwei Jahrzehnte deutscher Außenpolitik versucht den außenpolitischen Handlungsraum aus den *„Maximen eines mittleren Staates“* (Waldemar Besson 1970) zu gewinnen und die Interpretation auf diese Konstruktion zu beziehen. In der ersten englischsprachigen Gesamtdarstellung der ersten zwei Jahrzehnte benutzt Wolfram Hanrieder (1967) in Anlehnung an James Rosenau (1990) das *Konzept des penetrierten Systems*[3], um damit die Abhängigkeiten des nationalen vom internationalen System auf den Begriff zu bringen. Peter Katzenstein (1987) spricht in diesem Zusammenhang vom *semi-souveränen* Staat. Die Grenzen – so das Konzept – zwischen „außen“ und „innen“ verwischen, Nichtmitglieder des nationalen Systems sind direkt und autoritativ über Mitglieder des Systems an der Verteilung und Zuteilung von Werten oder der Mobilisierung von Unterstützung für ihre eigenen Ziele beteiligt.

Die Kennzeichnung der deutschen Außenpolitik, insbesondere der sechziger Jahre, als *germanozentrisch* (Alfred Grosser 1978) will andeuten, dass die Außenpolitik der Bundesrepublik im Grunde Deutschlandpolitik gewesen sei. In gewissem Umfang gilt dies auch für die fünfziger und siebziger Jahre, auch wenn die Mittel und Wege andere waren und die europäische und mondialistische Option ein größeres Gewicht hatten. Die These kann aber vertreten werden, dass die West- sowohl als auch die Ostpolitik Deutschlandpolitik mit anderen Mitteln gewesen sind, denn die innenpolitische Auseinandersetzung um die West- und Ostverträge hatte die Deutschlandfrage zentral im Fokus. Karl Kaiser (1968) beschreibt die Lage der Bundesrepublik im internationalen Staatensystem während des Kalten Krieges mit dem *Konzept der modifizierten Bipolarität* (mutated bipolarity). Die deutsche Teilung oder die Lage der zwei deutschen Staaten sei ein Strukturelement einer sich ändernden Bipolarität, auch wenn die relative Stabilität der internationalen Machtkonstellation durch diese Teilung ständig herausgefordert wurde.

In den Arbeiten von David Calleo (1978, 1989) wird die deutsche Außenpolitik in der Tradition kontinentaler Europapolitik gesehen, als eine *Balance zwischen den drei Kreisen* atlantischer, europäischer und nationaler geopolitischer Orientierung. Als Basistheorem, als wichtigstes Determinantenfeld werden die ökonomischen Wachstumsbedingungen genannt, die – so die zentrale These – in der Nachkriegszeit sich maximaler und optimaler haben entfalten können als je zuvor in der deutschen Geschichte. Prosperität, aber auch Verletzbarkeit hängen von dem Gleichgewicht im Sinne gleichzeitiger Verfolgung der drei Kreise ab.

Auf eben diese ökonomischen Bedingungen einer marktwirtschaftlichen und weltwirtschaftlichen Orientierung ist die Bezeichnung *„Handelsstaat"* (Rosecrance 1986) gerichtet mit hohen Exportquoten basierend auf „Industriestaatlichkeit". Die vergleichsweise geringen Anteile an militärischer Produktion und der zurückhaltende Einsatz derselben lassen die Bezeichnung *„Zivilmacht"* (Maull 1993) gerechtfertigt erscheinen; sie bezieht sich auf das Modell der Zivilgesellschaft und steht in der Tradition „Civic-Culture-"Forschung. Diese ist fokussiert auf die Bedeutung der staats- und marktfernen gesellschaftlichen Gruppierungen und billigt den nicht-staatlichen Interessengruppen eine wichtige Rolle zu. Im außenpolitischen Bereich meint allerdings der Begriff die Vorherrschaft diplomatischen Verhandelns vor dem Gebrauch militärischer Mittel.

Neuere Arbeiten zur bundesdeutschen Außenpolitik thematisieren zwei Extreme: Arnulf Baring (1988) kritisiert den neuen „*Größenwahn*" und Hans Peter Schwarz (1985) die „*Machtvergessenheit*". Die Reserviertheit gegenüber internationalem Engagement bezeichnet der *Economist* als „underpowered"; nachdem zuvor mit der Vereinigung Befürchtungen eines *Vierten Reichs* deutschen Übergewichts geäußert wurden (overpowered), sei nun wieder Deutschland als Motor und Führungsmacht in Europa gefragt. Eine stärker das nationale Interesse betonende Vokabel ist die einer „*normalen Macht*" (Gunther Hellmann 2006), die ihre eigenen Interessen verfolgt und sich damit absetzt von dem „*multilateral reflex*" (Tuschoff 2005), der die deutsche Außenpolitik als eingebettet in internationale Strukturen sieht. Christian Hacke (2004) sieht die Bundesrepublik als *Weltmacht wider Willen*, von Bredow (2006) *als Normalität.*

1.3 Zum Verständnis: Theoretische Ansätze

Erklärungen für das außenpolitische Verhalten von Staaten beziehen sich entweder auf den autonom-nationalen, den regional vergemeinschafteten (Europa) oder auf den internationalen Kontext. Zum Handeln auf der Politikebene des nationalen Entscheidungssystems und des internationalen Umfelds vermögen Akteur-Struktur-Ansätze (Dessler 1989, Carlsnaes 1994), lerntheoretische Ansätze von Deutsch (1963) bzw. von Peter Hall (1993) und Paul Sabatier (1993) sowie verhandlungstheoretische Ansätze Einsichten zu vermitteln. Die drei analytischen Kategorien der Handlungsebenen sind in der Realität miteinander verflochten. Für die Bundesrepublik determinierend war zunächst der internationale Ost-West-Konflikt (Kalter Krieg), dann nach seiner Auflösung vor allem die Supermacht USA von Bedeutung. Zur Staatsraison der Bundesrepublik gehörte von Anfang an das westliche Bündnissystem mit den USA und dem sich integrierenden Europa. Je nach den Schwerpunkten der Erklärungsmuster fokussieren die verschiedenen Analysen auf alle drei Handlungsebenen sowie auf ihre Beziehungen zueinander.

Im Kontext des „Staatenverbundes“ EU ergeben sich für die Mitgliedsstaaten, so auch für die bundesrepublikanische Regierung vier verschiedene Verhaltensweisen, je nachdem, ob das Handeln als einzelstaatlich oder als gemeinschaftlich verstanden wird. Die Skala reicht von

- national selbständigem Verhalten, insbesondere im bilateralen Verhältnis;
- durch EU- oder andere Staaten unterstütztem Verhalten,
- koordiniertem oder harmonisiertem Verhalten mit EU-Ländern bis zum abgestimmten Verhalten gegenüber anderen Regionen (interregional) oder Staaten,
- Gemeinschaftshandeln im Rahmen von EG/EU-Entscheidungen (vgl. Pfetsch 1994, 125).

In den verschiedenen Phasen der bundesrepublikanischen Außenpolitik werden diese verschiedenen Verhaltensmodalitäten unterschiedlich zu bestimmen sein.

Die Übersicht markiert die wichtigsten Etappen und Ereignisse in der Entwicklung der nationalen, regionalen und globalen Kontexte (siehe Übersicht 1).

Für die Bundesrepublik Deutschland, wie sie sich mit der Gründung des Staates 1949 etabliert hat, gilt, dass sie nicht im Verständnis der auf den Nationalstaat fixierten *realistischen Schule* mit militärischen Machtkategorien allein erfasst und auch nicht nur auf staatliche Politik reduziert werden kann. Zu nachhaltig sind die historischen Nachwirkungen aus der NS-Zeit, als dass das geschichtliche Gedächtnis, die historischen Erinnerungen, die durch diese Zeit und ihre Aufarbeitung wirkenden mentalen Prägungen außer Acht gelassen werden könnten. Diese Wirkfaktoren können nur mit einem Ansatz begriffen werden, der Ideen, Überzeugungen, Normen im Blickfeld hat. Der *Konstruktivismus* versucht eben dies. Ebenso wenig kann das Basistheorem des realistischen Ansatzes, nämlich dem der externen anarchischen Umwelt mit den relativ stabilen Blockbildungen des Kalten Krieges in Einklang gebracht werden. Die Blockbildungen in Ost und West waren alles andere als anarchisch, sondern eben fest gefügte und in ihrem Verhalten einigermaßen berechenbare Gebilde. Deshalb beklagen eingefleischte „Realisten" wie John Lewis Gaddis (1987) oder John Mearsheimer (1990) den Wegfall des Ost-West-Konflikts. Dass externe Akteure Mitspieler im nationalen Entscheidungssystem waren, liegt ebenfalls quer zu den Prämissen des realistischen Ansatzes. Bedingt kann auch nur die Abgabe von Souveränitätsrechten an eine supranationale Instanz wie die EG/EU mit dem realistischen Ansatz in Einklang gebracht werden. Allerdings hat z.B. Hans Morgenthau die Übertragung von nationalen Kompetenzen an überregionale Institutionen nicht ausgeschlossen für den Fall, dass damit ein Zugewinn verbunden ist (Morgenthau 1993, 972-973); auch im neo-realistischen Ansatz wird ein Positiv-Summen-Spiel als Bedingung für Interdependenzbeziehungen genannt (Stein 1990). Die europäische Integrationspolitik ist eher mit dem *liberalen Institutionalismus* zu erfassen, der auch den Einfluss wirtschaftlicher oder kirchlicher Verbände in den verschiedenen Phasen der deutschen Außenpolitik berücksichtigt.

Ein weiteres Charakteristikum der bundesdeutschen Außenpolitik ist nur bedingt mit den Kategorien des auf den Nationalstaat fixierten realistischen oder neorealistischen Ansatzes zu erfassen. Die nach außen gerichteten Aktionen der „alten" und der „neuen" Bundesrepublik waren mit nur wenigen Ausnahmen mit den westlichen Partnern abgestimmt, koordiniert oder z.T. in vorauseilendem Gehorsam auf die Verbündeten ausgerichtet. Die West- wie die Ostpolitik war als multilaterale Vertragspolitik angelegt, die westeuropäische Integrationspolitik ist per definitionem intergouvernementale Politik und in Gestalt der Supranationalität nur durch Abtretung souveräner Rechte zu realisieren; auch die Vereinigungspolitik war in den Zwei-plus-Vier-Verhandlungen international abgesichert. Diese Politikanlage kann mit dem neorealistischen Ansatz der Optimierung oder der Maximierung nationaler Interessen, die bei *Interessenkonkordanz* auch gemeinsam mit anderen Akteuren erreicht werden können, nur unzureichend erfasst werden.

Die ausgehandelte und verhandelte, multilateral angelegte Politik bzw. die neuartigen Vergemeinschaftungs- und kollektiven Entscheidungsprozesse sind eher mit Hilfe von Interdependenzansätzen der *liberalen oder funktionalistischen Schule* zu erfassen. Hierzu gehören *Verhandlungs-, Kooperations-, Integrations- oder Regimetheorien.* Auch Konstitutionalismus- und Föderalismusansätze sowie Mehrebenen- und Netzwerkansätze helfen, die Perspektive eines europäischen Bundesstaates zu erfassen, der für die bundesrepublikanische Außenpolitik zum wichtigen Leitbild wurde. Hinzu kommt ein Netz nicht-staatlicher Verbindungen durch internationale Wirtschafts- und Gewerkschaftsverbände, Zusammenschlüsse von Parteien, Städtepartnerschaften, regionale Kooperationen etc., die transnational angelegt sind und am ehesten von den Interdependenzschulen der Internationalen Beziehungen erfasst werden können. Dabei gilt, dass es nicht die eine Theorie internationaler Verflechtung gibt, sondern mehrere Erklärungsansätze für jeweils unterschiedliche historische Perioden herangezogen werden müssen.

1.4 Methodische Fragen

Eine Fülle recht unterschiedlicher Materialien, Informationen, Fakten etc. können zur Bearbeitung eines Themas wie dem vorliegenden herangezogen werden. Selbstdarstellungen in Reden, Aufsätzen, Erinnerungen etc. sind häufig benutzte Quellen. Dies reicht jedoch zur Interpretation oder Erklärung politischen Handelns nicht aus und zwar aus folgenden Gründen:

Offizielle Statements, Wahlreden, Reden aus bestimmten Anlässen und sei es auch nur die Wiederkehr des Geburts- oder Todestages eines Politikers – diese schriftlich dokumentierten Zeugnisse sind mit bestimmter Absicht, aus einem bestimmten Grunde an ein bestimmtes Publikum gerichtet. Es ist zur Interpretation und zum Verständnis solcher Aussagen wichtig, den Adressaten, den Anlass und die zeitgeschichtliche Situation zu kennen, um Rückschlüsse auf zugrunde liegende Motive und

Absichten ziehen zu können. Memoirenliteratur ist dabei schon „ehrlicher", weil aus der Distanz geschrieben – bei aller Absicht der Rechtfertigung vergangenen Handelns. Die Adenauer Erinnerungen sind wichtige historische Quellen ebenso wie die Schriften von Egon Bahr oder Helmut Schmidt. Dennoch ist die Diskrepanz zwischen Aussagen und Intention offensichtlich. Ein „ehrlicher" Politiker gibt in solcher Literatur auch durchaus einmal Fehleinschätzungen oder Missinterpretationen zu. *Willy Brandt* z.B. machte in seinen Erinnerungen an vielen Stellen solche Zugeständnisse (vgl. Brandt 1989).

Äußerungen von Regierungsvertretern der ersten Großen Koalition wie auch der sozial-liberalen Koalitionen, wonach keine deutschen Waffen in politische Spannungsgebiete geschickt werden, wurden durch Indiskretionen und die Veröffentlichung von geheimen Unterlagen des Bundesnachrichtendienstes über privaten Waffenhandel widerlegt. Hätte man nur offizielle Erklärungen oder auch zusätzliche Erinnerungsliteratur als Quellen der historischen Analyse zur Verfügung, würde dies nicht der Realität entsprechen.

Das Nicht-Zutreffen öffentlicher und offiziell angekündigter politischer, wirtschaftlicher oder anderer Wirkungen und Folgen muss nun nicht immer wissentlich und willentlich von kurzfristiger Taktik bestimmt oder aus anderen Gründen falsch angekündigt sein. Eine gegenteilige Auffassung impliziert, dass politisches Handeln risikofrei, also in jedem Moment durchschaubar und kalkulierbar ist. Die Diskussionen um Kernenergiegewinnungsanlagen oder des Klimaschutzes zeigen sehr eindringlich, wie schwer die Einschätzung des Risikos ist und dass die Wahrscheinlichkeiten eines Reaktorunglücks ganz unterschiedlich beurteilt werden. In vielen Bereichen der Politik – wie im Übrigen auch der Wirtschaft – sind Entscheidungen nur unter Bedingungen von Unsicherheit möglich.

Sehr eindringlich, geradezu klassisch, weist *Bismarck* in seinen „Gedanken und Erinnerungen" auf diese Entscheidungssituation hin: „Ich habe natürlich während der bewegten und gelegentlich stürmischen Entwicklung unserer Politik nicht immer mit Sicherheit voraussehen können, ob der Weg, den ich einschlug, der richtige war, und doch war ich gezwungen, so zu handeln, als ob ich die kommenden Ereignisse und die Wirkungen der eigenen Entschließungen auf dieselben mit voller Klarheit voraussehe ... Für einen Minister ... ist die Ungewissheit des Erfolgs einer jeden politischen Entschließung von aufreibender Wirkung. Man kann die politische Gestaltung in der Zeit, welche die Durchführung einer Maßnahmeregelung bedarf, so wenig mit Sicherheit vorhersehen, wie das Wetter der nächsten Tage, und muss doch seine Entschließungen fassen, als ob man es könnte, nicht selten im Kampfe gegen alle Einflüsse, denen Gewicht beizulegen man gewöhnt ist"(Bismarck 1905, Band 2, 184).

2. Grundbedingungen des internationalen Systems. Die ehemalige Ost-West- und die Nord-Süd-Achse, Öffnung vom Atlantik zum Pazifik

Zur Interpretation einer historisch gegebenen Situation gehören sowohl „objektive" wie „subjektive" Faktoren der näheren und entfernteren Umwelt. Zu den objektiven Faktoren werden gerechnet wirtschaftliche Konjunktur- und Strukturdaten, politische Institutionen und Organisationen, das kollektive Gedächtnis, historische Ereignisse wie z.B. die Inflation 1920/23, die Weltwirtschaftskrise 1929/32, die nationalsozialistische Vergangenheit oder die Teilung Deutschlands, die Gründung zweier deutscher Staaten sowie deren Vereinigung. Im engeren Sinne zählen hierzu auch der politische Apparat und die Binnenausstattung der bundesdeutschen Außenpolitik mit den vorgegebenen Normen und bestehenden Institutionen. Zu den subjektiven Faktoren gehören Vorstellungen, Meinungen und Motive von Politikern, die nicht notwendigerweise auf die existierende Wirklichkeit bezogen sein müssen, also ideologischer oder utopischer Natur sein können.

Das außenpolitische Handlungsfeld eines Staates erfährt von anderen Staaten bzw. Organisationen von Staaten Einflüsse, die je nach historischer Situation, Größe und Gewicht des betreffenden Staates stärker oder schwächer sein können. Aussagen wie die, die Bundesrepublik sei ein *penetriertes System* (Hanrieder), ein „Produkt der Siegermächte" oder eine *Zwillingsschwester des Atlantikpaktes* (Grosser), weisen auf den Außeneinfluss hin. Entstehung und Entwicklung der Bundesrepublik waren von zwei Konfliktachsen bestimmt: dem inzwischen historisch gewordenen Ost-West-Gegensatz mit seinen Zentren in Washington und Moskau und seit etwa Mitte der sechziger Jahre dem Nord-Süd-Konflikt. Der Ost-West-Gegensatz ist nach 1990 einem westlichen Zentrum mit mehreren regionalen Führungszentren gewichen. Es ist somit zum Verständnis der deutschen Außenpolitik wichtig, die Grundgegebenheiten der internationalen Staatenwelt in einigen wesentlichen Bedingungen und Entwicklungstendenzen zu skizzieren. Dies soll nur ausschnittsweise und vor allem anhand einiger Potentialgrößen geschehen, da der Schwerpunkt dieser Darstellung auf der Verlaufsgeschichte der deutschen Außenpolitik und ihrer Erklärung liegt.

Das internationale Staatensystem kann durch folgende Merkmale und Trends beschrieben werden, die mittelbar oder unmittelbar auf die deutsche Außenpolitik eingewirkt haben.

2.1 Interdependent abgestuftes Machtgefälle

Das internationale Staatensystem ist durch abgestufte hierarchische Herrschaftsstrukturen gekennzeichnet. Es gibt oder gab Großmächte oder Supermächte, es gibt in ihrer Peripherie (ihrem Einflussbereich) liegende Staaten mittlerer Größe, und es gibt Staaten, die zu beiden in der Peripherie oder im Einflussbereich liegen. Während die Phase des Kalten Krieges von zwei Supermächten bestimmt wurde, beginnt sich seither ein drei- oder mehrpoliges System auszubilden, mit zahlreichen kleineren Untereinheiten. Die Hierarchisierung des internationalen Staatensystems wird je nach zugrunde gelegten Kriterien unterschiedlich konkretisiert. Nach Militär- und Wirtschaftsstärke kann man um die Jahrhundertwende 2000 acht Rangstufen in der internationalen Machtordnung unterscheiden: 1.) eine neo-imperiale Supermacht (USA), 2.) mindestens acht Atommächte (USA, Russland, Frankreich, Großbritannien, VR China, Indien, Pakistan, Israel), 3.) wirtschaftliche Zentren (USA, EU, Japan), mit zunehmend an Gewicht gewinnenden Schwellenländern (China, Indien), 4.) Subimperien mit einer regionalen Führungsrolle (VR China, Brasilien, Iran, Ägypten, Indien, Vietnam und Indonesien, Algerien, Nigeria und Südafrika), 5.) rohstoffreiche Entwicklungsländer der OPEC, CIPEC u. a., 6.) kleinere und mittlere Industriestaaten mit geringer bargaining-power außerhalb der EU, 7.) Entwicklungsländer, die weder zu den rohstoffreichen noch zu den Ländern mit regionaler Führungsrolle zählen, aber auch nicht zu den ärmsten gerechnet werden, und schließlich 8.) die ärmsten Entwicklungsländer (vgl. auch Brauch 1979, 88). Dieses Ensemble von Staaten bzw. Staatengruppen ist kein anarchisches Gebilde wie die Schule des Realismus in seinen verschiedenen Varianten annimmt, sondern ein vielfältig ineinander verwobenes, interagierendes, teils integriertes, teils regimemäßig verbundenes Gebilde mit staatlichen und nicht-staatlichen Akteuren.

Die wichtigen Nord-Süd-Konferenzen um eine neue Weltwirtschafts- bzw. neue Weltinformationsordnung in der zweiten Hälfte der siebziger Jahre haben folgende relativ stabile Staatenkonstellationen gezeigt: Bei der UN Handels- und Entwicklungskonferenz Unctad II: 1.) Gruppe der 77 Entwicklungsländer (mit 130 (2008) Staaten), 2.) 13 Öl exportierende Staaten der OPEC, 3.) 24 westliche Industriestaaten der OECD, 4.) ehemalige sozialistische Staatshandelsländer, 5.) die VR China.

Nach dem Ende des Ost-West-Konflikts zeichnen sich 3+1 ökonomische und politische Gravitationszentren ab: die OECD-Staaten mit ihren drei Schwerpunkten in den USA, Europa und Japan, sowie einige potentielle Gravitationszentren wie China, Indien, Russland oder Brasilien. In der seit 2001 tagenden Doha-Runde handelspolitischer Verhandlungen stehen sich in der Welthandelsorganisation die sieben mächtigsten Handelsstaaten (EU, USA, China, Indien, Australien, Brasilien, Japan) gegenüber, wobei die Interessen zum Teil quer zu den Industrie- bzw. Agrarstaaten verlaufen. Die EU war gespalten in Länder, die den Agrarprotektionismus aufrechterhalten wollen (Frankreich, Italien, Irland, Litauen) und solche, die ihre Industrie zu schützen trachten (Deutschland, Großbritannien). Die Genfer

Verhandlungen im Juli 2008 sind letztlich an den unterschiedlichen Agrarinteressen der USA (für Freihandel) und Indiens (für Protektionismus) gescheitert. Die Verhandlungen laufen sowohl intra- (zwischen nationalen Akteuren und innerhalb von Gruppen von Staaten) als auch interregional (zwischen gleich gesinnten regionalen Gruppen). Die Finanz- und Wirtschaftskrise 2008/9 hat schließlich die Gruppe 20 wirtschaftlich starker Länder hervorgebracht, die von der Machtausstattung repräsentativer sind als die im Sicherheitsrat der UNO versammelten Staaten.

2.2 Spannungs- und Entspannungsphasen im Ost-West-Verhältnis. Der Ausbruch des Kalten Krieges

Bis zur Vereinigung blieben die beiden deutschen Staaten in die Spannungs- und Entspannungsphasen zwischen den großen Supermächten eingebunden. Diese Konstellation kennt im zeitlichen Ablauf zahlreiche Veränderungen von hoher und geringerer Spannung. Die Autoren, die diese Entwicklung beschrieben haben, differieren nur unwesentlich in der Einteilung in Entwicklungsphasen. Wilfried Loth (1980, 180-185) z. B. unterscheidet bis 1969 fünf Phasen:[4]

1943-1947 wird als Inkubationsphase bezeichnet, in der die Kriegskoalition auseinanderzubrechen droht und beide Seiten ihren Einflussbereich zu sichern trachten.

1947-1952 eskaliert das Spannungsverhältnis zunächst in der Berlin-Krise 1948, dann im Koreakrieg 1950-53. Diese Phase wird zur entscheidenden Spannungsphase des Kalten Krieges und zur Formationsphase der Blöcke. Es kommt zur Gründung westlicher (OEEC, Marshall-Plan, Schuman-Plan, NATO, EVG) und östlicher (Kominform, Warschauer Pakt) Regionalbündnisse. Auf die Atombewaffnung der USA (1945) folgt die der UdSSR (1950). Reibungs- bzw. Krisenfelder entstehen an der Grenze der westlichen und östlichen Einflussbereiche und in Ländern der Dritten Welt: in der Tschechoslowakei, in Griechenland, in der Türkei, in Persien, in Korea und in Berlin.

1953-1957 gilt als Phase leichter erster Entspannung. Der Tod Stalins leitet den Prozess der Entstalinisierung ein, der auf dem XX. Parteitag der KPdSU 1956 seinen Höhepunkt findet. Der Koreakrieg endet 1953; die Sowjetunion ist mit der „Konsolidierung" ihres Lagers beschäftigt (Aufstände in der DDR 1953, in Polen und Ungarn 1956); die Märznote der Sowjetunion an die Bundesregierung scheint auf Einlenken zu zielen; die Politik der Befreiung ist auf Seiten des Westens weitgehend aufgegeben, auch der Grundsatz der deutschen Wiedervereinigung als Voraussetzung für die Entspannung findet immer weniger Anhänger.

1958-1962 kann als weitere Spannungsphase bezeichnet werden. Das Berlin-Ultimatum 1958, der Versuch, Raketen auf Kuba zu installieren (1961), der Bruch zwischen der Sowjetunion und der VR China und schließlich die Kuba-Wende 1962 mit dem Abzug der Raketen durch die Sowjetunion kennzeichnen diese Spannungsphase, die mit der Status-quo-Anerkennung seitens der Sowjetunion endet.

1963-1969 kann als Übergangsphase zur Entspannung verstanden werden, einer Phase, die durch das Atomtestabkommen von 1963, den Vertrag zur Nicht-Weitergabe von Kernwaffen (1968) sowie die Vorschläge zur KSZE-Konferenz gekennzeichnet ist. Das atomare Patt ist durch den Ausbau der Zweitschlagkapazität auf beiden Seiten verfestigt worden.

Andere Autoren wie Ernst Nolte lassen die Kalte-Kriegs-Ära 1947 mit der Verkündung der Truman-Doktrin anfangen und mit dem Besuch des amerikanischen Präsidenten in Peking und Moskau 1972/73 enden, also mit der Öffnung des bipolaren Systems (vgl. Nolte 1974). Der amerikanische Außenminister Henry Kissinger hat dann die siebziger Jahre als eigentliche Entspannungsphase bezeichnet.

Das Ende des Ost-West-Konflikts kann mit der Auflösung des Warschauer Paktes (1990) und der Sowjetunion (1991) gleichgesetzt werden.

Die Periode des Kalten Krieges gilt in einem nicht unerheblichen Teil der Literatur als Stabilitätsperiode. Der Wegfall des

Sowjetimperiums führe zu erheblichen Unsicherheiten (vgl. Gaddis 1987; Mearsheimer 1990). In der Tat sind im Osten Europas neue Konfliktherde entstanden, die auch für die deutsche Außenpolitik in den folgenden Jahren eine Herausforderung darstellen sollten.

2.3 Die Emanzipation der Dritten Welt. Die aufstrebenden Mächte

Neben dem abgestuften Machtgefälle zwischen Staaten und Staatengruppen und den Wandlungen im Ost-West-Verhältnis ist das dritte Charakteristikum des internationalen Systems, wie es sich in den Jahren nach dem Zweiten Weltkrieg darstellt, die Tatsache, dass sich in dieser Zeit die Zahl der Akteure durch die Unabhängigkeit zahlreicher Staaten vergrößert hat. Heute umfasst die internationale Staatengemeinschaft der Vereinten Nationen, in der, von wenigen Ausnahmen abgesehen, alle Staaten der Erde Mitglied sind, 192 (2010). Die zahlenmäßige Minoritätenposition der USA und der UdSSR mit ihren jeweiligen Verbündeten, den westlichen Industriestaaten (Gruppe B) und den ehemaligen Staatshandelsländern (außer VR China Gruppe D), hat den amerikanischen UN-Vertreter zur Klage über die „Tyrannei der Mehrheit“ veranlasst. Dass die rein quantitative Zunahme von Ländern im internationalen System auch eine Zunahme an politischem Gewicht, z.T. auf Kosten der Großmächte, bedeutet, ist nicht nur evident, wenn man die regionalen oder wirtschaftlichen Zusammenschlüsse von Ländern der Dritten Welt wie z.B. die OPEC oder die „Gruppe 77“ in ihren politischen Aktionen betrachtet. Diese Gruppe umfasst gegenwärtig 130 Entwicklungsländer, darunter etwa 50 moslemisch geprägte Staaten und besitzt in wichtigen UN-Organisationen wie der UN-Vollversammlung, der UNCTAD, UNIDO, FAO etc. die Mehrheit der Stimmen.

Auch der Spielraum einzelner Staaten ist größer geworden. Paul Noack schreibt dazu:

„Ende der siebziger Jahre ist von einer Abhängigkeit der lateinamerikanischen Staaten angesichts der Nähe der USA nicht mehr zu spüren, als dies bei jedem mittleren Staat angesichts der militärischen und wirtschaftlichen Stärke der USA der Fall ist. Kaum einer der Staaten vergewissert sich in Angelegenheiten der internationalen Politik noch, welche Position die USA einnehmen werden. Venezuela war Gründungsmitglied der OPEC [...] Peru unterhielt enge Beziehungen mit der Sowjetunion, Brasilien schließt Atomverträge mit der Bundesrepublik gegen den Willen Washingtons ab, Kuba interveniert in Angola und gegen Somalia [...], Mexiko und Brasilien verurteilen Israels Zionismus als Rassismus, und sie solidarisieren sich mit Panama gegen die USA in dessen Kampf um die Nationalisierung der Kanalzone. Natürlich bleibt noch die wirtschaftliche Penetration, aber die Manövrierfähigkeit der USA ist auch nicht mehr viel größer als die ihrer Partner. Dies ist das eigentlich Revolutionäre der Zeit seit Ende der sechziger Jahre." (Noack 1978, 191). Auch wenn diese Einschätzung die Bedeutung der Großmächte allzu sehr herunterspielt, gibt sie doch eine Tendenz zum Polyzentrismus an.

2.4 Relative Positionsverluste der Supermächte Verlagerung und Reorientierung nach dem Ende des Kalten Krieges

Mit dem Prozess der Emanzipation junger Staaten verbunden ist – dies das vierte Merkmal des internationalen Systems – der relative Positionsverlust der Supermächte. Zahlreiche Indikatoren belegen die Veränderung des Kräfteverhältnisses, das auch zu einer Veränderung des Machtverhältnisses führt bzw. führen wird.

Die in Potentialanalysen zur Grundlage genommenen strategisch-materiellen Größenziffern wie militärische Ausrüstungsgüter (Nuklearwaffen, Trägerraketen) oder wichtige Güter des zivilen Bedarfs (Öl-, Stahl-, Schiffs- und Autoproduktion) zeigen im Zeitvergleich eine Verringerung des relativen Anteils der USA an der Weltproduktion dieser Güter (vgl. Tab. 1). 2006 betrug der Anteil des BSP am Welt-BSP nur noch 27,4 %, verglichen mit 52 % 1950.

Tabelle 1: Veränderung der Position der USA

Jahre	N-Waffen + Träger-Raketen	Öl, Stahl, Schiffs-raumpro-duktion	Jahre	Anteil an Autopro-duktion	Anteil am Welt-handel	Anteil am Welt-BSP
			1950	80 %	21,9 %	52,0 %
1946	100 %	50 %	1960	50 %	17,5 %	33,0 %
1974	45 %	20 %	1970	33 %	13,6 %	27,7 %
			1975	27 %	12,2 %	25,0 %
			1980	21 %	11,0 %	26,4 %
			1990	20 %	10,7 %	26,6 %
			2000	22 %	9,3 %	28,3 %
			2010	10 %	10,8 %	26,0 %

Quelle: Karl W. Deutsch: Die Außenpolitik der USA (MS) 1978 bzw. für die Autoproduktion Robert W Cox: Gewerkschaften und multinationale Konzerne. In: Beilage zur Wochenzeitung „Das Parlament" B 35-36/76, Aug. 1972, 28. Global Car Production Statistics 2002, Statistisches Jahrbuch 1992 für das Ausland, Wiesbaden 1992, 273; World Bank (Atlas) 1991, 2008, United Nations Conference on Trade and Development (UNCTAD): Online-Datenbank (UNCTAD-stat).

Die immer noch relativ starke Position von Industriestaaten (IS) im Vergleich zu Entwicklungsländern (EL) wird belegt dadurch, dass 50 % aller Militärausgaben von westlichen IS und über 70 % der Auslandshilfe aus IS kommt. Die EU ist der größte Entwicklungshilfegeber und besitzt als Staatengemeinschaft das größte Sozialprodukt sowie die höchste Exportquote. Auch die Maßgrößen aus dem Kernbereich technologisch fortgeschrittener Zivilisationen belegen die Vormachtstellung der IS. Das Monopol für Nobel-Preise halten seit dem Zweiten Weltkrieg die USA. Die UdSSR/Russland fällt nach diesem Prestigeindikator weit zurück. Die Forschungs- und Entwicklungsressourcen werden nach wie vor von den auch politisch dominierenden Staaten monopolisiert. Etwa 20 % der in Forschung und Entwicklung Tätigen arbeiten in den USA, und die Vereinigten Staaten leisten bei weitem die meisten Ausgaben für F & E. Europa-West beschäftigt etwa so viel F & E-Personal wie der Rest der Welt. Auch auf dem Gebiet der Information über und aus dem kulturellen und wissenschaftlichen Bereich hat sich an der Monopolstellung der Industriestaaten in den letzten 25 Jahren nichts geändert. Der Anteil dieser Staaten an der Welt-Buchproduktion liegt zwischen 70 und 80 % mit allerdings abnehmender Tendenz.

Die Veränderungen, die sich gemessen an einigen Stärkeziffern in den letzten 30 Jahren im Verhältnis der Mächte zueinander vollzogen haben, lassen sich somit charakterisieren: Auf dem Gebiet der materiellen Produktion hat die Supermacht USA an Gewicht verloren (wohl hauptsächlich zugunsten der kleineren Industrie- und Schwellenländer), während vor allem auf dem Gebiet der Wissensproduktion die USA ihre Vormachtstellung halten, wenn nicht gar ausbauen konnten.

2.5 Die neuen Rahmenbedingungen seit den neunziger Jahren

Nach dem Ende des Kalten Krieges zeichnet sich ein multipolares System mit unterschiedlichen Zentren ab. Die neu sich bildende Weltordnung kann als *kooperativer oder kompetitiver Interregionalismus* gekennzeichnet werden. Ökonomisch ist von einem Drei-plus-Eins-System die Rede, bestehend aus den drei Wirtschaftspolen USA, EU und Japan plus der VR China, die in den letzten Jahren enorm hohe Wachstumsraten ihres Sozialprodukts zu verzeichnen hatte. Den relativen Positionsverlust haben die Vereinigten Staaten dadurch wettzumachen versucht, dass sie in verschiedenen Krisenherden der Welt Militäraktionen im Rahmen der UNO und mit finanzieller Unterstützung anderer Staaten durchgeführt haben. Der Konsens zwischen den ehemaligen Supermächten hat zunächst die UNO aus der Sklerose des Kalten Krieges befreit und ihr einen größeren Handlungsspielraum verschafft. Diese Aufwertung der universalen Organisation konnte zunächst als neues Moment in den internationalen Beziehungen markiert werden, das auch die „neue" Bundesrepublik zu aktiverer Politik herausfordert. Befreit von der zum Hindernis gewordenen Hallstein-Doktrin und nach der Lösung der „deutschen Frage" haben auch für die Bundesrepublik die Weltorganisationen an Bedeutung gewonnen. Die internationalen und regionalen Organisationen UNO, GATT/WTO, EG/EU, KSZE/OSZE sowie die internationalen Regime (G7, G8, G20, IWF) geben bei der Meisterung der Turbulenzen im Osten und Südosten des europäischen Kontinents einen an Bedeutung zunehmenden Handlungsrahmen vor. Multilaterale Weltordnungen werden heute (2010) von allen Nicht-Supermachtstaaten gefordert: Die europäische Sicherheitsstrategie von 2003 fordert einen „effektiven Multilateralismus" und wird in der Wahrnehmung der potentiellen oder aktuellen Gefahren (Terrorismus, Verbreitung von Massenvernichtungswaffen, regionale Konflikte, gescheiterte Staaten) ähnlich gesehen wie in den USA; in den Mitteln ihrer Bekämpfung unterscheidet sich jedoch der „europäische Westen" vom „amerikanischen Westen" unter George W. Bush: die EU und mit ihr die Bundesrepublik sehen in multilateralen Gremien, in Diplomatie und Verhandlung, in Rechtstaatlichkeit, in Zivilgesellschaft und Demokratieförderung das Mittel der Gestaltung der internationalen Beziehungen. Europa setzt eher auf „soft power", Amerika auf „hard power", was durchaus komplementär sein kann. Die EU-Länder, China, Indien, Russland, Brasilien etc. sehen in einem verstärkten Multilateralismus ihre Interessen besser vertreten als in einem von den USA dominierten Unilateralismus. Emmanuel Todd spricht von einer neuen Pentarchie mit Russland, China, Japan, Europa und den Vereinigten Staaten.[5] Barack Obama hat die Tradition des Multilateralismus von Bill Clinton wieder aufgegriffen und hat sogar die Vision einer Welt ohne Atomwaffen lanciert. In Zukunft werden sich die weltpolitischen Gravitationszentren weiter nach Ost- und Südostasien verlagern, vom Atlantik hin zum Pazifik. In Asien deutet sich durch allianzstrategische Bündnisse der USA mit Indien, Japan, Südkorea und Vietnam eine neue Machtbalance zu China an.

3. Wegmarken und Perioden der außenpolitischen Entwicklung der Bundesrepublik

Die Darstellung der historischen Entwicklung ist zugleich induktiv wie deduktiv angelegt: die Ordnungsschemata sind einem Vorverständnis von dominierenden Mustern im nationalen wie internationalen System entsprechend geordnet und zugleich vom Selbstverständnis der Akteure getragen. Die Interpretation des historischen Ablaufs erfolgt unter Berücksichtigung sowohl subjektiver Verständniskategorien wie objektiver, d.h. ex post nachvollziehbarer und vergleichender Lagen. Die vorliegende Darstellung versucht, Ziele außenpolitischer Orientierung in den verschiedenen Phasen der Außenpolitikentwicklung herauszuarbeiten, die sie tragenden Gruppierungen zu identifizieren und auf Erklärungsmuster zu beziehen.

Entsprechend dem im einleitenden Teil dargestellten Interpretationsansatz, der von *fünf Determinantenbereichen* der nationalen und internationalen Politik ausgeht (geschichtliche Grundlagen, nationale Frage, Sicherheitsbedarf durch Teilung bzw. außenpolitische Risiken, ökonomische Konstitutionsbedingungen und schließlich Einflussbereich der internationalen Staatenwelt) und im wesentlichen zu *fünf geopolitischen Optionen* führt (die deutsch-deutsche, die West-, die Osteuropa- und die transeuropäische Option), soll im folgenden die außenpolitische Ereignisgeschichte im Spiegel neuerer historischer Arbeiten in *zehn Perioden* dargestellt werden (vgl. Übersicht 1). Das Ziel dieser gerafften über sechzig Jahre reichenden Geschichte ist es, dominierende Ereignisse herauszustellen und zu interpretieren. Die genannten „objektiven“ wie „subjektiven“ Gegebenheiten des nationalen und internationalen Systems dienen dabei ebenso als Interpretationsrahmen wie das Selbstverständnis der

Akteure selbst. Dokumente der Ereignisgeschichte (Verträge, Erklärungen, aufgezeichnete Gespräche etc.) werden zum Verständnis und zur Interpretation nur in den jeweils relevanten Ausschnitten zitiert.

Nach dominierenden außen- wie innenpolitischen Mustern lassen sich *vier grundlegende Basisentscheidungen oder Wendemarken* in den zehn Perioden der Entwicklung der zunächst westdeutschen, dann gesamtdeutschen Außenpolitik (vgl. Synopse 1) unterscheiden: die *Westintegration* der Bundesrepublik und die Ostintegration der DDR, die Öffnung mit der *neuen deutschen* Ostpolitik, die revolutionären Veränderungen in den Oststaaten des europäischen Kontinents, die die *deutsche Vereinigung* ermöglichten, sowie das größere transeuropäische, auch militärische Engagement, d.h. *Operationen im Rahmen aber außerhalb des Territoriums der Bündnissysteme.*

Die vier Wegmarken lassen sich in unterschiedliche Perioden geringer Reichweite unterteilen, die in dem zusammenfassenden Teil am Ende des Buches näher erläutert werden:

Die Orientierungsphase (1945-1949), das Westbündnis (1949-1957) und der Westkurs unter *Adenauer* (1956/57-1963), Alternativen in der West- und Ostpolitik unter *Erhard/Schröder* (1963-1969), die neue deutsche Ostpolitik unter *Brandt/Scheel* (1969-1974/5), der Kurs gegen die Konfrontation unter *Schmidt und Kohl* (1975-1988/9), die Politik der Vereinigung unter *Kohl/Genscher* (1989/90) und die Periode deren Verarbeitung (1990-1998) unter *Kohl*, die transeuropäische Außenpolitik der rot-grünen Koalition unter *Schröder/Fischer* (1998-2005) und deren Fortsetzung unter der zweiten Großen Koalition ab 2005 unter *Merkel/Steinmeier* und der kleinen Koalition unter *Merkel/Westerwelle* (siehe Übersicht 1 und Kap. 4).

Übersicht 1: Phasen der Entwicklung im nationalen, regionalen und globalen Kontext

Deutschland	Welt	Europa
1945-49 Besatzungsmächte: Formierungsphase		
Vergangenheit, Alliierte und deutsche Pläne zur A-Pol., Bundesrepublik, DDR	Kalter Krieg, Blockbildung, Marshallplan	Europabewegung, Europarat 1949
1949-57 Adenauer: Westintegration/Konsolidierung		
Petersberg, Deutschland-Verträge, NATO	Kalter Krieg: Konfrontation NATO-Warschauer Pakt	Gemeinschaft für Kohle + Stahl (EGKS 1951), EVG
1957-63 Adenauer: Weiterentwicklung des Westkurses		
Legitimation Wahl 1957, Spiegelaffäre 1961, Berlin-Mauerbau 1961, Regierungswechsel 1963	Berlin-Ultimatum 1958, Mauerbau 1961, Dritte Weltbewegung (Blockfreiheit)	EWG, Euratom 1957/58, Pleven Pläne/Frankreich de Gaulle: Élysée-Vertrag
1963-69 Erhard/Kiesinger: Alternative Wege		
Gaullisten, Atlantiker, Beginn Ostpolitik (Tutzinger Rede Bahr/Brandt), 1. Große Koalition 1966–69)	Zeitweise Entspannung, Bridge-Building, Dritte-Welt-Konferenzen	Politik des leeren Stuhls, Veto de Gaulles, EG Luxemburg-Kompromiss, Pompidou
1969-74/75 Brandt/Scheel: Politik des Ausgleichs/Ostpolitik		
Ostpolitik – Verträge, Verbesserungen zwischen deutschen Staaten, Wirtschaftskrise	Entspannung: Helsinki-Prozess, KSZE, Ölkrise, G7-Treffen, Neue Weltwirtschaftsordnung	EPZ 1969, Werner-Plan, Helsinki Schlussakte 1975, 1. Erweiterung 1972/3
1975-89 Schmidt/Kohl: Spannungs- und Entspannungsphasen		
Modus vivendi dt.-dt. Terrorismus/Mogadischu NATO-Doppelbeschluss, Kurs gegen Konfrontation	Spannungsphase 1981-86 Entspannung ab 1986 (Gorbatschow)	Direktwahl Parlament 1979, 2. Erweiterungsrunde 1981/86, EEA, Delors, Schengen 1985/95
1989-92/93 Kohl/Genscher: Wiedervereinigung		
Wirtschafts-, Währungs- und Sozialunion, Einigungsvertrag, Zwei-plus-Vier-Verhandlungen	Zerfall Sowjetunion und Jugoslawien, Ende der Ost-West-Konfrontation	Maastricht (EU-Vertrag) 1992/3, Wirtschafts- und Währungsunion, GASP

1993-98 Kohl: Verarbeitungsphase/Wirtschaftsunion

Balkan-Politik, Solidarität, Regierungswechsel 1998	Instabilität/Konflikte nach Auflösung der UdSSR und Jugoslawiens	3. Erweiterung 1993/5, Amsterdam 1998, Euro ab 1999

1998-2005 Schröder/Fischer: Transeuropa, Out of Area

Rot-Grüne-Koalition, Bosnien, Kosovo, Irak, Afghanistan	Terrorismus	Balkan, Nizza 2001: Charta der Grundrechte 4. Erweiterungsrunde 2004/07

2005-2010 Merkel/Steinmeier: Große Koalition; Merkel/Westerwelle: Kleine Koalition

2.Große Koalition 2005-09, Schwarz-gelbe Koalition ab 2009	Weltfinanz- und Wirtschaftskrise, Klimawandel G8, G20	2004/07, Verfassungsvertrag > Reformvertrag > Lissabonvertrag 2009

3.1 Die Formierungsphase des Weststaats (1945-49)

Im Folgenden werden die einschneidenden innen- wie außenpolitischen Veränderungen in den verschiedenen Perioden bzw. Wegmarken der deutschen Außenpolitik beschrieben.

3.1.1 Die Politik der Siegermächte gegenüber Deutschland

Die Politik der Siegermächte war nicht so kontinuierlich und einheitlich, wie sie sich im Nachhinein dem Betrachter darstellen mag. Die Deutschlandpolitik der Alliierten des Zweiten Weltkriegs formte sich vielmehr im Ablauf der Jahre seit 1941 bis etwa 1947, also vom Jahr des deutschen Einmarsches in Russland über die verschiedenen Konferenzen der Westalliierten (Casablanca 1943, Quebec 1944) und Alliierten (Teheran 1943, Jalta 1945, Potsdam 1945) bis zu den Moskauer und Londoner Außenministerkonferenzen, die die Konstellationen der bipolaren Welt schon sichtbar werden ließen. Die Konzepte zu Deutschland gingen von totaler Zerstückelung („Karthago-Politik“) in der Anfangszeit (und dies bei allen Beteiligten) bis zur Beibehaltung eines einheitlichen Staatsgebildes, eine Forderung, die zunächst vor allem von der Sowjetunion getragen wurde.

Es ist hier nicht der Ort, die Deutschlandvorstellungen der Siegermächte im Ablauf der Zeit und vor dem Hintergrund jeweiliger innenpolitischer Konstellationen nachzuzeichnen.[6] Es sollen hier nur die Zielvorstellungen der für die besetzten Gebiete sprechenden und damit die Vertretung nach außen wahrnehmenden alliierten Besatzungsmächte aufgezeigt werden. „The two German states are not regimes that created foreign policies, but foreign policies that created political regimes" (Kaiser 1968, 1). Bei allem Trennenden lassen die die Vorstellungen der Alliierten dokumentierenden Materialien folgende Gemeinsamkeiten erkennen: Deutschland sollte als Friedensrisiko ausgeschaltet werden (durch Zerstörung des gesamten militärischen Potentials), es sollte als ökonomische Macht geschwächt werden (durch Dezentralisierung der Wirtschaft und durch Reparationen), schließlich sollte der Nationalsozialismus ausgerottet werden (durch Zerschlagung aller nationalsozialistischen Organisationen und Entnazifizierung). Auf diese vagen und verschieden interpretierbaren Negativformeln, Antifaschismus, Antimilitarismus, Antimonopolismus, konnten sich die drei bzw. vier Besatzungsmächte einigen. Unterschiede zeigten sich bald bei der Neugestaltung eines zukünftigen Deutschland. Die Westmächte und die Sowjetunion, beide Seiten haben sich in ihren jeweiligen Verträgen mit der Bundesrepublik bzw. der DDR Rechte vorbehalten, bezüglich einer Änderung der staatlichen Existenz in Deutschland, die weder durch die Souveränitäts-Verträge (Vertrag über die Beziehungen zwischen der DDR und der Sowjetunion vom 20.9.1955 oder Freundschaftsvertrag vom 12.6.1964 und Generalvertrag vom 23.10.1954) noch durch spätere zweiseitige Verträge der Bundesrepublik und der DDR außer Kraft gesetzt worden sind. Erst die „Zwei-plus-Vier"-Verträge machen die Vorbehaltsrechte obsolet.

Diese gemeinsamen Vorstellungen der Alliierten aus der Zeit der Kriegsallianz werden 1947 abgelöst von der Gegnerschaft im Kalten Krieg. Als Ereignisse für diese Wende von der Kriegsallianz zur Bipolarität werden genannt oder sind zu nennen: das Scheitern der Marshall-Plan-Verhandlungen in Paris Juli 1947

(Schwarz), die Verkündung der Truman-Doktrin März 1947 (Huster et al.,1985), das Scheitern der Moskauer Außenministerkonferenz (Huster et al.; Grosser), die Expansion der UdSSR und danach die Festigung der Hegemonie in Osteuropa, die kommunistischen Umsturzpläne in Griechenland sowie die Wirtschaftskrise in der Türkei (Truman) und der nur zögernde Rückzug der sowjetischen Truppen aus dem Iran. Als deutschlandpolitische Ereignisse müssen vor allem die Byrnes-Rede im September 1946, die Bildung der Bizone 1947 sowie die Aufkündigung des Alliierten Kontrollrates durch die Sowjets im März 1948 als Spaltungsereignisse genannt werden. Die führenden Mitglieder des Politbüros der KPdSU Andre Shdanow und Malenkow sagten anlässlich der Gründung der Kominform im September 1947, dass die Welt in „zwei feindliche Lager" gespalten sei; in ein „imperialistisches Kriegslager um die USA" und ein „antiimperialistisches Friedenslager um die UdSSR"[7]; es gelte, die amerikanische Politik in Westeuropa im Allgemeinen und den Marshall-Plan im Besonderen zu vereiteln. Schon zuvor im Februar 1946 hatte *Stalin* die prinzipiellen Differenzen beider Systeme hervorgehoben. Definitiv manifestiert sich die deutsche Spaltung bzw. die Ost-West-Konfrontation während der Londoner Sechs-Mächte-Konferenz ohne die Sowjetunion im Februar 1948 und bei den hier getroffenen Entscheidungen zum Aufbau eines westdeutschen Staates. Im April 1948 beschließen die westlichen Alliierten die Aufnahme der drei Westzonen in die OEEC. Die Währungsreform Juni 1948 schafft in den drei westlichen Besatzungszonen die Voraussetzung für den wirtschaftlichen Aufstieg. Als Reaktion verlässt die UdSSR den Kontrollrat, und die neuen Bestimmungen der Sowjets über den Berlinverkehr lösen dann die Berlin-Blockade aus, den ersten Höhepunkt des „Kalten Krieges" (Walter Lippmann). Die Westmächte ihrerseits übergeben am 1. Juli 1948 als Empfehlung der Londoner Konferenz die Frankfurter Dokumente an die westdeutschen Ministerpräsidenten, die den groben Rahmen für eine Verfassung des westdeutschen Staates abstecken.

Die Herrenchiemsee-Konferenz und der Parlamentarische Rat (Konstituierung am 1. September 1948) beraten das Grundgesetz, das am 8. Mai 1949 vom Parlamentarischen Rat angenommen wird und am 23. Mai in Kraft tritt. Am 12. Mai verkünden die Westalliierten das Besatzungsstatut.

1947 war nicht nur die Wende im Verhältnis Ost-West, sondern auch im Verhältnis der Westalliierten zueinander. Die wirtschaftlichen Schwierigkeiten Großbritanniens und Frankreichs ermöglichten den Vereinigten Staaten eine Führungsrolle in Europa – sowie durch das Atombombenmonopol in der Welt – und gaben ihren Vorstellungen über die zukünftige Gestaltung des westdeutschen Staates größere Durchsetzungschancen.

Die alliierte Politik gegenüber Deutschland war auf drei Ebenen gelagert, auf der Ebene der Regierungschefs bzw. der Außenminister, auf der Ebene des Alliierten Kontrollrates und auf der Ebene der Militärregierungen in den jeweiligen Zonen[8], wobei die US-amerikanische Militärregierung ab 1946/47 die entscheidende Rolle spielte.[9]

Die Berliner Erklärung über das Kontrollverfahren in Deutschland spricht davon, dass die oberste Gewalt in Deutschland von den vier Zonen-Befehlshabern je einzeln in den entsprechenden Zonen und gemeinsam in den „Deutschland als Ganzes betreffenden Angelegenheiten" ausgeübt wird. Auch in den „politischen Grundsätzen" des Potsdamer Abkommens wird die Formel „Deutschland als Ganzes" gebraucht. Kontrovers ist die Diskussion um die Frage nach der Verpflichtung der Alliierten zur Wiederherstellung der staatlichen Einheit Deutschlands. Bis zur Bildung der ersten Großen Koalition vertrat die Bundesregierung die Ansicht, aus der Berliner Erklärung vom Juni 1945 und dem Potsdamer Abkommen folge die Verpflichtung, Deutschland als Ganzes zu erhalten. Völkerrechtler beziehen sich jedoch zumeist als „Anspruchsgrundlage" auf den Deutschland-Vertrag vom 26. Mai 1952 bzw. 23. Oktober 1954, was die Westmächte betrifft und für die Sowjetunion auf den Vertrag mit der DDR vom 20. September 1955. In beiden vertraglichen Übereinkommen sei die Verpflichtung zur Wiedervereinigung ausgesprochen worden. Die Sowjetunion hat sich im Vertrag vom September 1955 zur Wiedervereinigung Deutschlands auf „friedlicher und demokratischer Basis" bekannt, und die Westalliierten sprechen von dem Ziel der Herstellung eines „wiedervereinigten Deutschland, das eine freiheitlich-demokratische Verfassung, ähnlich wie die Bundesrepublik, besitzt und das in die europäische Gemeinschaft integriert ist."

Die Sowjetunion hat etwa Mitte der fünfziger Jahre ihre Position verlassen und die These von den zwei deutschen Staaten vertreten, die künftig selbst über die Wiedervereinigung zu befinden hätten. In offiziellen Dokumenten wird jedoch weiterhin von der „Wiedervereinigung" (Genfer Gipfelkonferenz vom Juli 1955) oder von der „Einheit Deutschlands" (Freundschafts- und Beistandspakt vom 12. Juni 1964 zwischen der SU und der DDR) gesprochen.

3.1.1.1 Die Politik der USA gegenüber Deutschland. Vom Morgenthau-Plan zum Marshall-Plan[10]

Die Roosevelt-Regierung war bis 1945 für eine Aufteilung des Reichsgebiets zunächst in sieben unterschiedlich verwaltete Teile (Konferenz von Teheran 28.11-1.12.1943), dann in vier Gebiete (Konferenz von Quebec, 1944: zwei Staaten in Nord und Süd, Internationalisierung und Entindustrialisierung des Ruhrgebiets, Abtretung Ostpreußens und Südschlesiens an Polen; dieser Plan geht auf den Staatssekretär im Schatzministerium *Henry Morgenthau jr.* zurück). Keiner dieser Pläne hatte praktische Auswirkungen. Vielmehr war die Aufteilung in Besatzungszonen eine Vorwegnahme der zukünftigen Staatsgebiete der Bundesrepublik und der DDR. Die Normativität des Faktischen setzte die zahlreichen Pläne der Alliierten außer Kraft.[11]

Auch wenn im Protokoll der Europäischen Beratenden Kommission die britisch-amerikanische Zonenaufteilung noch nicht exakt festgelegt war, gilt dieses Dokument als „das in territorialer Hinsicht wichtigste Dokument für die Nachkriegsentwicklung" (Deuerlein 1970, 72).

Die Wende der amerikanischen Außenpolitik hin zum wirtschaftlichen und politischen Wiederaufbau der Westzonen kündigt sich in der Stuttgarter Rede des amerikanischen Außenministers Byrnes vom 6.9.1946 an:

- Reparationen sollen in den Grenzen des Potsdamer Abkommens gehalten werden, d.h. in Bezug auf die UdSSR: neben Entnahmen in der SBZ 15 % der industriellen Anlagen aus den Westzonen in Austausch mit dem Gegenwert an Naturprodukten, 10 % industrielle Ausrüstungsgüter ohne Gegenleistung,
- Verzicht der USA auf weitere Entnahmen in ihrer Zone,
- wirtschaftliche Vereinigung Deutschlands in größtmöglichem Umfang,
- Bildung eines deutschen Nationalrats (bestehend aus den Ministerpräsidenten) als zentrale Verwaltungsbehörde; Vorbereitung einer Bundesverfassung,
- Grenzen weitgehend wie in Potsdam beschlossen, d.h. Abtretung im Osten und Westen (Saargebiet zu Frankreich, aber nicht das Ruhrgebiet).

Der Militärgouverneur General *Lucius D. Clay*, der die amerikanische Besatzungspolitik maßgeblich bestimmte, hatte die Vorstellung, dass entsprechend der Entwicklung von der amerikanischen Zone zur Bizone auch die SBZ sich nach der Schaffung der Bundesrepublik anschließen würde. Dies war nach seiner und Achesons Vorstellung nur von einer Position der Stärke („situations of strength", Acheson) möglich. Wenn diese Sogwirkung funktioniere, umso besser. Falls dieser Zusammenschluss nicht gelänge, sei dies kein großer Schaden für die amerikanische Position.

Der amerikanische Kongress bewilligte im April 1948 insgesamt 17 Mrd. Dollar für das „European Recovery Program" (ERP). Auf Westdeutschland entfielen davon bis 1952 3,2 Mrd. Dollar, auf Großbritannien 3,4, auf Frankreich 2,8 und auf Italien 1,5 Mrd. US-Dollar. Der gezielt in produktive Bereiche der

Volkswirtschaft fließende Finanzierungsschub trug sicherlich u.a. dazu bei, dass in den fünfziger Jahren von einem Wirtschaftswunder gesprochen werden konnte. Die *politische* Bedeutung des Marshallplans muss jedoch noch höher bewertet werden. Er war ein wichtiges Antriebsmoment für die Errichtung der Bundesrepublik als separaten Weststaat, ein Einfluss- und Steuerungsmoment für die Durchsetzung der freien oder sozialen Marktwirtschaft und für die definitive Westbindung der Bundesrepublik als Rahmen für die bundesdeutsche Außenpolitik. Manfred Knapp vertritt daher mit Recht die Ansicht, dass „die politische Bedeutung des Marshall-Plans für Deutschland letzten Endes doch höher einzuschätzen sei als seine ökonomischen Wirkungen für Westdeutschland" (Knapp 2004, 43).

3.1.1.2 Die sowjetische Deutschlandpolitik Vom Gesamtdeutschland zum Zwei-Staaten Konzept

Wie für andere Alliierte, so gilt auch für die Sowjetunion, dass ihre deutschlandpolitischen Ziele sich im Zeitablauf änderten, sowohl von innenpolitischen wie außenpolitischen Konstellationen abhängig waren. „Von einer zielbewussten, klaren Deutschlandpolitik der Sowjetunion während der Jahre 1945 bis 1949 kann keine Rede sein" (Schwarz 1980, 266). Vier Alternativen scheinen gegeben gewesen zu sein: Vernichtung und Ausbeutung, eine nicht sowjetfeindliche Reichsregierung, Bolschewisierung Deutschlands und Teilung. Durchgesetzt hat sich schließlich die Teilung durch den Aufbau einer sowjethörigen deutschen Regierung und Umgestaltung der SBZ nach sowjetischem Modell.

Die sowjetische Deutschlandpolitik ist vor allem dadurch gekennzeichnet, dass propagierte Absicht und politische Praxis auseinanderklaffen und somit die innerdeutschen Kontroversen um die sowjetische Politik hat entstehen lassen. Die wissenschaftliche Analyse steht vor einem ähnlichen Dilemma. Die Quellenlage zur Erforschung der sowjetischen Deutschlandpolitik war ungleich ungünstiger als die zur Erforschung der amerikanischen. Wie für die amerikanische so gilt auch für die

Deutschlandpolitik der UdSSR, dass sie in den ersten Nachkriegsjahren ambivalent und von äußeren, weniger von inneren Konstellationen abhängig war.

Die Sowjetunion hat in der von ihr besetzten Zone die Politik ihres Systems betrieben (ähnlich wie auch die westlichen Alliierten in ihren Zonen). Die in der SBZ sehr früh einsetzende Sowjetisierung hat den Gegnern dieser Politik genügend Anlass zu der Behauptung gegeben, dass bei ausreichendem Einfluss auch weitere deutsche Gebiete diesem Modell hätten angepasst werden sollen. Die planmäßige Vorbereitung deutscher kommunistischer Gruppen auf den Tag X der Regierungsübernahme lässt ebenfalls auf eine solche Strategie schließen (vgl. Leonhard 1961; Fischer 1975). Die systematische Umformung osteuropäischer Staaten zu „Volksdemokratien" (eine Tautologieerfindung von Tito) und die Ausschaltung „bürgerlicher" Parteien in Polen (Londoner Exilpolitiker), der Tschechoslowakei, in Ungarn und Bulgarien und die vertragliche Festlegung auf die „Freundschaft" mit der Sowjetunion bei Verbot der Annahme amerikanischer Wirtschaftshilfe belegen die sowjetischen Ziele in ihrem Einflussbereich.

Die bestimmende Figur der sowjetischen Politiker, *Joseph Stalin*, hat russische Großmachtpolitik betrieben und die Möglichkeiten einer territorialen Erweiterung da genutzt, wo sie sich boten. Auch kommunistische Gruppierungen in anderen Ländern waren Schachfiguren in diesem Spiel. Als Realist in der Einschätzung der Möglichkeiten unterließ er eine direkte Konfrontation mit der damals mächtigsten Macht, den USA.

3.1.1.3 Die britische Deutschlandpolitik
Die kontinentale Balance

Wie die übrigen späteren Siegermächte trat auch die britische politische Führung unter Churchill auf der Konferenz von Teheran 1943 für eine Teilung des deutschen Reichsgebiets ein. Es ging *Churchill* dabei vor allem um eine Isolierung Preußens als dem Hort des aggressiven Nationalcharakters und der Bildung eines süddeutschen Donaubundes mit eventuellem Einschluss Österreichs. Churchill kann als der Politiker bezeichnet werden, der von allen westlichen Beteiligten am frühesten und schärfsten gegen eine sowjetische Machterweiterung in Europa vorging, jedoch aufgrund der wirtschaftlichen Schwäche Großbritanniens diese Politik nicht hat durchsetzen können. Die USA waren noch nach der bedingungslosen Kapitulation Deutschlands bis August 1945 mit Japan im Krieg und insofern auch auf den Kriegsverbündeten Sowjetunion angewiesen.

Hauptantriebskraft der britischen Churchill-Politik war die Verhinderung einer sowjetischen Hegemonialstellung auf dem Kontinent. Der frühzeitige antisowjetische Kurs von Churchill entsprach solchen Gleichgewichtsüberlegungen.

Die Vorstellungen über die zukünftige Gestaltung Deutschlands waren in ihrem wirtschaftlichen und gesellschaftlichen Teil sehr bald abhängig vom Verhältnis der Alliierten zueinander. Aufgrund der wirtschaftlichen Schwäche Großbritanniens blieben die wichtigen Entscheidungen beim „Seniorpartner" USA. Mit dem Zusammenschluss der amerikanischen und der britischen Zone 1946 verlagerte sich das Entscheidungszentrum der Westpolitik auf die Vereinigten Staaten.

3.1.1.4 Die französische Deutschlandpolitik Zwischen traditioneller Großmachtpolitik und europäischer Integration

Die territorialen Vorstellungen Frankreichs, vor allem der Exil-Regierung *de Gaulles*, waren in der ersten Nachkriegszeit eine Wiederauflage der Politik nach dem Ersten Weltkrieg:

- Aufteilung des Reichs: Abtretung östlicher Provinzen an Polen, Bildung eines Kranzes kleinerer Staaten entlang des Rheins,
- Internationalisierung von Saar und Ruhr bzw. Anschluss der Saar an Frankreich,
- staatenbündischer Zusammenschluss der verbleibenden Gebiete („dissoziativer" Föderalismus),
- umfangreiche Reparationsforderungen.

Frankreich war auf den wichtigen Konferenzen von Jalta, Teheran und Potsdam nicht vertreten und fühlte sich daher auch nicht an deren Beschlüsse gebunden. Insbesondere wurden die entsprechenden Passagen über die Erhaltung Deutschlands als wirtschaftliche Einheit von Frankreich bei seinem Beitritt zum Potsdamer Abkommen im August 1945 nicht unterstützt, und nur zögernd ist es zum Anschluss der französischen Besatzungszone an die amerikanische und britische Zone (Trizone) 1949 gekommen. In einer Quellenarbeit wird der Nachweis zu führen versucht, dass besonders die französische Obstruktionspolitik im Kontrollrat die Amerikaner – vor allem das State Department – veranlasst hat, die Schuld für das Scheitern einer einheitlichen Behandlung Deutschlands den Sowjets zuzuschieben, um von dem Hauptproblem Frankreich abzulenken (vgl. Gimbel 1976).

Eine Änderung der französischen Haltung ist erst ab 1948 durch den Außenminister *Robert Schuman* eingetreten. Frankreich macht in den folgenden Jahren Vorschläge zur wirtschaftlichen und militärischen Europäisierung (Schuman-Plan, Pleven-Plan), die gegen erhebliche Widerstände und Rückschritte in den fünfziger Jahren sich teilweise modifiziert durchgesetzt haben. Frankreichs Nachkriegspolitik ist Ausdruck des französischen Sicherheitsbedürfnisses (das durch den Brüsseler- und NATO-Pakt weitgehend befriedigt wurde) sowie seines wirtschaftlichen Interesses an Reparationen und an der Verfügung über das wirtschaftliche Potential an Saar und Ruhr. Die wirtschaftliche und militärische Schwäche Frankreichs insbesondere 1946/47 verstärkt die Abhängigkeit von den USA und begründet u. a. seine harte Wirtschaftspolitik in der französischen Zone.

Auf folgende Kernpunkte lässt sich die französische Deutschlandpolitik der Nachkriegszeit bringen:

Die Exil-Regierung *de Gaulles* verfolgte zunächst Vorstellungen, wie sie nach dem Ersten Weltkrieg die französische Clemenceau/Poincaré-Politik charakterisierte: Abtretung bzw. Internationalisierung von Gebieten im Westen und dissoziative Verbindung der verbleibenden Gebiete.

Der Versuch, eine unabhängige auf nationale Größe gerichtete Politik zwischen den Angelsachsen und der Sowjetunion zu betreiben, bedeutete bezüglich Deutschlands: Opposition gegen den Einheitsgedanken des Potsdamer Abkommens, Obstruktionspolitik im Alliierten Kontrollrat, Demontage bis ins Jahr 1949 hinein, Einwände gegen Wiederaufbaupläne der USA und Großbritanniens etc.

Gescheitert ist diese Politik an den politischen und wirtschaftlichen Realitäten des Kalten Krieges sowie den innenpolitischen Konstellationen (Rücktritt de Gaulles 1946 und Bruch des „Tripartisme" aus Kommunisten, Sozialisten und Christlichen Demokraten [MRP 1947]). Die französische Deutschlandpolitik ist durch den fundamentalen Widerspruch zwischen Vorstellungen traditioneller Großmachtpolitik und der Wirklichkeit einer wirtschaftlich erschütterten, auf Hilfe von außen angewiesener Mittelmacht gekennzeichnet (vgl. Kiersch 1977, 61; vgl. dazu Pfetsch 1990).

Ab 1948 schwenkt die französische Politik unter der sogenannten „Dritten Kraft" gegen erbitterten Widerstand der Kommunisten und Gaullisten auf den Kurs der Westpolitik ein (Marshall-Plan, Währungsreform, Trizone etc.) und initiiert europäische Integrationskonzepte (Schuman-Plan, Pleven-Plan).

Die Ablehnung des Saarstatus 1956 durch die saarländische Bevölkerung und die Eingliederung der Saar in die Bundesrepublik beendet Frankreichs Territorialpolitik im Westen. Im Osten bleibt Frankreich unter de Gaulle bei seiner Dissoziationsstrategie: Frankreich ist der erste westliche Staat, der die Oder-Neiße-Linie offiziell als Grenze anerkennt (März 1959) und die Zwei-Staaten-These vertritt.

3.1.1.5 Zusammenfassung der alliierten Deutschlandpolitik

Die Politik der Siegermächte gegenüber Deutschland von 1945-1949 zeigt folgende größere Linien:

Das Verhältnis der Alliierten zueinander, das Aufeinandertreffen von sowjetischer Großmachtpolitik, amerikanischer Containmentpolitik, britischer Gleichgewichtspolitik und französischer Revanche- bzw. Sicherheitspolitik, wurde spätestens 1947 zugunsten der amerikanischen und sowjetischen Strategie entschieden. Die Konfrontation der beiden Weltmächte spiegelt sich in den organisatorischen Maßnahmen, die sie in ihren Besatzungszonen getroffen bzw. veranlasst haben.[12]

Zusammen mit der Genehmigung des Grundgesetzes durch die West-Alliierten trat am 12. Mai 1949 das Besatzungsstatut in Kraft, das die Selbstverwaltungsrechte von Bund und Ländern unter Vorbehaltsrechte stellte, so die Gebiete Abrüstung und Entmilitarisierung, Reparationen, Entflechtungen etc. und vor allem „auswärtige Angelegenheiten einschließlich internationaler Abkommen, die von Deutschland oder für Deutschland abgeschlossen werden".

Man kann sagen, dass Deutschland bzw. die Bundesrepublik und die DDR zugleich Ursache und Ergebnis des Kalten Krieges waren. Ursache, weil die Ergebnisse des Zweiten Weltkrieges, den Deutschland begonnen und verloren hatte, die europäischen Staaten und insbesondere die weltpolitischen Flügelmächte in Bewegung gebracht haben und die tatsächliche Konfrontation gewiss vorgegebener politischer, sozialer und ideologischer Systeme ermöglicht hat; Ergebnis insofern, als diese Konfrontation zweier Systeme sich auf deutschem Boden in der Teilung des Landes manifestierte.

Die Jahre 1945-49 legen den Grund für spätere Probleme bzw. bringen die Vorentscheidung für Problemlösungen. Die Programme der westlichen Alliierten zur Beseitigung der Wurzeln der nationalsozialistischen Vergangenheit, die Zerstörung des Militarismus und des Preußentums, die Zerschlagung der faschistischen Organisationen und die Re-Education-Programme, sowie die Dezentralisierung in Staat und Wirtschaft, diese Programme zur „Bewältigung" der Vergangenheit sind nur zum Teil und unvollkommen durchgeführt worden. Zwar hat Preußen zu existieren aufgehört und die militärischen Organisationen der Nazis sind zerschlagen worden; der Kalte Krieg machte jedoch die Remilitarisierung früher oder später notwendig, wurde jedenfalls von den führenden Großmächten im jeweiligen Teil Deutschlands betrieben.

Die Entnazifizierung verhinderte nicht, dass frühere Nationalsozialisten in führende Stellungen in Verwaltung und Wirtschaft, weniger in Politik einrückten und die „Umerziehung" auf der Vorlage konservativer Muster erfolgte. Die Dezentralisierung der Wirtschaft wurde zwar in einzelnen Branchen (IG-Farben z.B.) betrieben, und es wurden Gesetze zur Bodenreform erlassen. In der Praxis sind die Reformen aber nicht durchgeführt worden bzw. hat eine „weiche" Kartellgesetzgebung Konzernbildungen nicht verhindert. Die Weichen für eine vorrangig auf privatem Eigentum an Produktionsmitteln beruhende Wirtschaftsordnung wurden vor allem durch die US-Amerikaner gestellt und konsequent durch deutsche Politiker – trotz alternativer planwirtschaftlicher Ansätze in den beiden großen Parteien – weitergeführt. Die Probleme der Teilung des Landes und die Sicherheitsfrage an der Nahtstelle des Ost-West-Konfliktes entstanden als Folge des Kalten Krieges und waren vom Verhältnis der Großmächte USA und UdSSR abhängig.

In Bezug auf die vier geopolitischen Optionen der späteren Bundesrepublik bringt die Entwicklung des Verhältnisses der vier Siegermächte wichtige Vorentscheidungen. Das Jahr 1947 markiert die Wende im Verhältnis zwischen den USA und der Sowjetunion mit der Folge für Deutschland, dass die westlichen Zonengebiete zum Juniorpartner der USA auf- und ausgebaut werden. Die weitgehende Interessenharmonie führender westdeutscher Politiker (und zwar in allen Parteien) lassen das Modell eines „westlich" ausgerichteten, sowohl wirtschaftlich wie auch politisch integrierten Teilstaats entstehen. Die alliierten Alternativen noch größerer Zerstückelung und wirtschaftlicher Schwächung weichen dem Interesse der westlichen Führungsmacht an einer Stärkung der westeuropäischen Staaten.

In der Sicherheitsfrage lässt der Brüsseler Pakt zunächst die alte Kriegskoalition gegen Deutschland entstehen. Die Wende zum Kalten Krieg und die Integration des westdeutschen Teilstaats ins westliche Lager bringen das atlantische (NATO) bzw. westeuropäische (WEU, auch wenn die EVG an der französischen Nationalversammlung scheiterte) Bündnissystem.

3.2 Kalter Krieg und Souveränität Die Westintegration als erste Basisentscheidung der bundesdeutschen Außenpolitik unter Konrad Adenauer (1949-1957/58)

Auch wenn bis zur Konstituierung des Staates und der Bildung der ersten Bundesregierung die Beziehungen nach außen von den alliierten Siegermächten wahrgenommen und auch danach durch das Besatzungsstatut eingeschränkt wurden, setzten mit der Bildung von Länderregierungen und Parteien 1945/46 Überlegungen über die außenpolitische Orientierung eines zukünftigen deutschen Staates auch bei den deutschen Politikern ein. Zwar sind die frühen Parteiprogramme in ihrem außenpolitischen Teil noch sehr zurückhaltend bis unverbindlich, doch lassen die ausgehenden vierziger Jahre profilierte Alternativpositionen innerhalb und zwischen den Parteien erkennen.

Die Darstellung der deutschen Positionen konzentriert sich auf die wichtigsten parteipolitischen Repräsentanten, weil sie als die einzig wichtigen regionenübergreifenden Einheiten in Frage kommen. Den Parteien kommt gegenüber anderen Instanzen der außenpolitischen Willensbildung wie den Ministerpräsidenten oder der Presse eine eindeutige „Führungsrolle“ (H.-P. Schwarz) zu.

Wie sich zeigen lässt, gab es zwischen und innerhalb der Parteien erhebliche Unterschiede, Unterschiede, die oft innerhalb derselben Partei größer waren als zwischen den Parteien. Wie in der Innenpolitik, so war auch in der außenpolitischen Vorstellungswelt ein breites Spektrum der Möglichkeiten gegeben, das durchaus der oft konstatierten ambivalenten Situation der ersten Nachkriegsjahre entsprach.

Mit unterschiedlicher Verbindlichkeit und Tragweite sind fünf alternative außenpolitische Entwicklungsoptionen sichtbar.

3.2.1 Das Brückenkonzept Jakob Kaisers

Jakob Kaiser war nationaler christlicher Sozialist und ist wie sein Stellvertreter im Parteiamt der CDU-Berlin und der Ostzone, *Ernst Lemmer*, aus der christlichen Gewerkschaftsbewegung hervorgegangen. Während der Nazi-Zeit musste er untertauchen und gehörte Widerstandskreisen an. Diese soziale und regionale Herkunft bestimmte auch seine außenpolitischen Vorstellungen, die von der Berliner Lage ausgingen und durchaus der politischen Lage zwischen 1945 und 1947 entsprochen haben mögen. Sein Brückenkonzept war vornehmlich auf die nationale Einheit bezogen und versuchte aus einer Brücken- oder Mittlerfunktion zwischen Ost und West, „ungebunden und vermittelnd“, eine „Synthese zwischen östlichen und westlichen Ideen“, die Einheit des restlichen Deutschland bei Lösung der Grenzfrage „in großzügigem Sinne“ zu bewahren bzw. wieder herzustellen. Seine einprägsame Formel lautete: „Wir haben Brücke zu sein zwischen Ost und West, um Deutschlands, um Europas willen“ (Kaiser 1946, 17; vgl. dazu auch Conze 1969, 68). Diese außenpolitische Synthese hatte ihr innenpolitisches Pendant: „Zugleich aber suchen wir unseren eigenen Weg zu gehen zu neuer sozialer Ordnung.“ Ähnliche Ideen gab es um diese Zeit auch in der SPD. *Otto Grotewohl* z.B. vertrat 1945 die Meinung, Aufgabe der SPD sei es, „innenpolitisch eine mittlere Position zwischen den bürgerlichen und kommunistischen Parteien zu beziehen und außenpolitisch eine Mittlerrolle zwischen der Sowjetunion und den westlichen bürgerlichen Demokratien zu spielen“ (Leonhard 1961, 349).

Kaiser wirkte am meisten der sich schon andeutenden Spaltung in Blöcke bzw. der Teilung Deutschlands als Bestandteil dieser Blöcke entgegen. Er lehnte einen Anschluss an eine der beiden Seiten ab, sein Weg war nicht entweder-oder, sondern sowohl-als-auch. Später gehörte er der Adenauerregierung als Gesamtdeutscher Minister an, obwohl er von dem Regierungschef als „gefährlicher Phantast“ bezeichnet wurde.

3.2.2 Der „dritte Weg“ eines nationalen Sozialismus bei Kurt Schumacher

Ähnlichkeiten zwischen Kaisers Brücken- und Schumachers Drittem Weg-Konzeption liegen auf der Hand. Auch des SPD-Vorsitzenden *Kurt Schumachers* Vorstellungen vom „mittleren Weg“ sah von einem Anschluss an einen der sich bildenden Blöcke ab und versuchte, von einer Position zwischen „westlichem Kapitalismus“ und „russischem Sozialismus“, zwischen bürgerlichen und kommunistischen Parteien einen dritten Weg zur nationalen Einheit zu gehen, der aber nicht „vermittelnd“ sein konnte. Eine Symbiose zwischen Ost und West, zwischen individueller Freiheit und kollektiver Disziplin, wurde auch von anderen Vertretern der SPD anvisiert. Der wichtigste Unterschied zwischen Kaiser und Schumacher bestand in dem kompromisslosen Antikommunismus Schumachers, der neben Vorkriegs- und Kriegserlebnissen vor allem von Erfahrungen der Zwangsvereinigung von SPD und KPD gespeist worden ist. War seine Position des Antikommunismus aus den Gegebenheiten des östlichen Totalitarismus erklärbar, so ließ die wirtschaftliche und soziale Komponente seines Denkens eine zu enge Westbindung nicht zu. Das zur Polarisierung führende Wort vom „Kanzler der Alliierten“, das Schumacher in einer Bundestagsrede anlässlich der Debatte um das Petersberger Abkommen gegen Adenauer gebrauchte, legte die zweitstärkste Partei der Republik für zehn Jahre auf einen Konfrontationskurs fest.[13]

Kurt Schumacher, der 1933 verhaftet wurde und 9 Jahre, 9 Monate und 9 Tage im Konzentrationslager verbrachte und „bis in seinen Körper hinein Symbol des zerschlagenen, zerrissenen Volkes“ (Schmid 1979, 431) war, fand in der sogenannten

Bürgermeisterfraktion mit Wilhelm Kaisen (Bremen), Max Brauer (Hamburg) und Ernst Reuter (Berlin) seinen Widerpart in wichtigen deutschland- und europapolitischen Fragen. Die Provisoriumsstrategie, die vor allem Kurt Schumacher und Carlo Schmid vertraten, wurde durch den Kurs zum Aufbau des westdeutschen Staates und zur Anlehnung an die Westmächte von den Stadtstaatsvertretern z.T. konterkariert. Schumacher versuchte vielmehr, über eine „europäische Politik" und das Konzept des deutschen Provisoriums eine unabhängige nationalstaatliche Politik zu betreiben. In der Nationalstaatsidee lag er auf der gleichen Linie wie Kaiser, in der Souveränitätsidee nahe bei *Adenauer.*

Die Oppositionsstrategie der von *Kurt Schumacher* geführten SPD lässt sich zur Zeit der Bildung und Konstituierung der Bundesrepublik als „Als-ob-Strategie" kennzeichnen. Die SPD verhielt sich, als ob sie die legitime Sprecherin aller Deutschen und als ob die Wiedervereinigung in greifbarer Nähe sei. Den Führungsanspruch der SPD legitimierten ihre Sprecher mit dem Kampf für die Demokratie in der Weimarer Republik, mit der Gegnerschaft zum Nazi-Regime und den Warnungen an das Ausland vor einer Appeasement-Politik gegenüber *Hitler.* Diesem Anspruch, heimliche gesamtdeutsche Regierung in der Naherwartung der Wiedervereinigung zu sein, entsprach Schumachers Oppositionsstrategie nach Bildung einer bürgerlichen Koalitionsregierung 1949. Dabei waren Ziele und Mittel der Politik von Regierung und Opposition näher beieinander, als die vom Führungsanspruch legitimierte Alternativpolitik der Schumacher-SPD vermuten lässt. Auch Schumacher strebte, wie Adenauer, Gleichberechtigung gegenüber den Westmächten an, auch bei Schumacher ist eine Magnetwirkung der Bundesrepublik auf den Osten anvisiert worden, auch Schumacher spielt mit dem Gedanken einer „ökonomischen Symbiose" zwischen Frankreich und der Bundesrepublik (März 1950). Im Herbst 1951 forderte Schumacher eine Vier-Mächte-Konferenz über Deutschland, um so die Verantwortung der Siegermächte zur

Wiederherstellung der deutschen Einheit zu betonen. Nach dem Tod Schumachers (1952) suchten Erler und Schmid eine gesamtdeutsche Lösung im Rahmen eines europäischen kollektiven Sicherheitssystems, und *Herbert Wehner* befürwortete nach 1955 einen direkten Dialog mit der SED, um auf diesem Wege auch von deutscher Seite Lösungsmöglichkeiten auszuloten. 1958 schlug er erstmals eine deutsche Wirtschaftsgemeinschaft mit einem paritätisch besetzten Gesamtdeutschen Rat vor. Nach 1957 gewannen Anpassungstendenzen an die veränderte innen- und weltpolitische Lage an Boden und führten außenpolitisch zur Annäherung an den Regierungskurs.

3.2.3 Neutralisierung oder: das Modell Österreich

Als weitreichendste konzeptionelle Alternative zur Westintegration muss die Herstellung eines neutralen[14] deutschen, d.h. geeinten Nationalstaates angesehen werden. Dieser andere Weg taucht in der Diskussion mit geringfügigen Nuancen unter der Bezeichnung „Modell Österreich" oder unter der Bezeichnung „Finnlandisierung" wieder auf und spielte insbesondere bei der Auseinandersetzung um die Märznote der Sowjetunion eine Rolle. Für Österreich galten zunächst vergleichbare Gegebenheiten: die Lage im Herzen Europas und zwischen den zwei Machtblöcken, die Aufteilung in vier Besatzungszonen, Verbundenheit mit der westlichen Lebensform etc. Unterschiede ergeben sich aber daraus, dass die Politik der Alliierten gegenüber Deutschland schon vor 1945 auf Teilung bzw. Zerstückelung angelegt war, während Österreichs Unabhängigkeit nach 1945 wieder hergestellt werden sollte. Es wurde in einer Deklaration der drei wichtigsten Mächte 1943 anerkannt, dass Österreich das erste Opfer der Hitleraggression gewesen sei, dennoch aber Mitverantwortung am Nationalsozialismus tragen müsse. Beide große Parteien – und hier sind die Unterschiede zur deutschen Situation –, die Österreichische Volkspartei (ÖVP) und die Sozialistische Partei Österreich (SPÖ), die schon 1945 eine Allparteienregierung bildeten, setzten sich 1945 für eine unabhängige österreichische Republik ein, und die SPÖ entschied sich auf ihrem Parteikongress vom Oktober 1947 für die Neutralität, die eine Mitgliedschaft in irgendeiner Allianz ausschloss. Eine solche Mitgliedschaft, erklärte der spätere Außenminister und Bundeskanzler *Bruno Kreisky* schon 1945, sei unvereinbar mit der nationalen Einheit.

Österreich ist damit den alternativen Weg gegangen, den Adenauer als „unrealistisch" für Deutschland bezeichnet hat. Aus der Sicht der sowjetischen Strategie war – diesen Schluss lässt das sowjetische Verhalten gegenüber Österreich zu – ein neutraler, unabhängiger Staat im Herzen Europas günstiger als ein militärisch aufgerüsteter, in das westliche Bündnissystem integrierter Staat. Das Verhalten der UdSSR gegenüber Deutschland gibt dazu Hinweise. Die Bestrebungen Adenauers zur Aufnahme in die verschiedenen westlichen Bündnissysteme wurden von sowjetischer Seite mit Konzessionen beantwortet. Auch der Staatsvertrag mit Österreich kann als eine Antwort auf die Ratifizierung der Pariser Verträge mit der Bundesrepublik angesehen werden. War schon die Integration der Bundesrepublik in das westliche wirtschaftliche, militärische und politische System von sowjetischer Seite nicht zu verhindern, so sollte zumindest eine militärisch verdünnte und politisch neutrale Zone durch Europa verlaufen.

Die sowjetischen Noten der Jahre 1952 und 1953 sowie die Vertragsentwürfe der SU zur Berliner Außenministerkonferenz 1954 und zur Genfer Konferenz der Regierungschefs 1955 sahen militärische Neutralität und „verdünnte Zonen" zwischen Ost und West vor. Ob allerdings die Westmächte trotz Eden-Plan vom 18. Juli 1955 ihre Zustimmung gegeben hätten, kann nach neuerer Quellenforschung verneint werden (vgl. Steininger 1983). Fest steht nur, dass die politische Führung der Bundesrepublik eine solche österreichische Lösung nicht angestrebt, ja bewusst bekämpft hat. Die „Österreich-Variante" ist in der deutschen Nachkriegspolitik kaum ernsthaft politisch vertreten, geschweige denn als Realisierungsmöglichkeit von wichtigen Gruppen oder Parteien getragen worden.

Die wichtigsten Verfechter der Neutralisierungsidee waren vor allem in der Publizistik zu finden. Hans Werner Richter und Alfred Andersch veröffentlichten ihre Ansichten in „Der Ruf", und im „Neuen Europa" schrieb Ulrich Noack, Richard Tüngel in der „Zeit". Gelegentlich und nur en passant finden sich auch bei Parteivertretern Hinweise auf eine „Neutralisierung gleich der Schweiz" (Adenauer Ende 1946). Als politische Gruppierungen haben vor allem der „Nauheimer Kreis" und die 1951 von *Gustav Heinemann* gegründete Gesamtdeutsche Partei eine „Neutralitätslehre" (Cornides) vertreten.

Die SPD wurde gelegentlich mit einem Neutralisierungskonzept in Verbindung gebracht, vor allem von den Regierungsparteien, die die Forderung nach ernsthafter Prüfung der sowjetischen Noten des Jahres 1952 als Neutralisierungsstrategie der SPD auslegten. Es ist richtig, dass die SPD den Preis einer militärischen Neutralisierung Gesamtdeutschlands für nicht zu hoch hielt, um dafür die Wiedervereinigung zu erhalten. Damit war aber auf anderen Gebieten, insbesondere dem ökonomischen, an Bündnislosigkeit nicht gedacht. Das wiedervereinigte Deutschland gehöre „politisch, ökonomisch und sozial zum Kreis der freien Völker", dürfe aber nicht „unbedingt der Revolver Amerikas an den Rippen der Sowjetunion" sein (Erler 1952, zit. nach Soell 1976, 150/1). Eine Bündnislosigkeit kam für die führenden SPD-Politiker insbesondere nach den Erfahrungen der Zwangsvereinigung 1946 und der Berlin-Blockade 1948 nicht in Frage. Die Westorientierung (nicht unbedingt Westintegration) wurde vor allem von der Bürgermeisterfraktion betrieben. *Kurt Schumacher* erklärte im Februar 1951: „Die Neutralisierung der deutschen Bundesrepublik ist und war kein Problem für die sozialdemokratische Partei, sondern wurde und wird von ihr stets eindeutig abgelehnt" (zit. nach Adenauer: II, 82).

Das Konzept der SPD-Führung in den fünfziger Jahren lautete seit 1950/51 kollektive Sicherheit in Europa als Rahmen für eine nationalstaatliche Lösung.

3.2.4 Das Disengagement-Konzept Karl Georg Pfleiderers

Eine erst Anfang der fünfziger Jahre auftauchende Position eines alternativen Weges hat der schwäbische FDP-Politiker *Pfleiderer* aus Waiblingen vorgeschlagen; er versuchte, über ein militärisches Disengagement in Zentraleuropa zu einer Entspannung des bipolaren Konfrontationskurses zu gelangen. Seine Vorstellungen treffen sich weitgehend mit dem später zu größerer Publizität gelangten Rapacki-Plan. Pfleiderer lehnte eine kleineuropäische Lösung ab, weil ein solcher westeuropäischer Zusammenschluss von der Wiedervereinigung entferne. Sein Vorschlag, den er im Juni 1952 in einer Rede in Waiblingen formulierte, läuft auf eine Aufweichung des militärischen Blocksystems durch Schaffung einer dritten Größe hinaus: eine nationale deutsche Streitmacht solle zwischen östliche, etwa in den unter polnischer Verwaltung stehenden Gebieten und westliche (ein nicht definierter Teil Westdeutschlands) „Brückenköpfe“ geschoben werden. Der unter deutscher Hoheit stehende Teil solle nicht als Aufmarschgebiet für fremde Truppen dienen. Pfleiderers Vorstellungen setzen sich somit von Neutralitätsvorstellungen ebenso ab wie von dem Gedanken, die Bundesrepublik dürfe keinem westlichen System angehören. Seine Konzeption der „zwischen Ost und West ausgleichenden Mitte“ (Pfleiderer 1961, 110) hat der FDP-Bundestagsabgeordnete dem europäischen Vertragssystem nachgebildet, wie es 1925/26 durch den Locarno-Pakt, den Eintritt Deutschlands in den Völkerbund und den zwischen Deutschland und der Sowjetunion geschlossenen Berliner Vertrag von 1926 geschaffen worden war (Pfleiderer 1961, 104). Seine Alternativkonzeption entsprang der Einsicht, dass die bevorstehende Westintegration die Wiedervereinigung ausschließe.[15]

3.2.5 Souveränität durch Westintegration unter Konrad Adenauer

Unter den internationalen Bedingungen des Kalten Kriegs waren Konzepte, die ein „Entweder-Oder“ vorsahen, Erfolg versprechender als Vorstellungen, die zwischen den Blöcken nach Lösungen suchten. Die Politik der Westintegration des ersten Bundeskanzlers war ein solches chancenreiches Konzept, ebenso wie die Ostintegration des ersten Parteisekretärs und Vorsitzenden des Ministerrats in der DDR, *Walter Ulbricht.* Die Einbeziehung zweier Teile des früheren Reichsgebiets in jeweils unterschiedliche Systeme hatte gleichzeitig Integrationsfunktion nach innen: der Antikommunismus und Antitotalitarismus diente Adenauer ebenso als Integrationsvehikel (Westdeutschlands wie auch für seine eigene Partei), wie die Etiketten „revanchistisch", „militaristisch" oder „imperialistisch" die Integration des ostdeutschen Bevölkerungsteils unter ein sozialistisches System und die Einverleibung in das östliche Blocksystem förderte (mit allerdings unterschiedlichem Erfolg).

Neben internationalen Erklärungsmustern für Adenauers Westintegration wurden im Abstand der Jahre regionale oder personale Erklärungsmuster tragfähig. Die rheinische Herkunft des früheren Oberbürgermeisters von Köln mit ausgeprägt westlichen, vor allem nach Frankreich gerichteten Tendenzen – die im Rheinland in den zwanziger Jahren bis zu separatistischen Versuchen ausarteten – und einer betont antipreußischen Einstellung lassen die Westintegration nicht nur als Ausfluss der Kalten-Kriegs-Konstellation erklären. Die südwestdeutsch-föderalistische Komponente veranlasste Adenauer u.a. dazu, sich schon früh auf diesen Westkurs festzulegen.[16]

Der Blick von der Kreuzblume des Kölner Doms war nach Westen gerichtet. In einem Brief vom Oktober 1945 ist dieser Kurs schon anvisiert. Die wichtigsten Punkte sind:

- Einem von Russland beherrschten Osten muss ein starker westlicher Block entgegengesetzt werden. Diesem Block solle Westdeutschland, Frankreich, Belgien, Holland, Luxemburg und, wenn möglich, England angehören.
- Mehr als früher sollte der bundesstaatliche Charakter des zukünftigen Staatsgebildes ausgebildet sein. Zentralismus sei abzulehnen.

Die Westintegration hatte für den Regierungschef der ersten Bundesregierung neben der Erhaltung und Verteidigung einer bestimmten Lebensform noch eine andere Dimension: sie diente instrumental der Herstellung der nationalen Souveränität für den Staat Bundesrepublik. Das westliche Bündnis erbrachte jedoch nicht automatisch die nationale Souveränität. Sie musste vielmehr in zähen Verhandlungen durchgesetzt werden.

Das Petersberger Abkommen vom 24.11.1949 war ein erster Schritt auf diesem Wege. Es brachte der Bundesrepublik eine Lockerung der wirtschaftlichen Beschränkungen, berechtigte zur Aufnahme konsularischer Beziehungen mit dem Ausland sowie zum Abschluss völkerrechtlicher Verträge. Das Besatzungsregime war am 9. Juli 1951 mit der formalen Beendigung des Kriegszustandes erloschen.

Die weiteren Etappen der Westintegration sind: Beitritt zum Europarat 1949 und Bildung der Europäischen Gemeinschaft für Kohle und Stahl (Montanunion) 1951, Beitritt zum Brüsseler Pakt (WEU) und zur NATO 1954 als Integrationsrahmen für das deutsche Militär, die Pariser und Deutschland-Verträge, die Integration und Souveränität zugleich brachten, Europäische Wirtschaftsgemeinschaft (EWG) und Europäische Gemeinschaft für Atomenergie (EURATOM) 1957.

Der Europarat, am 5. Mai 1949 von 10 Staaten gegründet, ist die erste originäre europäische Organisation, die einen „engeren Zusammenschluss unter seinen Mitgliedern" zu verwirklichen suchte und alle Gebiete außer dem Militär umfasste. Als Kernthema hat sich der Europarat aber in der Folge der Menschenrechte angenommen, nachdem der wirtschaftliche und politische Bereich von anderen Organisationen wahrgenommen wurde. Hierzu standen drei europäische Projekte in den sechs europäischen Kernländern zur Diskussion: Der Schuman-Plan zur Europäischen Gemeinschaft für Kohle und Stahl EGKS, der Pleven-Plan zur Europäischen Verteidigungsgemeinschaft EVG und die Europäische Politische Gemeinschaft EPG.

Die auf den Kohle- und Stahlbereich konzentrierte europäische Wirtschaftsgemeinschaft (EGKS) ist in ihrer Struktur die historische Innovation, die das gesamte supranationale Gebäude tragen sollte. Jean Monnet hat sie initiiert und Außenminister Robert Schuman realisiert. Beide waren Mitglieder eines christlich-katholischen Netzwerks von NS-Gegnern, zu denen auch Konrad Adenauer gehörte und die jenseits des Nationalstaats eine Lösung für die französisch-deutsche Feindschaft suchten. Die Hohe Behörde als das gemeinsame supranationale Organ bestand aus neun Mitgliedern aus den sechs Mitgliedsstaaten. Aus ihr ist später die Kommission hervorgegangen. Aus dem Beratenden Ausschuss wurde der Wirtschafts- und Sozialausschuss, aus der Gemeinsamen Versammlung später das Europäische Parlament; der Besondere Ministerrat führte zum Ministerrat der EU. Somit entstand *in nuce* das heutige Gebäude der Europäischen Union.

Die Europäische Verteidigungsgemeinschaft EVG wurde von dem französischen Gaullisten *René Pleven* 1950 vorgeschlagen und sah die Integration deutscher Truppen auf Bataillons- und Regimentsebene vor. Nach der Wiederbewaffnung sollten die deutschen Truppen in eine europäische Organisation einbezogen werden. Die Art der Einbeziehung Deutschlands wurde jedoch von den meisten NATO-Staaten als diskriminierend empfunden. Nicht diese Diskriminierung führte 1954 zur Ablehnung durch die französische Nationalversammlung, sondern im Gegenteil die nach Ansicht rechter (Gaullisten) und linker (Kommunisten) Politiker zu weitgehenden Konzessionen an Deutschland. Ein Jahr später wurde die Bundesrepublik in die NATO aufgenommen.

Das Projekt der Europäischen Politischen Gemeinschaft EPG von 1953 wollte die EGKS und die EVG zu einer gemeinsamen Organisation zusammenführen und für Außenpolitik, Verteidigung, Wirtschaft, Soziales und Menschenrechte zuständig sein. Dieses als Zwei-Kammerparlament geplante mit Präsident, Exekutivrat und Gerichtshof versehene Gebilde scheiterte mit der Ablehnung der Europäischen Verteidigungsgemeinschaft.

Die Motive für die Option der Westintegration hat *Adenauer* u.a. im I. und IV. Kapitel des ersten Bandes seiner Erinnerungen explizit gemacht. Es lohnt sich, diese Grundentscheidung der westdeutschen Außenpolitik nachzuvollziehen, weil die Bundesrepublik in ihrer existentiellen Form darauf beruht. Jede andere außenpolitische Option hätte mit großer Wahrscheinlichkeit auch zu anderen innenpolitischen Konsequenzen geführt.

Adenauer geht von zwei Grundgegebenheiten der nationalen und internationalen Lage aus: Deutschland liege „im Herzen Europas", und diese geographische Lage stelle „einen der wesentlichen Faktoren bei der geschichtlichen Entwicklung" dar (Adenauer 1965, Bd.1, 96). Zweitens habe die Nachkriegsentwicklung zur Ausbildung zweier Blöcke geführt mit „völlig gegensätzlichen Lebensidealen", wobei der Block um die Sowjetunion wie zu des Zaren Zeiten aggressiv nach Westen dränge, um neue Gebiete zu unterwerfen.

Seiner Geographie nach liege Deutschland zwischen diesen Machtblöcken und habe nur die Wahl, sich der einen oder anderen Seite anzuschließen, wenn „es nicht zerrieben werden solle". Aus einem machtpolitischen Kalkül heraus scheide eine neutrale Haltung für Deutschland aus, denn „früher oder später würde die eine oder andere Seite in jedem Fall versuchen, das deutsche Potential auf ihre Seite zu bekommen." Ein uneiniges Europa würde die USA früher oder später zum Rückzug veranlassen. Ein neutralisiertes Deutschland bedeute den Ausschluss Deutschlands aus dem europäischen Einigungswerk und die Gefahr eines neuen Nationalismus in Europa. Das zweite Argument neben dem machtpolitisch-strategischen bezieht sich auf „unsere in vielen Jahrhunderten entwickelte Lebensform, die die christlich humanistische Weltanschauung zur Grundlage hat" (Adenauer 1965, Bd. 1, 97). Es gelte, festen Anschluss an die Völker zu gewinnen, die „in ihrem Wesen die gleichen Ansichten über Staat, Person, Freiheit und Eigentum hatten wie wir."

Durch den Zusammenschluss der Länder Westeuropas müsse dem Drängen des Ostens Widerstand geleistet werden. Das wichtigste Hindernis auf diesem Wege sei aber das Misstrauen der westlichen Staaten gegenüber Deutschland. Adenauer hat denn auch das Verhältnis zu den westlichen Staaten, allen voran zu Frankreich, ständig zu bessern versucht und auf diesem Wege auch Erfolg gehabt. Die Abtrennung deutscher Gebiete im Westen, wie sie als Wiederauflage der französischen Deutschlandpolitik der zwanziger Jahre auch vor und nach 1945 wieder auftauchten, stand der Politik eines starken Westens ebenso im Wege wie eine Politik zwischen den Blöcken. Ein „verwesender Leichnam mitten in Europa“, wie *Churchill* es nannte, sei für Europa ebenso tödlich wie ein siegreiches nationalsozialistisches Deutschland (Adenauer 1965, Bd. 1, 40/41).

Dass bei einer solchen Politik die Vereinigung der westlichen und östlichen Teile des besetzten Deutschland praktisch ausgeschlossen war, brachte *Adenauer* in seinem Interview im Oktober 1945 mit einem Vertreter von Associated Press zum Ausdruck. Er sagte, der von Russland besetzte Teil sei für eine nicht zu schätzende Zeit für Deutschland verloren (Adenauer 1969, Bd. 1, 35). Man kann also als gesichert annehmen, dass die deutsche Einheit nicht nur aufgrund sowjetischer Pressionspolitik verloren ging (dies nicht einmal primär), sondern dass auch die Adenauersche Politik die Einheit zumindest für die erste Nachkriegszeit ausschloss.

Historisch wirksam geworden ist ein nicht per se wissenschaftliches als vielmehr politisches Konzept der Vereinigung in Gestalt der *Magnettheorie,* die, so scheint es, zuerst von *Kurt Schumacher* formuliert worden ist (der amerikanische Publizist Alsop hatte ebenfalls von der „magnetischen Anziehungskraft des Westens“ geschrieben). Am 31. Mai 1947 sagte Schumacher vor den Spitzengremien seiner Partei:

> „Man muss soziale und ökonomische Tatsachen schaffen, die das Übergewicht der drei Westzonen über die Ostzone deklarieren ... Die Prosperität der Westzonen, die sich auf der Grundlage der Konzentrierung der bizonalen Wirtschaftspolitik erreichen lässt, kann den Westen zum ökonomischen Magneten machen. Es ist realpolitisch vom deutschen Gesichtspunkt aus kein anderer Weg zur Erringung der deutschen Einheit möglich als diese ökonomische Magnetisierung des Westens, die ihre Anziehungskraft auf den Osten so stark ausüben

muss, dass auf die Dauer die bloße Innehabung des Machtapparates dagegen kein sicheres Mittel ist" (in Abelshauser 1979, 666).

Konrad Adenauer hat diese Strategie als *Politik der Stärke* verwendet. Erst aus einer Position der Stärke heraus könne mit den Sowjets verhandelt werden, nur ein integrierter Westen könne Druck auf die Sowjetunion ausüben und somit Konzessionen in der Frage der Wiedervereinigung erlangen. Die Sowjetunion, so Adenauer damals, habe sich innenpolitisch wie weltpolitisch übernommen und könne bei vorhandener Stärke zur Aufgabe der DDR bereit sein (vgl. Adenauer 1966, 87).

Die außenpolitischen Vorstellungen der deutschen Politiker der „ersten Stunde" zeigen in den ersten Nachkriegsjahren somit ein vielfältiges Bild, das eine parteipolitische Zuordnung nicht immer eindeutig zulässt. Die breite Fächerung von Ideen ist vielmehr auf unterschiedliche soziale und regionale Rekrutierung zurückzuführen und von individueller politischer Erfahrung geprägt. Da diese Determinanten der außenpolitischen Einstellungen oft quer zu den Parteien lagen, ist es nicht verwunderlich, dass das außenpolitische Profil der Parteien sich erst in einem Kontraktionsprozess in den Nachkriegsjahren ergab. So steht der Föderalismusgedanke des bayrischen Sozialdemokraten *Wilhelm Hoegner* eher in der CDU-Tradition als in der zentralistischen Kontinuität der *Kurt-Schumacher-SPD.* Auch *Carlo Schmids* Europa-Idee steht dem Föderalismusgedanken der *Konrad-Adenauer-CDU* näher als dem Vaterland der europäischen Nationalstaaten à la Schumacher oder Kaiser. Der Antizentralismus und das Antipreußentum waren bei den süd- und westdeutschen Politikern (Adenauer, Schmid, Hoegner, Maier etc.) ausgeprägter als bei norddeutschen Politikern, die mehr in der Tradition des preußisch-deutschen Nationalstaates dachten.

3.2.5.1 Die Westverträge

Im Unterschied zu führenden Politikern aus allen Parteien dachte Adenauer nicht in nationalstaatlichen Kategorien, sondern war bereit, das supranationale Gebilde von Monnet und Schuman

„aus ganzem Herzen“ willkommen zu heißen. Die vertragliche Einbindung in den Westen und die Gewinnung der nationalen Souveränität sind mit den Pariser Verträgen vollzogen worden. Sie bestehen aus einem Paket von vier Vertragsteilen, formuliert 1952, unterzeichnet 1954 und in Kraft getreten 1955, dem Deutschlandvertrag, dem Vertrag über die Westeuropäische Union, WEU, und der NATO sowie dem Saarstatut. Nach dem Scheitern der EVG musste nach einem neuen Rahmen für die Einbindung des deutschen Militärs in internationale Bündnisse Ausschau gehalten werden. Er wurde gefunden in Gestalt der WEU, einem westeuropäischen Nachfolgebündnis des Brüsseler Pakts – der seinerseits aus dem zunächst gegen Deutschland gerichteten Vertrag von Dünkirchen hervorgegangen ist – und dem transatlantischen Bündnis der NATO. Somit war die Sicherheit der Bundesrepublik sowohl europäisch als auch transatlantisch abgesichert. Der Deutschlandvertrag brachte die Gleichstellung im westlichen Bündnis, nicht die volle Souveränität, auch wenn Adenauers Kommentar in seinen Erinnerungen lautete: „An diesem Tag hatte Deutschland seine Freiheit, seine Souveränität wiedererlangt“ (Adenauer 1966, 430). Er brachte aber auch die Anerkennung des Alleinvertretungsanspruchs der Bundesrepublik, ein Grundsatz, der außenpolitisch höchst relevant wurde und als Hallstein-Doktrin zum Leitfaden der deutschen Außenpolitik bis Ende der sechziger Jahre wurde.

Aus zeitlichem Abstand besteht Einmütigkeit darüber, dass diese Verträge bis auf den heutigen Tag die wichtigste Entscheidung dokumentieren, die die ersten Bundesregierungen zum außenpolitischen Kurs getroffen haben. Sie bedeutet zwar zunächst noch nicht die volle Souveränität der Bundesrepublik, dennoch hatte sich die Bundesrepublik graduell in den Jahren 1948 bis 1950 von einem Objekt zu einem außenpolitisch handlungsfähigen Subjekt entwickelt. Die ersten Folgewirkungen stellten sich im gleichen Jahr des Inkrafttretens ein: die Sowjetunion schloss mit der DDR einen Vertrag, der ihr die Souveränität (auch hier von Ulbricht als Total-Souveränität bezeichnet, obwohl Vorbehaltsrechte enthalten sind) und durch Stationierung der sowjetischen Truppen die militärische Ostbindung brachte. In Bezug auf die Position eines zukünftigen vereinigten Deutschland spricht der Moskauer Vertrag von 1955 nur von einem „friedliebenden und demokratischen Staat", während der Deutschland-Vertrag mit den Westmächten von einem „wiedervereinigten Deutschland, das eine freiheitlich-demokratische Verfassung, ähnlich wie die Bundesrepublik, besitzt und das in die Europäische Gemeinschaft integriert ist", spricht. Nicht ohne Betreiben von Adenauer selbst ist diese Bindungsklausel für eine künftige gesamtdeutsche Regierung bezüglich der Bonner Verträge und der europäischen Integrationsverträge in den Vertrag aufgenommen worden.[17]

Die zentrale Frage der innenpolitischen Auseinandersetzungen war die nach der Lösung der deutschen Frage. *Adenauer* legte bei der Frage der Wiedervereinigung die Politik der Stärke zugrunde: Seine Rundfunkrede 1952 formuliert diese Position: „Erst wenn der Westen stark ist, ergibt sich ein wirklicher Ausgangspunkt für friedliche Verhandlungen mit dem Ziel, nicht nur die Sowjetzone, sondern das ganze versklavte Europa östlich des Eisernen Vorhanges zu befreien, in Frieden zu befreien." Über die Motive dieser Deutschlandpolitik gibt es zwei Interpretationen. Die eine besagt, Adenauer habe die Wiedervereinigung bewusst ausgeschlossen zugunsten der Westintegration und in ihr der westdeutschen Souveränität höhere Priorität gegeben. Arnulf Baring beurteilt die Anfänge der Adenauer-Politik so: „Nur die allgemeine Richtung lag fest; eine westeuropäische Einigung unter Einschluss Westdeutschlands." (Baring 1969, 60).

Die andere Interpretation geht davon aus, dass Adenauer die Wiedervereinigung durchaus anvisiert habe und diese aus der Position der Stärke und dem Warten auf Schwächung der SU durch die VR China betrieb. Hans-Peter Schwarz urteilte: „Adenauer fand sie (die Konzeption, die Westintegration und Wiedervereinigung miteinander verband) in der Feststellung, eine Konsolidierung im Westen werde die sowjetische Herrschaft in der Ostzone von selbst zum Einsturz bringen." Schwarz nennt dieses Konzept in Anlehnung an Schumacher das „Magnet-Konzept" (Schwarz 1980, 478/479).

Innenpolitisch haben die Westintegrationspolitik die wichtigsten wirtschafts- und gesellschaftspolitischen Organisationen unterstützt, die Arbeitgeberverbände ebenso wie der DGB, ein Teil der Presse ebenso (Röpke, Reger, Rheinischer Merkur, Berliner Tagesspiegel); ein anderer Teil nicht oder nur bedingt (z.B. dpa, Die Zeit, Stuttgarter Nachrichten, FAZ, Süddeutsche Zeitung). Die Vertriebenenverbände opponierten ebenso wie die Oppositionspartei SPD. Zum Teil waren auch die eigenen Koalitionspartner gegen die Regierungspolitik (z.B. in der Saarfrage die FDP).

Als „Institutionen der Hindernisse" hat Baring außerdem das von der Opposition angerufene Bundesverfassungsgericht sowie den Bundesrat bezeichnet, in dem die SPD-geführten Länder Einfluss auszuüben versuchten. Kontrovers war vor allem Adenauers Wiederbewaffnungskurs bei Teilen der Evangelischen Kirche Deutschlands (Heinemann, Gollwitzer, Niemöller etc.) sowie bei den Gewerkschaften.

Die These, dass das immer wieder vorgegebene Ziel der Wiedervereinigung nicht die höchste aller Prioritäten gehabt habe, teilt auch Hanrieder, der die Ziele Sicherheit und Wiederbewaffnung und politische wie wirtschaftliche Wiedergesundung noch vor der Wiedervereinigung nennt. Ein anderer Autor, Waldemar Besson, sieht vier Phasen in der außenpolitischen Orientierung der Adenauer-Politik:

- die „rheinische Phase" (1945-50) mit wirtschaftlicher und politischer Verflechtung Westeuropas,
- die „föderalistische Phase" (1950-54), in der der Zusammenschluss Westeuropas angestrebt wird; mit den Römischen Verträgen werden 1957 die EWG und Euratom gegründet,
- die „atlantische Phase" (1954-58/59), gekennzeichnet durch die enge Bindung an die USA, deren Juniorpartner die Bundesrepublik wird,

- die „gaullistische Phase“ (1959-63), in der der Einigungsgedanke Europas nach einer Entfremdung von den USA wieder in den Vordergrund tritt; diesmal basierend auf der Achse Paris-Bonn.

3.2.5.2 Die Stalin-Noten

Wie seit Bestehen der Bundesrepublik kamen auch 1952 erneut Zweifel am eingeschlagenen Weg auf. In diesem Jahr fanden Gespräche über die Ablösung des Besatzungsstatuts statt, die Beratung über den Pleven-Plan zur europäischen Integration der deutschen Streitkräfte wurden fortgeführt und die insgesamt vier sowjetischen Noten[18] gaben den Gegnern der Adenauer-Politik neue Munition. Die sowjetische Märznote 1952 zu einem Friedensvertragsentwurf enthielt folgende Punkte:

- Deutschland solle als einheitlicher Staat wiederhergestellt werden, sämtliche Streitkräfte sollen abgezogen, alle fremden militärischen Stützpunkte liquidiert werden,
- Deutschland verpflichtet sich, keine Militärbündnisse einzugehen, die gegen ehemalige Kriegsgegner gerichtet sind,
- das Territorium ist durch die Grenzen bestimmt, die durch die Potsdamer Konferenz festgelegt wurden,
- Deutschland solle „eigene nationale Streitkräfte“ erhalten,
- die Aufnahme Deutschlands in die Vereinten Nationen soll von den Vertragsparteien unterstützt werden.

Es gibt gute Gründe für die Annahme, dass *Stalin* damals bereit war, die Wiedervereinigung Deutschlands um den Preis der militärischen Neutralität zuzulassen, ja sogar auch das SED-Regime – jedoch nicht die SED/KPD als Partei – zu opfern.[19] Die Westmächte, von *Adenauer* bestärkt, lehnten allerdings ab. Diese Variante tauchte später in den Gesprächen zwischen Chruschtschow und dem deutschen Botschafter in Moskauer, Kroll, wieder auf (vgl. Kroll 1967). Ab etwa 1955 verfolgte jedoch die Sowjetunion die Zwei-Staaten-Politik.

Die Forderungen der SPD- und FDP-Politiker sowie vor allem des Bundesministers für gesamtdeutsche Fragen, *Jakob*

Kaiser, die sowjetischen Angebote ernstlich und gründlich zu prüfen, wies Adenauer mit der Bemerkung zurück, es würden bessere Angebote folgen, dies sei nur ein erster Erfolg. Der Zweck der sowjetischen Angebote sei die Verhinderung des General- und EVG-Vertrags; freie Wahlen nach den Vorstellungen der CDU seien nicht erwähnt und mit der Westintegration sei die Bundesrepublik nicht unwiderruflich gebunden. Alle Verträge mit den Westmächten sähen Revisionen für den Tag der Wiedervereinigung vor. Die Politik der Stärke mit dem Ziel einer Neuorientierung Osteuropas blieb Leitlinie der Regierung. In ihrer vierten und vorläufig letzten Note vom August 1952 schlug die UdSSR eine Konferenz der Vier Mächte vor mit den Punkten:

- Vorbereitung eines Friedensvertrags,
- Schaffung einer gesamtdeutschen Regierung,
- Durchführung von freien Wahlen,
- Vertreter der DDR und der BRD sollten zur Teilnahme eingeladen werden.

Der strittige Punkt blieb nach wie vor die Frage der freien Wahlen, die nach Vorstellung der Westmächte und der Bundesregierung Voraussetzung, nicht Folge einer solchen Konferenz sein sollten. Die weiteren sowjetischen Noten vom 4. und 15. August 1953 und auch die Außenministerkonferenz vom 25. Januar bis 18. Februar 1954 in Berlin brachten in dieser Frage keine sowjetischen Zugeständnisse. Es scheint, als ob dann die sowjetische Politik einen Kurswechsel gegenüber Deutschland vorgenommen hat. Die Sowjets scheinen aber damals bereit gewesen zu sein, das militärische Disengagement der Bundesrepublik mit der Wiedervereinigung zu bezahlen. *Adenauer* nahm diese Offerte bewusst nicht wahr, weil für ihn die Westintegration erste Priorität hatte. Die Argumente freie Wahlen, Aufrichtigkeit der sowjetischen Angebote etc. waren auch, aber nicht nur Schutzbehauptungen für eine nicht gewollte Politik. Kritiker des Regierungskurses wie Gustav Heinemann, Jakob Kaiser, Kurt Schumacher, Fritz Erler, Thomas Dehler, Karl Georg Pfleiderer u.a., die die Unverträglichkeit von Wiedervereinigung und Westintegration sahen und für ein Ausloten der sowjetischen Noten plädierten, behielten recht; ihre Argumentation resultiert jedoch aus einer anderen Prioritätenskala. Die Regierungspolitik dieser Jahre geht aus dem Memorandum vom 29. Mai 1953 hervor, dessen wichtigste Punkte die folgenden sind:

- Wiedervereinigung nur aufgrund freier, gleicher, geheimer und direkter Wahlen,
- auf der Grundlage dieser Wahlen soll eine gesamtdeutsche Regierung gebildet werden,
- die gesamtdeutsche Regierung muss von fremder Kontrolle frei sein, die gesamtdeutsche Regierung nimmt von Anfang an als gleichberechtigter Partner an Verhandlungen über einen Friedensvertrag teil,
- keine deutsche Regierung wird je in der Lage sein, die Oder-Neiße-Linie anzuerkennen.[18]

Die Berliner Außenministerkonferenz zeigte noch einmal mit aller Deutlichkeit die Unterschiede zwischen der westlichen (Eden-Plan) und östlichen (Molotow-Plan) Position: *Edens* „Plan für die deutsche Wiedervereinigung in Freiheit" vom 29. Januar 1954 enthielt folgende Punkte:

1. Freie Wahlen in ganz Deutschland;
2. Einberufung einer aus diesen Wahlen hervorgegangenen Nationalversammlung;
3. Ausarbeitung einer Verfassung und Vorbereitung der Friedensvertragsverhandlungen;
4. Annahme der Verfassung und Bildung einer gesamtdeutschen Regierung, die für die Aushandlung und den Abschluss des Friedensvertrages zuständig wäre;
5. Unterzeichnung und Inkrafttreten des Friedensvertrages.

Der *Molotow-Gegenvorschlag* lautet:

1. Friedensregelung auf der Grundlage des modifizierten Entwurfs der Grundsätze eines Friedensvertrages mit Deutschland (Vorschlag vom 1. Februar 1954);
2. Nominierung einer gesamtdeutschen Provisorischen Regierung zwecks Durchführung gesamtdeutscher Wahlen auf der

Grundlage einer paritätisch besetzten „gesamtdeutschen Beratung" im Einklang mit dem in der Note vom 15. August vorgesehenen Verfahren (Vorschlag vom 4. Februar 1954);
3. Neutralisierung der beiden Teile Deutschlands auf der Grundlage eines Viermächteabkommens, in dem ein ständiges Interventionsrecht der Besatzungsmächte vorgesehen war (Vorschlag vom 10. Februar 1954);
4. Kollektive Sicherheit auf der Grundlage des sowjetischen Entwurfs eines gesamteuropäischen Sicherheitspaktes, der von der Beteiligung der beiden deutschen Teilstaaten ausging (Vorschlag vom 10. Februar 1954) (zit. nach Meissner 1972, 489).

3.2.5.3 Die Hallstein-Doktrin

1955 fand eine bedeutungsvolle Reise des Bundeskanzlers nach Moskau statt, die der Regierungschef mit Einschluss auch oppositioneller Politiker durchführte. Auf der Agenda standen die Aufnahme diplomatischer Beziehungen zur wichtigsten östlichen Macht sowie die Rückführung der noch in sowjetischer Gefangenschaft befindlichen deutschen Soldaten. Mit der Aufnahme diplomatischer Beziehungen zur Sowjetunion musste eine Leitlinie formuliert werden, die verhinderte, dass andere Staaten diesem Beispiel folgten, hatte doch die DDR mit der Sowjetunion seit Gründung des Staates diplomatische Beziehungen. In dieser Phase wurde eine Maxime der deutschen Außenpolitik formuliert, die das Verhalten gegenüber dritten Staaten regeln sollte, die diplomatische Beziehungen zum sozialistischen Teil Deutschlands aufnehmen wollten und den Alleinvertretungsanspruch der Bundesrepublik unterminierten. Ihre verbindliche Formulierung erhielt diese „Doktrin" im Jahre 1955 nach der Aufnahme diplomatischer Beziehungen zur Sowjetunion. Manche vertreten die Auffassung, dass diese Leitlinie weder eine Doktrin im doktrinären Sinne gewesen sei, noch von Hallstein stamme. Um zu verhindern, dass das sowjetische Beispiel Schule machen würde, gab der Bundesaußenminister *von Brentano* im Dezember diesen Grundsatz an die deutschen Botschafter bekannt. Der Leiter der politischen Abteilung des AA, *Wilhelm Grewe*, präzisierte tags darauf, dass man „auf Intensivierung der Beziehungen zu Pankow ... mit verschieden gestuften Maßnahmen reagieren (könne) ... die noch vor dem Abbruch der diplomatischen Beziehungen liegen“ (nach Schuster 1973; vgl. auch Pfetsch 1993). Der Anwendungsfall der *Hallstein-Doktrin* trat 1957 ein, als Jugoslawien diplomatische Beziehungen zur DDR aufnahm und dies zum Abbruch der Beziehungen zwischen Bonn und Belgrad führte. Spätere Fälle (Kuba 1963, arabische Staaten) wurden ähnlich behandelt. Eine Änderung in der Handhabung dieses Instruments zeigt das Vorgehen gegen Staaten wie Südjemen (1969) und Kambodscha (1969) etc. Die Große Koalition bzw. die sozialliberale Koalition brachen in gleicher Situation nicht mehr die diplomatischen Beziehungen ab, sondern suspendierten sie nur („kambodschieren“). Schon 1967 wurden diplomatische Beziehungen zu Rumänien und Jugoslawien, die mit der DDR schon diplomatische Beziehungen hatten, aufgenommen. Die Hallstein-Doktrin ist damit die Anwendung des Alleinvertretungsanspruchs der Bundesrepublik auf den Bereich der auswärtigen Beziehungen zu Drittstaaten und stützt sich auf die demokratische Legitimation der Bundesregierung und die fehlende der DDR-Regierung. Die Einhaltung dieser Leitlinie kostete die Bundesrepublik erhebliches Geld, denn Drittstaaten, vor allem Entwicklungsländer, ließen sich die Nicht-Aufnahme diplomatischer Beziehungen mit der DDR etwas kosten.

3.2.5.4 Europakonzepte der deutschen Politiker

Europakonzepte gab es in allen Parteien, wenn auch mit Unterschieden hinsichtlich der Motive und der Vorstellungen der praktischen Realisierung. Bei allen Politikern war der Europagedanke mit der Lösung der deutschen Frage gekoppelt. Kernstück der Auseinandersetzung zwischen Regierung und Opposition war, wie Schmid bemerkt, „das Problem der Reihenfolge bei den Bemühungen, sowohl die deutsche Einheit als auch die Einheit Europas zu schaffen“ (Schmid 1979, 462).

Es ist schon betont worden, dass bei *Adenauer* die westeuropäische Integration den Vorrang vor der Wiedervereinigung hatte. Er sah in ihr ein Mittel zur Bändigung des deutschen Nationalismus, zur Erlangung der Souveränität und zur Überwindung der deutsch-französischen Feindschaft. Dies lag umso näher, als ihm der östliche Teil Deutschlands fremd war: in Magdeburg begann für ihn die „asiatische Steppe" und Berlin war eine „heidnische Stadt". Als Schmelztiegel europäischer Stämme sei das Rheinland berufener Kern einer westeuropäischen kleindeutschen Lösung. Mit Osteuropa verband Adenauer mehr das „Asiatische" als das „Kommunistische", mehr gefühlsmäßige Abwehrreaktion und „dumpfe Befürchtung" (Hans-Peter Schwarz); für Schumacher dagegen war es das durch nüchterne Analyse zustande gekommene Bild eines Herrschaftssystems.

Kurt Schumachers Europa-Idee sah ein Europa der Nationalstaaten vor, ein nationalstaatliches Äquivalent zum Europa der Vaterländer de Gaulles. Die „Vereinigten Staaten von Europa", von denen er sprach, sollten Ost- und Westeuropa umfassen und als Zielvorgabe von sozialistischen Staaten Europas (England, Frankreich) bestimmt sein. Ein solches Europa müsse die „Dritte Kraft" zwischen den Blockmächten spielen. Über die organisatorische Form eines solchen Staatenbundes liegen keine präzisen Angaben vor.

Jakob Kaisers Europa-Vorstellung zeigt ähnliche Züge wie die Schumachers. Auch für ihn ist die Herstellung der „Vereinigten Staaten von Europa" ein Mittel, den Nationalstaat als wirksame dritte Kraft in die Weltpolitik mit einzubeziehen.

Eine differenzierte, in Stufen gedachte Europa-Konzeption hat *Carlo Schmid* (1948) vorgeschlagen. Dem süddeutschen Föderalisten lag der Gedanke an ein föderiertes Europa (auch an Osteuropa war in diesem Zusammenhang gedacht) nahe. Drei Grundgedanken liegen seinem „Stufenplan" zugrunde:

- Die Frage nach einem „Dritten Partner Europa" ist eine machtpolitische Frage,
- Europa muss als integrierter Bundesstaat geschaffen werden,

- Deutschland als „organisiertes Provisorium" soll später einbezogen werden.

Dieser Plan aus dem Jahre 1948 erhält 1949 eine antirussische Akzentverschiebung und nähert sich der Europäisierungsidee von Konrad Adenauer, Konrad Mommsen oder Robert Schuman an.

Zum Begriff Europa und zur Strategie seiner Einigung lagen nach Carlo Schmid (einem Mitglied des Europarats) drei unterschiedliche Konzepte im Europarat der fünfziger Jahre vor:

- Die *Universalisten* verstanden unter Europa ein „Volleuropa", strebten also eine Union der west- und osteuropäischen Länder an.
- Die *Konstitutionalisten* wollten die Vereinigten Staaten von Europa auf dem Wege einer Verfassung über eine konstituierende Versammlung und Volksabstimmung erreichen. Diese relativ starke Gruppe im Europarat sah die Zeit schon reif für eine europäische Regierung und einen europäischen Gesetzgeber.
- Die *Funktionalisten* schließlich sahen die Voraussetzungen für eine europäische Verfassung noch nicht gegeben. Zuerst müssten die materiellen und politischen Voraussetzungen geschaffen werden, die Lebensverhältnisse in den europäischen Staaten vergleichbarer sein. Die durch eine Wirtschaftsunion zu schaffende Verfassungswirklichkeit sei solider, als sie durch konstitutionelle Vorkehrungen erzeugt werden könne.

Im Überblick brachte die Periode 1949-57 auch auf deutscher Seite die Basisentscheidung, wie sie sich im Verhältnis der Siegermächte seit 1947 abzeichnete. Die dominierende Position der US-Amerikaner gegenüber den westlichen Kriegsalliierten bestimmte auch die Deutschlandoption der Deutschen: gegenüber den verschiedenen Alternativen der Blockfreiheit, der Neutralität, der Brücken- oder Mittlerposition setzte sich die Einbindung des deutschen Teilstaates Bundesrepublik in das europäische und atlantische Bündnis durch, wobei der Kanzler eine Präferenz für Westeuropa, vor allem für Frankreich erkennen lässt. Die deutsche

Frage sollte von einer Position der Stärke mit Magneteffekt auf den östlichen Teil Deutschlands bzw. Europas betrieben werden. Die Kalte-Kriegs-Konstellation diente dabei als Integrationsvehikel. War in der Anfangsphase des wirtschaftlichen Wiederaufstiegs die Montanunion noch Modell für eine zukünftige europäische Wirtschaftsgemeinschaft, so konkurrieren etwas später das großräumigere Freihandelskonzept der EFTA mit der kleineuropäischen Zollunionslösung der EWG, der aus integrationspolitischen Gründen der Vorzug gegeben wurde.

3.3 Festhalten am Kurs im Zeichen des Kalten Kriegs unter Konrad Adenauer (1957/58-1963)

Die ausgehenden fünfziger und beginnenden sechziger Jahre westdeutscher Außenpolitik lassen sich als Phase des Festhaltens am eingeschlagenen und durch Wahlen (1957) bestätigten Kurs kennzeichnen, der aber, je länger, umso mehr, in Widerspruch zu Veränderungen im internationalen System geriet. Zunächst war aber das internationale Klima durch erhöhte Spannungen gekennzeichnet. Chruschtschow kündigte 1958 ultimativ die Herauslösung West-Berlins als entmilitarisierte sogenannte Freie Stadt an, 1961 wurde die Berliner Mauer erstellt und 1962 brachte die Kuba-Krise die Welt an den Abgrund eines neuen Weltkriegs. In dieser spannungsreichen Phase steuerte die bundesdeutsche Politik weiter die Festigung des westlichen Bündnisses an und war skeptisch gegenüber Entspannungsbemühungen, die sich sowohl in Frankreich als auch in den USA andeuteten.

Ausdruck des Anspruchs, stellvertretend für die Bevölkerung des östlichen Teils Deutschlands zu sprechen und legitimer Rechtsnachfolger des Deutschen Reichs zu sein, ist auch das Londoner Schuldenabkommen von 1953. Als Nachfolgerin des Deutschen Reichs übernimmt die Bundesrepublik die Verbindlichkeiten des Reichs aus der Vor- (7,2 Mrd. DM) und Nachkriegszeit (6,8 Mrd. DM) gegenüber Drittstaaten, die Wiedergutmachungsleistungen an Juden eingeschlossen. An Israel wurden in der Zeit von 1953 bis 1965 1,78 Mrd. Dollar bezahlt, die 12,8 % des durchschnittlichen jährlichen Volkseinkommens von Israel ausmachten (vgl. Mackscheidt 1980, 985). Die DDR hat sich erst in den auslaufenden Jahren ihrer Existenz zur Wiedergutmachung an Juden oder an Israel bekannt. Demgegenüber hatte sie von 1945 bis 1952 70,97 Mrd. DM oder 28,0 Mrd. US $ an die SU als Entnahmen aufzubringen (vgl. Europa-Archiv vom 20.08.1953), also mehr als das Doppelte dessen, was im Geheimprotokoll von Jalta gefordert worden war.

Innenpolitisch brachten die Jahre 1959/60 eine wichtige Änderung: Die SPD akzeptierte offiziell die von den Adenauer-Regierungen geschaffenen Tatsachen, bekannte sich im *Godesberger Programm* von 1957 zur Landesverteidigung und in der Wehner-Bundestagsrede vom 30. Juni 1960 zu den westlichen Bündnissen. Die Wende der Opposition war schon zuvor angekündigt: die SPD arbeitete 1955/56 an der Wehrverfassung mit und stimmte 1957 der EWG-Gründung zu. Fraktionsführung und Landespolitiker legten im Siebenerausschuss Winter 1959/60 die Grundlinie für den Wahlkampf 1961 fest; die lautete: „Gemeinsamkeit in der Außenpolitik“. Der Deutschlandplan der SPD von 1959 sah eine gesamtdeutsche Kommission im Rahmen eines Viermächteabkommens vor, und Willy Brandt ließ als Regierender Bürgermeister von Berlin und Vorsitzender der SPD erste Anzeichen seiner Politik der kleinen Schritte, der Modifikation der Hallstein-Doktrin und der Anbahnung normaler Beziehungen zu Ostblockländern erkennen.

Die FDP war in ihrer Mehrheit Befürworter der Westorientierung, war aber flexibler gegenüber dem Osten. Zwei Richtungen waren zu erkennen: der national-liberale Hohensiegburger Kreis betonte stärker den Nationalstaatsgedanken und eine sozialliberale Richtung (Döhring, Scheel) setzte auf den Ausgleich mit dem Osten.

1959/60 verhandelte der deutsche Botschafter in Moskau, Hans Kroll, mit dem sowjetischen Parteisekretär Chruschtschow. Ergebnis der Gespräche soll die Bereitschaft Chruschtschows gewesen sein, für eine Anerkennung der DDR als Staat durch die Bundesrepublik und gegen Kreditleistungen die SED-Führung unter Ulbricht fallen zulassen. In einem Memorandum vom Februar 1961 bot die Sowjetregierung einen Friedensvertrag an, wonach West-Berlin den Status einer „freien Stadt" erhalten solle. Die Interpretation dieser Angebote sei, so der Botschafter, schwierig. „Eine schlüssige Antwort auf diese Frage (ob Köder, ob ernstes konzessionsbereites Angebot) war selbst bei gründlichster Prüfung des sowjetischen Dokuments nicht zu finden" (Kroll 1967, 480).

Adenauers Alptraum in den letzten Regierungsjahren war die Befürchtung, die USA könnten sich von ihren europäischen Verpflichtungen zurückziehen und sich mit der UdSSR über die Köpfe der Europäer, besonders der Bundesrepublik, hinweg einigen. Das Misstrauen gegenüber der Kennedy-Regierung gründete auf dieser Befürchtung. Mit dem Tod des amerikanischen Außenministers unter Eisenhower, John Foster Dulles, 1958 war die Politik der engen atlantischen Bindung vorübergehend unterbrochen; Adenauer suchte ein engeres Verhältnis zum französischen Staatspräsidenten de Gaulle. Die Entspannungsphasen 1957-1958, 1962-1968 veranlassten Adenauer nicht zur Revision seiner Ostpolitik, wohl aber seinen ihm mehr oder weniger aufgezwungenen Außenminister Gerhard Schröder, der die Aufnahme konsularischer Beziehungen zu einigen osteuropäischen Staaten betrieb und darin vom Koalitionspartner FDP, dem Auswärtigen Ausschuss des Deutschen Bundestages und mehrheitlich von den im Parlament vertretenen Parteien (Jaksch-Bericht Juni 1961) unterstützt wurde.

Die Schwerpunkte der außenpolitischen Orientierung und ihre zeitliche Lagerung spiegeln sich in den Auslandsreisen der Bundeskanzler (vgl. Tab. 2). Solche Treffen der Regierungschefs dienen unterschiedlichen Zwecken: dem Finden gemeinsamer Standpunkte in strittigen Fragen, der Unterzeichnung von Abkommen, dem persönlichen Kennenlernen, der Demonstration nach innen (bei Wahlen) und nach außen. Adenauer besuchte

Frankreich während seiner Regierungszeit insgesamt zweiundzwanzigmal, die Vereinigten Staaten neunmal. Vor dem ersten Amerikabesuch liegen bereits fünf Frankreichreisen. In den Jahren nach dem Scheitern der Europäischen Verteidigungsgemeinschaft und dem Regierungsantritt de Gaulles reiste Adenauer nur jeweils einmal im Jahr nach Frankreich. Nach Ende der Dulles-Ära und dem Beginn der Regierung von de Gaulle intensivierte Adenauer seine Frankreichkontakte. 1959 machte er drei, 1961 zwei Besuche. Der erste USA-Besuch liegt erst im Jahre 1953 und wird danach jährlich einmal unternommen. Im Jahr der Umorientierung von Amerika nach Frankreich, 1958, findet keine Reise in die Staaten statt. Das Jahr des Mauerbaues 1961 und des Regierungsantritts Kennedys bringt dann wieder zwei USA-Besuche.

Tabelle 2: Offizielle Auslandsbesuche von Konrad Adenauer in Frankreich und in den USA (1951-63)

Jahr	Frankreich-Besuche	USA-Besuche
1951	3	-
1952	2	-
1953	2	1
1954	2	1
1955	1	1
1956	1	1
1957	1	1
1958	1	-
1959	3	1
1960	1	1
1961	2	2
1962	1	-
1963	2	-
Insgesamt	22	9

Quelle: Auswärtiges Amt (Hrsg.): Die Auswärtige Politik der Bundesrepublik. Köln 1972, 911.

3.3.1 Der Élysée-Vertrag zur deutsch-französischen Zusammenarbeit von 1963

Einen sichtbaren und bis in die Gegenwart wirkenden Höhepunkt in der deutsch-französischen Annäherung bildet der Élysée-Vertrag von *1963,* der zunächst als europäischer Bilateralismus gedacht war, dann aber vom Bundestag eine atlantische Präambel hinzubekam. Während die „gemeinsame Erklärung" als Motive des Vertrags die „Versöhnung zwischen dem deutschen und dem französischen Volk" und die „deutsch-französische Freundschaft" betonte, ergänzte der Deutsche Bundestag die Präambel durch Hinweis auf die „enge Partnerschaft zwischen Europa und den Vereinigten Staaten von Amerika".

Der Vertrag, der auch das deutsch-französische Jungendwerk begründete, stellte die Zusammenarbeit auf neue, auch organisatorisch abgesicherte Füße: regelmäßig stattfindende Treffen der Regierungschefs (Blaesheim-Prozess) und der Außen- und Verteidigungsminister, die Einrichtung gemeinsamer Gremien wie dem Deutsch-Französischen Verteidigungs- und Sicherheitsrat, dem Umwelt- und dem Finanz- und Wirtschaftsrat, von Generalstabschefs sowie der für Jugendfragen zuständigen Ministern; Abstimmung in internationalen Fragen. In der Kathedrale von Reims in deren Vorraum sich eine Gedenkplakette befindet, wurde die Zusammenarbeit von beiden Staatschefs in einer großen Zeremonie besiegelt. Hinfort wurden die engen Beziehungen weiter ausgebaut und führten, bei allen Divergenzen, im weiteren Verlauf zu einem engen Vertrauensverhältnis auch zwischen den jeweiligen Staatschefs. Die medienwirksam inszenierte Entente zwischen Schmidt und Giscard d'Estaing, Kohl und Mitterand, Schröder und Chirac sowie Merkel und Sarkozy zeugt von dem guten Einvernehmen zwischen den Repräsentanten beider Länder; das *couple franco-allemand* kam auch bei europapolitischen Fragen immer wieder Europa fördernd zum Tragen. Gleichwohl waren immer wieder Unstimmigkeiten festzustellen, die u.a. in den unterschiedlichen politischen Kulturen begründet sind. Beispielsweise wollte Chirac der

EZB ein Wirtschaftskabinett beigeben und mit einem französischen Politiker besetzen, während Kohl auf die Unabhängigkeit der EZB verwies und die institutionelle Struktur nach dem Modell der Deutschen Bundesbank ausgerichtet sehen wollte. Das deutsch-französische Tandem stößt immer dann auf Grenzen, wenn divergierende Ansichten zu Grundfragen des politischen Systems (Nationenbegriff, Staatsstruktur) aufeinander stoßen (Zervakis/Von Gossler 2003). Auch aus den historisch gegebenen geopolitischen Orientierungen ergeben sich Reibungspunkte. Während Frankreich nach Süden im mediterranen Bereich politische Optionen sucht, ist es für die Bundesrepublik der Osten Europas. Der Dissens zwischen Kohl und Mitterand während des Vereinigungsprozesses und die unterschiedlichen Interessen zwischen Merkel und Sarkozy bezüglich der Mittelmeerunion resultieren aus historisch verankerten Orientierungen. Die deutsch-französische Abstimmung in internationalen sowie EU-Gremien sind unverzichtbar wenn Europa außenpolitisch etwas bewirken will.

3.3.2 Adenauer versus Erhard oder: das politische versus das wirtschaftliche Europa

Ludwig Erhard, von 1963 bis 1966 Bundeskanzler, setzte einerseits die vertraglich fixierten deutsch-französischen Konsultationen fort mit vier Frankreich-Besuchen während seiner Regierungszeit; doch lief de Gaulles' zweimaliges Veto (1961, 1963) zu einem Beitritt Englands zur EWG den Europavorstellungen des Kanzlers entgegen. Der „mondialistischen" Orientierung seiner Politik entspricht eine gleiche Zahl von Besuchen in den Vereinigten Staaten. Der in Fürth geborene Franke war zunächst Wirtschaftsminister in den Kabinetten Adenauer und nicht der Wunschkandidat für seine Nachfolge, ja Adenauer versuchte sogar die Kanzlerschaft von Erhard zu hintertreiben. In den letzten Regierungsjahren zeigten sich jedoch Schwächen der Adenauerschen Kanzlerschaft: Die Kandidatur von Erhard war nicht mehr zu verhindern, der antisowjetische Kurs ließ sich im

Zeichen beginnender Entspannung nicht mehr halten, der Rückzug von Adenauers Kandidatur zum Bundespräsidenten schadete dem Amt, der Mauerbau 1961 konnte nicht verhindert werden, die „Spiegelaffäre" führte zur Entlassung von Franz Joseph Strauß als Verteidigungsminister und die Koalition mit der FDP 1961 zwang Adenauer zum vorzeitigen Ausscheiden aus dem Amt; schließlich konnte Adenauer nicht verhindern, dass Erhard von der CDU/CSU und FDP zum Kanzlerkandidaten gekürt wurde und Gerhard Schröder Außenminister wurde.

Hinter der persönlichen Gegnerschaft zwischen dem patriarchalischen Führungsstil des ausscheidenden und dem konzilianteren Stil des neu ins Amt kommenden Kanzlers verbargen sich tiefgehende außenpolitische Konzeptionsunterschiede: Differenzen in der Europapolitik: Adenauer wollte ein politisches Europa ruhend auf der Achse Bonn-Paris, Erhard ein weltwirtschaftlich offenes Europa mit den Angelsachsen; im transatlantischen Verhältnis präferierte Erhard die enge Verbindung zu den USA – den amerikanischen Präsident Johnson bezeichnete er als „seinen besten Freund"[20] – Adenauer sah in einer engeren Union der westeuropäischen Staaten die Zukunft des europäischen Zusammenschlusses. Das Denken von Adenauer kreiste um das Politische, das von Erhard um das Wirtschaftliche. Mit Recht weist Hacke (2004, 100 ff.) darauf hin, dass die versuchte Demontage Erhards durch Adenauer den Leistungen Erhards nicht gerecht werde: Er wird mit Recht als der Initiator der sozialen Marktwirtschaft anerkannt und der Zigarren rauchende etwas korpulente Erhard wurde zum Symbol des Wirtschaftswunders der fünfziger Jahre. Adenauer kann mit seinem Politikstil eher in die Nähe eines Machiavellisten gebracht werden, Erhard in die Nähe von Adam Smith. Adenauer dachte durch und durch politisch, Erhard eher unpolitisch, technokratisch, funktionalistisch und wirtschaftlich.

Diese Unterschiede sollten gleich nach Amtsantritt in Erscheinung treten: Abkühlung im deutsch-französischen Verhältnis; Erhard wandte sich gegen die enge Bonn-Paris-Achsenpolitik und war für eine (letztlich verunglückte) Annäherung an Washington. Destabilisierend auf Erhards Kanzlerschaft wirkte schließlich die Nahostpolitik (vgl. 3.4.5).

Welches sind die Maximen des wirtschaftlichen Freihandelssystems, das in der Bundesrepublik von ihrem ersten Wirtschaftsminister eingeführt worden ist? Welches sind die Maximen dieses exportorientierten Wirtschaftsmodells?

Das Modell des exportorientierten Wachstums beruht auf der klassisch liberalen Außenhandelstheorie, wie sie von Staaten praktiziert wurde und wird, die für ihr industrielles Wachstum Rohstoff- bzw. Absatzmärkte brauchen. In dieser Situation befand sich Großbritannien im 19. ebenso wie Deutschland um die Wende zum 20. Jahrhundert. Es lässt sich zeigen, dass die Außenwirtschaftspolitik der Liberalisierung und Arbeitsteilung nach komparativen Kostenvorteilen das außenpolitische Pendant zur Politik der sozialen Marktwirtschaft ist, wie sie unter bisher allen Wirtschaftsministern der Bundesrepublik praktiziert wurde und wird.

Ludwig Erhard, der vor allem für dieses Modell steht, kommt aus der sogenannten Freiburger Schule des Ordo-Liberalismus, deren Nachkriegskonzept vor allem in Opposition zu Totalitarismen (Nazismus ebenso wie Kommunismus) konzipiert worden war, also in der geplanten „Verwaltungswirtschaft" ebenso ihr Gegenstück findet wie in der erzwungenen Autarkiepolitik der Nationalsozialisten unter Schacht. Von diesen Gegenmodellen sollte sich ganz bewusst die Wirtschaftsordnung der sozialen Marktwirtschaft abheben. Konkret heißt dies: Grundlage sollen Marktprozesse sein und nicht staatlicher Dirigismus.

Liberalisierung des Außenhandels heißt: Entscheidung gegen Devisenzwangswirtschaft, für konvertible Währung; gegen fixe Wechselkurse, für flexible Kurse; gegen Zölle und Kontingente, für freien Warenverkehr zwischen Staaten; für den „Kaufmann", gegen den „Bürokraten"; für die Wirkung der Marktmechanismen auf dem Weltmarkt, gegen „Rohstoffkartelle oder Rohstoffabkommen mit mengenmäßigen Liefer- und Abnahmeverpflichtungen" (Dürr 1978, 93; auch Wenzel 1979); gegen Autarkie und Abgeschlossenheit, für „offene" Märkte und für „freies Spiel der Kräfte". Außenpolitisch bedeutsam ist die daraus folgende Konsequenz „offener Weltmärkte", die selbst gegen Regionalismus geschützt werden müssten. Mit Erhards Worten aus den fünfziger Jahren:

> „Die deutsche Situation ist überdies dadurch gekennzeichnet, dass wir die Handelspartnerschaft mit allen Ländern anstreben müssen. Wir können uns mit keinem auch noch so weitgesteckten Regionalismus begnügen". Die Aufsplitterung in verschiedene Wirtschaftsräume müsse verhindert werden. „Unbedingte Meistbegünstigung, einlösliche Währungen, Verzicht auf Kontingente und falsche Wechselkurse, das sind die geistigen und praktischen Fundamente einer weltweiten Handelspolitik, die ein hochspezialisiertes Industrie- und Exportland wie Deutschland benötigt" (Erhard 1954, 9).

Die Bildung regionaler Wirtschaftsabkommen war nur dann mit der neoliberalen Wirtschaftspolitik kompatibel, wenn sie gleichzeitig nach außen offen waren. Dies war der Fall bei Abkommen wie dem Marshall-Plan, dem GATT, dem Internationalen Währungsfonds und der Weltbank, die für eine Erweiterung des internationalen Handels der Teilnehmerstaaten untereinander und mit anderen Ländern waren. Weitergehende Integrationsversuche bergen die Gefahr in sich, gegen den Weltmarkt abzuschirmen, regionale Autarkie zu erzeugen und im Welthandel zu diskriminieren. Aus dieser Auffassung heraus war der neo-liberale Wirtschaftsminister und spätere Bundeskanzler auch skeptisch gegenüber zu weitgehenden europäischen Integrationsvorstellungen, wie sie insbesondere vom Kanzler- und Auswärtigen Amt in den fünfziger Jahren gehegt worden sind. Die Sympathien Erhards gehörten dem „britischen Vorstoß von Anfang Herbst 1956 ... den gemeinsamen Markt der sechs Montanunionsländer durch die Freihandelszone der OEEC-Staaten zu erweitern" (Erhard 1957, 300). Die EFTA-Idee passte also eher in das Außenwirtschaftskonzept als die EWG-Lösung, wie sie von Adenauer angestrebt wurde. Während der Kanzler die europäische Integration aus „politischen" Gründen für notwendig hielt, war sie für den Wirtschaftsminister allenfalls eine „Vorstufe zur Rückgliederung Europas in einen multilateralen Weltmarkt. Je weniger aber die europäische Integration den weltwirtschaftlichen Zusammenhang Europas vermindert, und je mehr sie diesen betont und fördert, desto mehr entspricht sie dem Verlauf auch der deutschen Handelspolitik“ (Erhard 1954, 159). Die funktionale Integration Europas hatte Vorrang vor der institutionellen. Die vor allem in den sechziger Jahren offen zutage tretende Gegnerschaft zwischen amtierendem und präsumptivem Kanzler ist neben anderen Motiven auf die unterschiedliche Stellung zur Europäischen Gemeinschaft zurückzuführen:

> „Aus dieser meiner Schau wird aber auch deutlich, dass ich nicht geneigt bin, Europa als ein letztes und absolutes Ziel der ökonomischen Ordnung anzusehen. Hier mag sich der Wirtschaftspolitiker von dem Außenpolitiker unterscheiden. Für mich bedeutet die Integration nur eine erste Station, die uns sichtbar vor Augen liegt und in der es zunächst gilt, alle Schranken des internationalen Warenaustausches abzubauen“ (Erhard 1957, 309).

Vor dem Ministerrat der OEEC befürwortete er 1957 das Projekt der Freihandelszone als notwendige Ergänzung der EWG, denn „jede europäische Lösung müsse zugleich eine weltoffene Lösung sein“ (Erhard 1962, 335). Als Begründung gibt Erhard wirtschaftspolitische Argumente: Wirtschaftsraum mit 250 Millionen Konsumenten, industrielle Methoden könnten durchgesetzt werden, großräumige Arbeitsteilung könne Platz greifen, die Wettbewerbsfähigkeit erhöhe Produktion und Produktivität etc. Doch auch die funktionalistische These des Zusammenhangs von Politik und Wirtschaft kommt zu ihrem Recht:

> „Wenn wir die Hoffnung haben, dass unsere Bestrebungen zum wirtschaftlichen Zusammenschluss des Kontinents ein erster Schritt sind, um zu gegebener Zeit auch im politischen Bereich zu gemeinsamen Formen hinzufinden, dann wird der Geist, der die ökonomische Ordnung Europas gestaltet, auch bestimmend sein für die gemeinsame Politik“ (Erhard 1962, 336).

Ein Mitarbeiter Erhards im Wirtschaftsministerium, Alfred Müller-Armack, führt die Unterschiede zwischen Adenauer und

Erhard auch auf die unterschiedlichen außenpolitischen Konzeptionen zurück:

> „Adenauers primäres Anliegen war die Fortsetzung der europäischen Integration im Bereich der Sechs auf der Basis der deutsch-französischen Freundschaft, die er als Krönung seines Lebenswerkes empfand. Erhard dachte global und sah in der engeren europäischen Integration nur ein begrenztes Mittel im Gegensatz zu der weltweiten Verbindung der deutschen Wirtschaft mit überseeischen Ländern und insbesondere mit den europäischen Demokratien, die außerhalb des Kreises der Sechs standen. Hier lag der echte sachliche Gegensatz, der immerfort hervortrat" (Müller-Armack 1971, 247).

Aus der heutigen Sicht sind diese außenwirtschaftlichen Maximen zum Tragen gekommen: die EWG der Sechs hat sich zur EG der Neun (1973), dann der 12 (1987), schließlich der 27 (2007) entwickelt und ist gegenwärtig in Erweiterung begriffen, die Assoziierungsabkommen mit den AKP-Staaten haben die Europäische Gemeinschaft erweitert um Rohstoffbezugsquellen und (in bescheidenerem Maße) um Absatzmärkte. Auf dem Agrarmarkt vor allem ist eine Liberalisierung kaum vorgenommen worden; die Außenhandelspolitik dient vor allem den Industriestaaten und trägt mit zu den negativen Folgen der internationalen Arbeitsteilung bei (Erweiterung der Kluft zwischen arm und reich).

Die Weltfinanzkrise der Jahre 2008/09 machte wie die Jahre der ersten größeren Rezession 1966/67 eine stärkere staatliche Regulierung und Intervention in den „freien Markt" notwendig. Die aus der transnationalen Finanzkrise hervorgegangene Krise der internationalen Realwirtschaft konnte nur mit staatlicher, international abgestimmter Intervention bewältigt werden. Die Erfahrungen der Weltwirtschaftskrise 1929/30 haben gelehrt, dass die Volkswirtschaften nur mit staatlicher (antizyklischer) Finanzpolitik (Keynes) aus einem konjunkturellen und/oder strukturellen Tal herausgeholt werden können.

3.4 Alternativen in der West- und zur Ostpolitik im Zeichen der Entspannung der sechziger Jahre unter Erhard/Schröder und Kiesinger/Brandt (1963-1969)

In den sechziger Jahren, insbesondere seit 1968, macht sich eine Entspannung im Verhältnis zwischen den USA und der SU bemerkbar. Die Anzeichen für diese, den damaligen Zeitgenossen durchaus bewusste Entspannungsphase, sind folgende:

- Die zweite Kuba-Krise (1962) führt durch den Abzug der sowjetischen Raketen aus Kuba zur Bestätigung und Konsolidierung der Einflussbereiche zwischen Ost und West.
- Das Teststopp-Abkommen von 1963 bestätigt diese auf dem Status quo basierende Festschreibung.
- Seit 1961 hat es militärische Eingriffe der SU nur im eigenen Bereich gegeben.
- Die UdSSR sucht Ausgleich zu den Nachbarn in Asien (Japan und Iran) und betätigt sich als Vermittler (mit durchaus eigenen Interessen) im Indien-Pakistan-Konflikt (Taschkent) 1965/66.
- Das Schisma in der kommunistischen Welt zwischen der UdSSR und der VR China lässt eine Reorientierung der sowjetischen Politik erkennen und führt etwas später zur Öffnung der bipolaren Konstellation zum Dreieck Washington-Moskau-Peking.

In diesen weltpolitischen Veränderungen werden von führenden Politikern des westlichen Lagers Entspannungskonzepte genannt: John F. Kennedy sprach von „peace strategy", sein Nachfolger Lyndon B. Johnson von „bridge-building" und „peaceful engagement" und de Gaulle prägte die Formel „détente – entente – cooperation".

Um die Mitte der sechziger Jahre zeichnen sich drei Orientierungen in der deutschen Außenpolitik ab: die „Atlantiker", die „Gaullisten" und die „Politik der kleinen Schritte", später als neue deutsche Ostpolitik bezeichnete Position um Willy Brandt.

3.4.1 Atlantiker versus Gaullisten

Die Westpolitik der CDU/CSU war in dieser Phase der außenpolitischen Entwicklung auf unterschiedliche Schwerpunkte angelegt, die zwar erst in den sechziger Jahren offen zutage traten, in den fünfziger Jahren aber schon manifest wurden. Zwei unterschiedliche Westkonzepte entzündeten sich an der Frage der europäischen wirtschaftlichen Einigung. Die Alternativkonzepte Europäische Wirtschaftsgemeinschaft (EWG) und Europäische Freihandelszone (EFTA) enthalten im Meinungsspektrum der CDU/ CSU das, was sich in den sechziger Jahren als „Atlantiker“ und „Gaullisten“ zeigt. Steht Konrad Adenauer für ein politisch integriertes, auf der Achse Bonn-Paris beruhendes kleineres Westeuropa, so steht Ludwig Erhard für ein globales Konzept außenwirtschaftspolitischer Liberalisierung, das für eine exportorientierte Kapitalgüterindustrie einen adäquaten Wirtschaftsraum sucht und diesen eher in einer großräumigen Freihandelszone und offenen Weltmärkten sieht als in einer Teilunion, die die Gefahren regionaler Abgeschlossenheit in sich birgt.

3.4.2 Die „Atlantiker“

Aus den Reihen der Unionspolitiker nutzte vor allem der Außenminister Schröder diese Zeichen der Zeit. Der „atlantische Flügel“ unter Schröder, Carstens und auch Erhard kam nach 1961 bzw. 1963 ans Ruder und befürwortete eine Stärkung der Achse Bonn-Washington bei vorsichtiger Öffnung nach Osten (Handelsvertretungen in Warschau 1963, in Bukarest 1963, in Budapest 1963, in Sofia 1964 und in Prag 1967). Die Atlantiker sind eine breite Mittelgruppe von Politikern aus allen drei Bundestagsparteien, unterstützt von den wichtigsten gesellschaftlichen Gruppen, dem BDI, dem DGB und einigen Medien, wie „Die Welt“. Diese Gruppierung hat ihren Kern in der CDU und sieht ihr politisches Schwergewicht in den USA als dem wichtigsten sicherheitspolitischen Garanten. Die Befürworter des atlantischen Bündnisses, Gerhard Schröder, Karl Carstens oder Fritz Erler als der außenpolitische Sprecher der SPD, setzen auf das verteidigungspolitische

Konzept der Multi-Lateral-Force (MLF) von *Kennedy* und *MacMillan* und nahmen den Vorschlag des amerikanischen Präsidenten für eine atlantische Partnerschaft mit dem Kern USA-BRD positiv auf. Die wichtigsten Argumente der Atlantiker sind:[21]

- Die Sicherheit wird nur durch den Mächtigsten garantiert. Von den wichtigen Staaten USA, UdSSR und China kommen nur die USA in Frage.
- Es gibt keine Anzeichen dafür, dass die USA ihren Verpflichtungen in Europa nicht nachgekommen seien.
- Das Sicherheitsbedürfnis der Bundesrepublik ist vor allem wegen der Lage West-Berlins ein anderes als das Frankreichs.

Wie die unterstützenden Gruppierungen aus Parteien und gesellschaftlichen Gruppen zeigen, stellen die Atlantiker eine Variante der globalen Option dar, Sicherheits- und Außenhandelsinteressen sind über sozioökonomische Verbindungsgruppen (linkagegroups) miteinander verbunden.

3.4.3 Die „Gaullisten"

Die „Gaullisten" vertreten demgegenüber eine Variante der Europa-Option. Die engere Anlehnung an das Frankreich de Gaulles wird vor allem von der CSU um Strauß und von Guttenberg befürwortet, ist aber in der Spätphase seiner Kanzlerschaft die Präferenz Adenauers. Der Schwerpunkt der westeuropäischen Außenpolitik solle ein deutsch-französischer Bilateralismus (Deutsch-Französischer Freundschaftsvertrag) sein, der allerdings nicht exklusiv sein könne. Das westliche Lager müsse durch einen europäisch-amerikanischen Duozentrismus gekennzeichnet sein. Die Argumente der Gaullisten sind folgende:

- In einer Allianz mit Frankreich bedeute das bundesdeutsche Potential mehr als in einer Allianz mit den USA.
- Das Prestige Frankreichs in Osteuropa könne für eine gemeinsame Ostpolitik genützt werden.
- Eine Hegemonie Frankreichs könne es nicht geben.
- Im Notfall ständen die USA nicht zu Europa, die europäische Einigung werde von den USA nicht echt verfolgt.

- Der Fall Kuba zeige, dass wichtige weltpolitische Entscheidungen ohne die Europäer zustande kommen.

Die „Gaullisten“ setzten sich – wie Meinungsumfragen zeigen – vor allem aus zwei Gruppierungen zusammen: den Nationalisten und den Integrationalisten. Die Befürworter einer deutsch-französischen Partnerschaft rekrutieren sich vor allem aus einem nationalen (nationalistischen) Lager, dem es um mehr Machtprestige der Bundesrepublik geht und das die Chance dafür am ehesten im Verbund mit dem gaullistischen Frankreich sieht. Einer solchen nationalistischen Position entsprach am ehesten de Gaulles Konzept des Europas der Vaterländer, das ein Europa vom Atlantik bis zum Ural sein müsse und einen antiamerikanischen sowie antibritischen Akzent besäße. Während Adenauer mit der Befürwortung der Paris-Bonn-Achse vor allem sein Westeuropa-Integrationskonzept gegen den Strom der Entspannung zu retten versuchte, bildet das Nationalismussyndrom die wichtigste Plattform für die Mehrheit der gaullistischen Sympathisanten. Gaullismus in Frankreich ist jedoch nicht identisch mit Gaullismus in der Bundesrepublik („deutscher Sekundärgaullismus“).

3.4.4 „Politik der kleinen Schritte“ als Strategie der Überwindung der Konfrontation

Die dritte Orientierung, die die sechziger Jahre – genauer: der Kalte Krieg als historische „Voraussetzung der Koexistenz“ – hervorbrachten (vgl. Nolte 1974; Prawe 1976, 249), kennzeichnet eine zunächst vorsichtige, dann aber in den siebziger Jahren dominant werdende grundsätzliche Änderung in der nationalen Option: die Entspannung zwischen Ost und West ermöglicht (bzw. erzwingt) auch eine andere Deutschlandpolitik. Im Klima der Entspannung müsse, so der damalige Berliner Senatssprecher *Egon Bahr* in seiner Tutzinger Rede vom Juli 1963 der Kontakt zu osteuropäischen Staaten (und im Gegensatz zu Schröders Ostpolitik auch zur UdSSR und der DDR) aufgenommen und ein „Wandel durch Annäherung“ herbeigeführt werden.[22] Als praktisches Modell kann das Berliner Passierscheinabkommen vom Dezember 1963 gelten, das erste Erfolge der „Politik der kleinen praktischen Schritte" zur Erleichterung des menschlichen Zusammenlebens zwischen Ost- und Westdeutschland zeitigte. Der wichtigste Promotor einer solchen Politik war der Regierende Bürgermeister von Berlin und Kanzlerkandidat der SPD für die Bundestagswahlen der sechziger Jahre, *Willy Brandt*. Als weitere vorbereitende Schritte zur „neuen deutschen Ostpolitik" können die Ansätze einer beweglicheren Ostpolitik durch Außenminister *Gerhard Schröder* die Friedensnote von *Ludwig Erhard* vom März 1966 sowie die Antrittsrede des neuen Bundeskanzlers der ersten Großen Koalition vom Herbst 1966 angesehen werden. Schröder hatte versucht mit seiner „Politik der Bewegung" durch Aufnahme konsularischer Beziehungen die osteuropäischen Staaten aus der Umklammerung durch Moskau herauszulösen; Erhard hatte in seiner Friedensnote einen Gewaltverzicht mit osteuropäischen Staaten vorgeschlagen; und in seiner Regierungserklärung setzte *Kurt Georg Kiesinger* auf Verständigung und Aussöhnung mit der UdSSR sowie mit Polen und der Tschechoslowakei (Die großen Regierungserklärungen 1979).

Gestützt wurde die „neue Ostpolitik" neben großen Teilen der SPD vom sozial-liberalen Flügel der FDP um Döhring, Scheel, aber auch vom Parteivorsitzenden Mende, der als Repräsentant des national-liberalen Flügels allerdings später diese Position nicht mehr glaubte vertreten zu können. Die publizistischen Organe „Süddeutsche Zeitung", „Der Spiegel" und „Die Zeit" unterstützten den neuen Kurs.

Entsprach der Phase des Kalten Kriegs am ehesten das Adenauer-Konzept der westdeutschen Teillösung mit Konfrontationskurs gegen Osten, so erforderte die Änderung der internationalen Lage auch eine Änderung der Ostpolitik. Chancenreicher waren in einer solchen Phase Konzepte, die über das Akzeptieren der territorialen und staatlichen Realitäten in Osteuropa zu einer auf Ausgleich setzenden Deutschlandpolitik gelangen wollten und die Nachteile des bisherigen Konfrontationskurses –

über die Köpfe der Europäer hinweg gehende Arrangements zwischen den Supermächten, die Bürde der Hallstein-Doktrin in den Beziehungen zu Staaten der Dritten Welt – abbauten. Das Bahr/Brandt-Konzept sah in der ersten Phase die Aufnahme diplomatischer Beziehungen mit osteuropäischen Staaten vor, ein westliches Hilfsprogramm für Osteuropa ähnlich dem Marshall-Plan und kleine Schritte menschlicher Erleichterungen im deutsch-deutschen Verhältnis. Die DDR müsse als Staat akzeptiert werden, bleibe aber in einem besonderen Verhältnis zur Bundesrepublik; die völkerrechtliche Anerkennung schließe dieses jedoch aus.

Der Wehner-Plan der SPD von 1966 und der Schollwer-Plan[23] eines führenden Repräsentanten der FDP von 1967 versuchten beide, das deutsch-deutsche Verhältnis auf eine neue Grundlage zu stellen, wobei der letztere sogar die Maximalforderung nach offizieller Anerkennung der DDR erhebt, was sogleich von der Führung der Partei zurückgezogen wurde. Der Wehner-Plan geht dabei behutsamer vor. Man solle

- im Vorfeld des Friedensvertrages operieren,
- den Umgang mit Behörden der DDR nicht scheuen,
- die Viermächteverantwortung für Gesamtdeutschland nicht überbewerten,
- eine deutsche Wirtschaftsgemeinschaft in Etappen errichten (Regulierung der Zahlungsmöglichkeiten zum Abbau des unnatürlichen Währungsgefälles, Kreditsystem, Bürgschaften),
- Deutschland in ein europäisches Verbundsystem einbauen.

3.4.5 Die Nahost-Politik der Erhard/Schröder-Regierung

1963 wurde Erhard als Vertreter einer global atlantisch orientierten Position vom Bundestag zum Bundeskanzler gewählt und 1965 in der Bundestagswahl bestätigt. Sein Volkskanzlertum zeigte durchaus populistische Züge und hatte als innenpolitisches Äquivalent zum außenpolitischen Freihandelsaxiom die sogenannte „Formierte Gesellschaft", die auf Interessenharmonie angelegt war und divergierende Interessen mit Appellen („Seelenmassage") zum Ausgleich zu bringen versuchte. Seinen Außenwirtschaftsüberlegungen entsprach die Ablehnung von de Gaulles Angebot (1964) einer engeren Zusammenarbeit mit dem Argument, er sei gegen jede Art von Hegemonie zweier Staaten in Europa. Die Gegnerschaft, die er sich damit vom gaullistischen Flügel seiner Partei einhandelte, hat nicht unwesentlich zu seinem Sturz Ende 1966 beigetragen.

Auch bei anderen außenpolitischen Fragen hatte Erhard nicht gerade Fortune. In der Nahost-Frage setzte sich Erhard zunächst zwischen die Stühle. 1963 war bekannt geworden, dass sein Vorgänger im Amt dem israelischen Premier Ben Gurion 1960 bei einem Treffen in New York geheime Waffenlieferungen versprochen hatte. Erhard hatte davon nichts gewusst. Zur gleichen Zeit war ebenfalls eine Hinterlassenschaft seines Vorgängers bekannt geworden, nämlich, dass deutsche Wissenschaftler und Techniker in Ägypten an Raketen und Flugzeugen für die arabische Welt arbeiteten. Der ägyptische Präsident Nasser deckte Ende 1964 die geheimen Waffenlieferungen der Bundesrepublik an Israel auf und drohte mit der Aufnahme diplomatischer Beziehungen zur DDR. Der Betroffenheit beider Seiten begegnete Erhard durch symmetrische Maßnahmen, nämlich der Einstellung der Waffenlieferungen und dem teilweisen Abzug der deutschen Techniker. Die ersatzweise angebotene Wirtschaftshilfe an Israel und das Angebot zur Aufnahme diplomatischer Beziehungen quittierte die arabische Welt mit der Anerkennung der DDR, was zum Abbruch der diplomatischen Beziehungen zu insgesamt zehn arabischen Staaten führte. 6 der 13 Staaten der Arabischen Liga nahmen diplomatische Beziehungen zur DDR auf. In der Nahost-Politik blieben die Bundesregierungen hinfort auf UNO- bzw. EG-Linie, d.h. Unterstützung der UN-Resolution 242 von 1967 (Abzug israelischer Truppen aus den besetzten Gebieten, Anerkennung der Existenz des Staates Israel) sowie der EG-Resolution von 1979 (Heimatrecht für die Palästinenser).

Das Ende der Kanzlerschaft von Ludwig Erhard zeichnete sich außen- wie innenpolitisch ab. Bei den wichtigsten westlichen Partnern musste Erhard eine Schlappe hinnehmen: de Gaulles Antwort auf die ablehnende Haltung Erhards zu einer „europäischen Politik" war u.a. sein Veto gegen die transatlantische Flotte von Überwasserschiffen einer Multilateralen Atomstreitmacht MLF 1963 und die Aufkündigung der militärischen Integration der NATO 1966; der amerikanische Präsident Johnson war nicht bereit, das von Erhard vorgeschlagene Moratorium für den Devisenausgleich zu bewilligen.

Deutschlandpolitisch versuchte die SED sub-gouvernemental zu operieren. Sie bot der SPD den Austausch von Rednern in beiden Teilen Deutschlands an, um damit in der staatlichen Anerkennung einen Schritt weiterzukommen. Die Oppositionspartei fühlte sich zu diesem Zeitpunkt zur Aufrechterhaltung des Alleinvertretungsanspruchs verpflichtet. Die SED hat das Gesetz zur Freistellung von westdeutscher Gerichtsbarkeit als Alibi zur Absage des Redneraustausches genommen.

Erhards außenpolitischer Beitrag zur Ostpolitik war jedoch die sogenannte Friedensnote vom März 1966, in der ein wichtiger Bestandteil der späteren Ostverträge genannt wurde: das Angebot zu einem Gewaltverzicht an osteuropäische Staaten.

3.4.6 Schritte zu einer flexibleren Ostpolitik unter Kiesinger/Brandt (1966-69)

Die Aufweichung der Hallstein-Doktrin, wie sie sich gegenüber Rumänien, Jugoslawien, Südjemen oder Kambodscha dokumentiert, ist ein Anzeichen der Änderung der Politik gegenüber dem zweiten deutschen Staat, auch wenn dieser zu diesem Zeitpunkt noch nicht als solcher anerkannt worden war. Ende der sechziger Jahre haben dann mehrere Staaten der Dritten Welt diplomatische Beziehungen zur DDR aufgenommen (Kambodscha, Irak, Sudan, Syrien, Südvietnam, Südjemen, Ägypten, Chile) und somit die internationale Vertretung der DDR erweitert. Gleichwohl war die DDR Anfang 1970 erst mit zehn Botschaften (BRD: 73) und sechs Konsulaten (BRD: 21) in den Ländern Afrikas, Asiens und Lateinamerikas vertreten. Bonn betrachtete diese internationale Aufwertung der DDR immer noch als unfreundlichen Akt, suspendierte die diplomatischen Beziehungen und gab keine neuen Entwicklungshilfezusagen an die entsprechenden Länder.

Zum westlichen Bündnis hin wird vor allem im Regierungslager die Diskussion um verschiedene Schwerpunkte geführt, ohne dass allerdings die Ausschließlichkeit der atlantischen oder gaullistischen Alternative zum Tragen gekommen wäre. Es scheint diese Diskussion vor allem von den persönlichen Konstellationen der führenden Politiker zueinander bestimmt worden zu sein. Die nationalen Interessen deuten auf ein sowohl als auch, nicht auf ein entweder oder.

Ende 1966 löste der Rücktritt der FDP-Minister aus Anlass der Finanzpolitik einen Regierungswechsel aus. Erstmals wurde die SPD Koalitionspartner in einer Großen Koalition. Mit dem schwäbischen Politiker und Ministerpräsidenten von Baden-Württemberg, Kurt Georg Kiesinger, der vor allem von der CSU gegen Gerhard Schröder und Rainer Barzel gestützt wurde, kam ein Repräsentant des eher gaullistischen Flügels ins Kanzleramt. Wie Kiesingers Regierungserklärung zeigt, wurde das außenpolitische Programm sehr nachhaltig vom Koalitionspartner SPD mitbestimmt. Mit Willy Brandt als Vizekanzler und Bundesaußenminister war das wichtige außenpolitische Ressort an die SPD vergeben worden, deren Handschrift im außenpolitischen Teil der Erklärung wieder zu erkennen ist. Dieser Teil wird mit einem Bekenntnis zum Frieden eingeleitet (Eindämmung des Wettrüstens, Rüstungskontrolle, Abrüstung) und setzt die Schwerpunkte des Programms in der Ostpolitik, setzt auf die Verständigung und Aussöhnung mit der UdSSR, Polen und mit der Tschechoslowakei. In der Regierungserklärung wird die Brückenthese wieder aufgegriffen („Deutschland war jahrhundertelang die Brücke zwischen West- und Osteuropa. Wir möchten diese Aufgabe auch in unserer Zeit gern erfüllen"), als Hinweis auf eine entspanntere Lage in Europa. Dieses ostpolitische

Programm konnte wegen des Einmarsches der Warschauer Pakt-Truppen und der Niederschlagung des Prager Frühlings 1968 nicht realisiert werden.

Die „gaullistische Position" ist allerdings ohne antiamerikanische Pointe (Kiesinger: „Wir weigern uns, uns eine falsche und gefährliche Alternative der Wahl aufreden zu lassen") im europapolitischen Teil formuliert. Gewissermaßen zur Dokumentation des europäisch-amerikanischen Ausgleichs unternahm Kiesinger während seiner Regierungszeit jeweils drei Frankreich- und USA-Besuche. Gegenüber dem östlichen Teil Deutschlands wird der Alleinvertretungsanspruch betont. Die DDR ist der „andere Teil Deutschlands", zu dem die menschlichen, wirtschaftlichen und kulturellen Beziehungen verbessert werden sollen.

3.4.7 Die Notstandsgesetze als Ablösung der alliierten Vorbehaltsrechte

Im Jahre 1968 wurden die sogenannten Notstandsgesetze vom Bundestag verabschiedet, die innenpolitisch heftig umstritten waren und von Gegnern als Schritt in den autoritären Staat bezeichnet wurden (z.B. Jaspers, vgl. Agnoli 1968). Der Anlass zu diesem Gesetz über den „Verteidigungsfall" war jedoch ein außenpolitischer: es ging um die Ablösung der alliierten Vorbehaltsrechte, wie sie in Artikel 2 und 5, Abs. 2 des Deutschlandvertrags formuliert sind. Hier heißt es:

> „Im Hinblick auf die internationale Lage, die bisher eine Wiedervereinigung Deutschlands und den Abschluss eines Friedensvertrags verhindert hat, behalten die Drei Mächte die bisher von ihnen ausgeübten oder innegehabten Rechte und Verantwortlichkeiten in Bezug auf Berlin und auf Deutschland als Ganzes einschließlich der Wiedervereinigung Deutschlands und einer friedensvertraglichen Regelung."

> „Die von den Drei Mächten innegehabten oder ausgeübten Rechte in Bezug auf den Schutz der Sicherheit von in der Bundesrepublik stationierten Streitkräften ... erlöschen, sobald die zuständigen deutschen Behörden entsprechende Vollmachten durch die deutsche

> Gesetzgebung erhalten haben und dadurch in den Stand gesetzt werden, wirksame Maßnahmen zum Schutz der Sicherheit dieser Streitkräfte zu treffen, einschließlich der Fähigkeit, einer ernstlichen Störung der öffentlichen Ordnung zu begegnen."

Die Rechte über den Schutz der Streitkräfte und die öffentliche Sicherheit in der Bundesrepublik wurden durch die Notstandsgesetze aufgehoben, nicht aber die Rechtsvorbehalte, wie sie in Art. 2 des Deutschlandvertrages genannt sind. Dies bedeutet, dass auch weiterhin die Bundesregierung bei jeder beabsichtigten Änderung des Status von Berlin (wie dies auch bei den Viermächtevereinbarungen über Berlin 1971 der Fall war) oder des Status der BRD oder der DDR auf die Mitsprache der ehemaligen Siegermächte (der Drei Westmächte aufgrund des Deutschlandvertrags, der Sowjetunion aufgrund ihrer Verträge mit der DDR) angewiesen war.

Die alliierten Vorbehaltsrechte folgen aus den vertraglichen Abmachungen der vier Siegermächte und sind originäre Besatzungsgewalt, die weder durch die Abmachungen der BRD mit den Westalliierten noch durch die Abmachungen der DDR mit der Sowjetunion außer Kraft gesetzt worden waren. Im Vertrag über die Beziehungen zwischen der Deutschen Demokratischen Republik und der Union der Sowjetrepubliken wird in der Präambel von der „Berücksichtigung der Verpflichtungen" gesprochen, die die Deutsche Demokratische Republik und die Sowjetunion gemäß den internationalen Abkommen, die Deutschland als Ganzes betreffen, haben.

Diese östlichen bzw. westlichen Vertragsbestimmungen sind auch durch die Ostverträge nicht außer Kraft gesetzt worden. Im Moskauer Vertrag stellen die Vertragspartner fest, dass der Vertrag nicht „die von ihnen früher abgeschlossenen zweiseitigen und mehrseitigen Verträge und Vereinbarungen" berührt. In einer Note an die drei Westmächte vom 7.8.1970 hat die Bundesregierung darüber hinaus erklärt, dass der Moskauer Vertrag die Rechte und Verantwortlichkeiten der Vier Mächte in Bezug auf Deutschland als Ganzes und Berlin nicht berühre.

Innenpolitisch von Bedeutung war ferner die Überwindung der ersten Rezession der Nachkriegszeit. Die zunehmenden Außenhandelsverflechtungen der Bundesrepublik im globalen Maßstab trugen neben der binnenwirtschaftlichen antizyklischen Finanzpolitik mit zur Überwindung der 66/67er Rezession bei (vgl. Übersicht 2). Die Große Koalition hat mit den Ministern Schiller und Strauß Keynesianische Konjunkturpolitik betrieben.

Die Periode 1963-69 war somit eine Phase beginnender Neuorientierung in der nationalen Frage. Die in der gemeinsamen Erklärung der Bundestagsparteien und der „Politik der Bewegung" von Schröder sich ankündigende Einstellung der deutschen Außenpolitik auf die Konstellation der Entspannung zwischen den USA und der UdSSR wurde mit der Friedensnote des Bundeskanzlers Erhard und der Regierungserklärung des Bundeskanzlers Kiesinger fortgesetzt.

Übersicht 2: Phasen der wirtschaftlichen Entwicklung in der Bundesrepublik (1950-2009)

Wachstumsphasen/Boom-Phasen:		1950-1966
	1968-1973	
	1982-1992	
	1994-2007	
Rezessionsphasen	1. Rezession	1966/67
2. Rezession	1973/74 (Ölkrise: 2 $ → 12 $ pro Barrel)	
3. Rezession	1979 (Ölkrise: 14 $ → 40 $ pro Barrel)	
4. Rezession	1993	
5. Rezession	2008/09 (Finanz- und Wirtschaftskrise)	

3.5 Die „Neue Ostpolitik" als zweite Basisentscheidung der bundesdeutschen Außenpolitik unter Brandt/Scheel (1969-1974)

Die internationalen Rahmenbedingungen haben sich in den sechziger und siebziger Jahren geändert: Mit dem heißen Draht zwischen Washington und Moskau und dem Test-Stop-Abkommen von 1968 waren Entspannungsanfänge erkennbar, die in den siebziger Jahren mit dem KSZE-Prozess und der Abschlusskonferenz 1975 in Helsinki ihren Höhepunkt erreichten. In diesem Klima der Entspannung war denn auch die deutsche Ostpolitik möglich geworden.

3.5.1 Die „neue deutsche Ostpolitik" der sozial-liberalen Koalition Brandt/Scheel (1969-1974/75)

Mit der Ostpolitik der sozialliberalen Koalition findet die zuvor begonnene Politik des *„Wandels durch Annäherung"*, *„Politik der Bewegung"*, *„Politik der kleinen Schritte"* eine Fortsetzung, die sich jedoch in der Breite, Richtung und in den zugrunde liegenden Strategien davon unterscheidet. Die Ostpolitik ist keine Politik des Seitenwechsels oder der Balance zwischen Ost und West, sondern sie basiert auf dem Fundament des westlichen Bündnisses und einem multinational angelegten Konzept; Brandt betonte immer wieder, dass alle wichtigen Staaten des Ostblocks – solche, die eine gemeinsame Grenze mit Deutschland haben oder hatten – in die Politik mit einbezogen werden müssten und dass die Ostpolitik nicht einzeln und isoliert bilateral betrieben werden solle und könne. Die noch in den fünfziger und sechziger Jahren diskutierte Frage, ob durch Sonderverträge mit einzelnen Staaten, z.B. der DDR oder mit Polen, das Blocksystem aufgebrochen und „liberalisiert" werden könne, wurde als unrealistische Alternative gar nicht in Ansatz gebracht. So war es nur logisch, dass mit der wichtigsten Macht des sozialistischen Machtbereichs zuerst verhandelt wurde, bevor Verträge mit Polen, der DDR und der Tschechoslowakei abgeschlossen wurden.

Die Vorgeschichte der Ostpolitik ist zunächst durch große Enthaltsamkeit gekennzeichnet gewesen. Nach Aufnahme diplomatischer Beziehungen zur Sowjetunion 1955 sind bis 1965 nur sieben Bundestagsabgeordnete nach Moskau gereist, erst im 10. Jahr nach Aufnahme der diplomatischen Beziehungen fand sich ein Staatssekretär und im 11. Jahr ein Minister in Moskau ein. Die Handelsbeziehungen wurden jedoch auch bei dieser Abwesenheits-Politik weiterentwickelt.

Die Politik der Adenauer-Regierungen gegenüber der DDR wurde vom Grundsatz des Alleinvertretungsanspruchs geleitet: da die Regierung der DDR nicht frei gewählt und zudem von der Sowjetunion abhängig sei, müsse das Regime als nicht legitimiert betrachtet werden. Daraus folgt, dass allein die Bundesregierung für die ostdeutsche Bevölkerung sprechen könne. Das Selbstbestimmungsrecht sei zudem beim Aufstand am 17. Juni 1953 mit Füßen getreten worden und habe den Zwangscharakter des Staates demonstriert. Eine Anerkennung komme nicht in Frage. Briefe mit der Abkürzung DDR wurden zurückgewiesen. Offiziell wurde die DDR entweder mit „Gänsefüßchen" oder dem Zusatz „sogenannte" versehen oder als SBZ bezeichnet.

Es gab in den fünfziger Jahren immer wieder bilaterale und alliierte Vorschläge zur „Lösung" der deutschen Frage. Die Westmächte und die Bundesrepublik (bzw. beide im Einvernehmen) machten Gegenvorschläge, die im Kern immer wieder vom Grundsatz freier Wahlen ausgingen, ein Grundsatz, der in den sowjetischen Vorschlägen entweder nicht enthalten war oder so nicht akzeptiert wurde. Gegenüber den anderen osteuropäischen Staaten ließ sich die Bundesregierung zunächst von der Hallstein-Doktrin leiten.

Erst Anfang der sechziger Jahre kam mit der Neubildung der kleinen Koalition mit Außenminister Gerhard Schröder etwas Bewegung in die Ostpolitik (Schröder: „Politik der Bewegung"). Die Errichtung von Handelsvertretungen in osteuropäischen Ländern waren erste Anzeichen einer Änderung, die ihre Fortsetzung in der „Friedensnote" vom März 1966 von Bundeskanzler Erhard fand. In dieser Note wird zum ersten Mal die Absicht eines Gewaltverzichtsabkommens erwähnt. Sie war mit der sozialdemokratischen Opposition abgesprochen, die zugleich weitergehende Vorschläge gemacht hat[24] (Weliner-Plan einer Wirtschaftsunion). Die DDR ist allerdings in dieser Note mit keinem Wort erwähnt und für die Grenzfrage blieb es auf Drängen der Vertriebenen bei der Formel „Deutschland in den Grenzen von 1937". Am weitesten geht die Forderung eines Mitarbeiters der FDP-Parteizentrale, der die Anerkennung der DDR und die Aufgabe der Hallstein-Doktrin forderte (Schollwer-Plan).

Die Regierungserklärung von Bundeskanzler Kiesinger enthält Absichtserklärungen zur Entspannung im Osten auf der Grundlage des Westbündnisses. Die Angebote von Gewaltverzichtsabkommen werden durch Außenminister Brandt erneuert.

Im März 1970 kam es dann zu einem Treffen zwischen Brandt und Stoph in Erfurt sowie im Mai 1970 in Kassel. In sechs Punkten brachte Brandt die Haltung der Bundesregierung zum Ausdruck: beide deutsche Staaten müssten durch die Klammer der deutschen Nation zusammengehalten werden, territoriale Unverletzlichkeit und die friedliche Beilegung von Streitigkeiten müssten gewährt werden, die Viermächteverantwortung für Berlin müsste erhalten bleiben und Verbesserungen in und um Berlin zuerst erwirkt werden. In seinem 20 Punkte-Programm in Kassel fügte Brandt diesen Forderungen nach Verbesserungen im Innenverhältnis beider deutscher Staaten ihre Aufnahme in die Vereinten Nationen hinzu. Die Gespräche wurden zwar von beiden Seiten positiv bewertet, Fortschritte und konkrete Schritte sind jedoch nicht gefolgt. Mit einer „Denkpause" verabschiedeten sich die beiden Verhandlungsdelegationen. Ein Durchbruch wurde erst erreicht, als die Viermächteverhandlungen über Berlin in Gang gekommen waren und der Moskauer Vertrag unterzeichnet war.

Wie die *SED* die Ostpolitik der Bundesregierung Brandt/Scheel im Jahre 1970 einschätzte, geht aus einem Dokument des Archivs der SED hervor, das am 2. April 1970, also nach Brandts Besuch in Erfurt (19.3.) und vor Stophs Besuch in Kassel (21.5.), die Marschroute für die Verhandlungen mit der Bundesregierung festlegte. Vordringliches Ziel der SED war danach die internationale völkerrechtliche Anerkennung der DDR, für die sie einen hohen Preis zu zahlen bereit war. Die Gefahren, die mit der Öffnung der DDR als Zugeständnis an die Bundesrepublik verbunden waren, glaubte die SED-Führung zu erkennen: es bestehe „die Gefahr des Eindringens des Nationalsozialismus in die DDR", d.h., es könnten gesamtdeutsche Emotionen geweckt werden, der „westdeutsche Imperialismus" könne anwachsen und eine „Differenzierung zwischen einzelnen sozialistischen Ländern" erreichen. Diesen Gefahren gegenüber müsse eine Politik der Abgrenzung und Stärkung der „Sozialistischen Staatengemeinschaft" betrieben werden; bei Fortbestand der Brandt/Scheel-Regierung wachse jedoch „der Einfluss der DDR auf die westdeutsche Arbeiterklasse". Der eigenen Bevölkerung gegenüber scheint sich die SED-Führung sicher gewesen zu sein, denn der „Nationalismus" werde ja von außen durch die „revanchistische Politik des westdeutschen Imperialismus" im Verein mit der „Globalstrategie der Nixon-Administration" geschürt. Diese Bedrohungen würden aber durch das „Anwachsen der Anerkennungsbewegung der DDR" wettgemacht.[25] Diese Fehleinschätzungen sind z.T. bis zum Zusammenbruch der DDR erhalten geblieben.

Zu Beginn der ostpolitischen Gespräche lassen sich die Positionen der Verhandlungspartner wie folgt charakterisieren:

Die Position der *Sowjetunion* ist zunächst dadurch gekennzeichnet, dass sie als Großmacht und kommunistische Vormacht auftritt, d.h. ihre Interessen betreffen nicht nur die Beziehungen zwischen ihr und der Bundesrepublik, sondern die Beziehungen zwischen der Bundesrepublik und anderen osteuropäischen Staaten (vgl. die sowjetische Note vom 5. Juli 1968).

Die UdSSR ist zu einem Gewaltverzichtsabkommen bereit. Ein solches Abkommen soll in Anlehnung an die UN-Charta abgeschlossen werden, d.h. „die Bestimmungen der UN-Charta über Zwangsmaßnahmen" im Falle einer erneuten Aggressionspolitik „behalten voll und ganz ihre Bedeutung für die BRD". Die UdSSR beruft sich dabei auf Art. 107 und 53 der UN-Charta:

> „Maßnahmen, welche die hierfür verantwortlichen Regierungen als Folge des Zweiten Weltkriegs in Bezug auf einen Staat ergreifen oder

> genehmigen, die während dieses Krieges Feind eines Unterzeichnerstaats dieser Charta war, werden durch diese Charta weder außer Kraft gesetzt noch untersagt" (Art. 107).

Art. 52 der Charta gibt den Mitgliedstaaten die Möglichkeit, regionale Abmachungen zu treffen oder regionale Einrichtungen zu schaffen. Der Sicherheitsrat kann diese in Anspruch nehmen, um unter seiner Autorität Zwangsmaßnahmen durchzuführen. Dieser Ermächtigung des Sicherheitsrates bedürfen solche Maßnahmen nicht, die gegen einen Feindstaat (= Staaten, die während des Zweiten Weltkriegs mit einem der Unterzeichnerstaaten im Krieg gelegen haben) gerichtet sind (Art. 53). Frühere Feindstaaten genießen somit nicht den Schutz des Sicherheitsrats (Feindstaatenklausel).

In Bezug auf Berlin nimmt die Sowjetunion 1968 folgenden Standpunkt ein: Berlin fällt unter die Viermächteverantwortung und ist nicht Teil der Bundesrepublik Deutschland. Die Zufahrtswege liegen auf dem Territorium der DDR und fallen in ihre Zuständigkeit. Unter Berufung auf das Potsdamer Abkommen könne sie „nazistische, revanchistische und militaristische Tätigkeiten" unterbinden.

Hinsichtlich der osteuropäischen Staaten fordert die SU von der Bundesregierung die Anerkennung der gegenwärtigen Grenzen als unabänderlich (Oder-Neiße-Grenze, Grenze zwischen der BRD und der DDR, Grenze zwischen der Tschechoslowakei und der BRD). Das Münchner Abkommen von 1938 solle „als von Anfang an ungültig" erklärt werden. Diese Forderungen sind in dem sogenannten Gromyko-Papier enthalten.

Die Ausgangsposition der *Bundesregierung* ist im sogenannten Bahr-Papier fixiert. Dieser erste Entwurf einer Verhandlungsposition der Bundesregierung enthält vor allem folgende Punkte:

1. Vertragliche Anerkennung, dass die Sowjetunion für andere europäische Staaten spricht (Art. 5): die Abkommen mit der UdSSR und die Abkommen mit anderen osteuropäischen Staaten sind ein einheitliches Ganzes.

2. Verzichtserklärung auf der Basis des Art. 2 der UN-Charta (Anerkennung des Prinzips der „sovereign equality"). Die Interventionsrechte, die die Sowjetunion noch in ihrer Note 1968 geltend gemacht hatte, sollten fallengelassen werden.
3. Keine Erwähnung der deutschen Einheit, keine Erwähnung des Status von Berlin (also keine Verbesserungsvorschläge).
4. Anerkennung der territorialen Gegebenheiten, „der bestehenden wirklichen Lage", die sich im osteuropäischen Raum in der Nachkriegszeit eingestellt hat.
5. Die UdSSR fordert nicht die völkerrechtliche Anerkennung der DDR von der Bundesregierung (also Unterschiede zwischen DDR und UdSSR).
6. Aufgabe der Hallstein-Doktrin: Beziehungen DDR-BRD „auf der Grundlage der vollen Gleichberechtigung, der Nichtdiskriminierung, der Achtung der Unabhängigkeit und der Selbständigkeit jedes der beiden Staaten". Keiner der beiden Staaten soll „den anderen im Ausland vertreten oder in seinem Namen handeln".

Die Revision der Hallstein-Doktrin wird auf deutscher Seite von den Beziehungen zwischen der Bundesrepublik und der DDR abhängig gemacht:

> „Eine Anerkennung der DDR durch dritte Staaten wird für uns insbesondere so lange als unfreundlicher Akt anzusehen sein, wie die DDR im innerdeutschen Verhältnis ihre intransigente und böswillige Haltung nicht modifiziert" (Außenminister Brandt 1969).

Bei der Beurteilung der Beziehungen anderer Staaten zur DDR spielt der Gesichtspunkt eine wesentliche Rolle, ob die Form eine „völkerrechtliche Sanktionierung der deutschen Spaltung" impliziere und „jeden positiven Bezug auf eine Wiederherstellung der deutschen Einheit vermissen lasse". Ein Nebeneinander von deutschen Staaten im Ausland sei dann möglich, wenn damit eine innerdeutsche Entkrampfung verbunden oder vorausgegangen ist.

Bei den Verhandlungen versuchte der Bundesaußenminister *Scheel* folgende Forderungen durchzusetzen:

- Das Abkommen sollte möglichst nicht als vorweggenommener Friedensvertrag erscheinen;
- eine Wiedervereinigung aufgrund gegenseitigen Einvernehmens („Deutsche Option") und ein europäischer Zusammenschluss („Europäische Option") sollte nicht blockiert werden;
- die sowjetische Formel von der „wirklichen Lage" sollte künftige Veränderungen nicht unmöglich machen;
- die Sowjets sollten auf das von ihnen beanspruchte Interventionsrecht aus den Artikeln 53 und 107 der UN-Charta verzichten;
- der Status West-Berlin sollte gesichert werden;
- die gemeinsame Verantwortung der vier Siegermächte für Gesamtdeutschland und Berlin sollte auch für die Zukunft bekräftigt werden.

Drei dieser Aufträge konnte Scheel durch Veränderungen am Bahr-Text erfüllen: Ein Überleitungssatz in Artikel 3 – „In Übereinstimmung mit den vorstehenden Zielen und Prinzipien" – lässt die Grenz-Anerkennung nicht mehr als Vorwegnahme eines Friedensvertrags, sondern als Folge des Gewaltverzichts erscheinen; durch Fortfall des Worts „Grundlage" wurde die Formel von der „wirklichen Lage" zum *Ausgangspunkt* künftiger Entwicklungen relativiert. Ebenfalls im Vertragstext (Artikel 4) steht nun statt der Bahr-Formulierung „Abkommen" das Wort „Vereinbarungen", und darunter fällt auch der Briefwechsel zwischen Konrad Adenauer und Nikolai Bulganin von 1955 über die Wiedervereinigung.

Außerdem setzte Scheel in Zusätzen zum Bahr-Papier durch:

- In der Vertrags-Präambel wird die deutsche Option zweimal angesprochen durch den Hinweis auf die UN-Charta, die das Selbstbestimmungsrecht postuliert, und durch Erwähnung des Adenauer- Bulganin Briefwechsels vom 13. September 1955;

- in einem mit Moskau abgesprochenen Brief Scheels an Gromyko wird festgelegt, dass der Vertrag dem Ziel „freier Selbstbestimmung" der Deutschen nicht entgegensteht;
- in einer mündlichen Erklärung, die in den Verhandlungsprotokollen niedergelegt ist, hat Gromyko für die Sowjetunion verbindlich zugesichert, dass Moskau den Vertrag nicht gegen einen europäischen Zusammenschluss geltend machen werde;
- in einer mündlichen Interpretation des Artikels 2 erklärte sich die Sowjetunion bereit, die Berufung auf Artikel 2 der UN-Charta als Verzicht auf das Interventionsrecht der Siegermacht zu werten;
- in der Erklärung, die Scheel und Brandt in Moskau abgaben und die von der Sowjet-Regierung widerspruchslos hingenommen wurde, machte die Bundesregierung die Ratifizierung des Vertrags von Fortschritten in Richtung auf eine befriedigende Berlin-Regelung abhängig;
- in einem Notenwechsel zwischen Bonn und den drei Westmächten, der den Sowjets als Vertragsanlage überreicht wurde, machte die Bundesregierung deutlich, dass der Vertrag die „Rechte und Verantwortlichkeiten der Vier Mächte in Bezug auf Deutschland als Ganzes und Berlin" nicht berührt (vgl. Der Spiegel vom 17.8.1970).

3.5.2 Der Moskauer Vertrag (12.8.1970)

Der am 12. August 1970 unterzeichnete und am 3. Juni 1972 ratifizierte Moskauer Vertrag ist Ausdruck der seit Ende des Zweiten Weltkriegs geschaffenen Lage, und man kann Willy Brandts Äußerung nach der Unterzeichnung unterstreichen, dass „mit diesem Vertrag nichts verloren (gehe), was nicht schon längst verspielt worden war" (Brandt in „Der Spiegel" 17.8.1970). Völkerrechtliche Positionen wurden – so auch die Entscheidung des Bundesverfassungsgerichts – nicht aufgegeben, wohl aber frühere politische Positionen revidiert. Insbesondere verzichtet die Bundesrepublik auf das Recht, für die DDR zu sprechen, erklärt die bestehenden Grenzen als unverletzlich (das Wort „Anerkennung" fehlte), verpflichtet sich zur territorialen Integrität und erklärt, dass sie keine Gebietsansprüche habe. Art. 2 des Vertrages verpflichtet die vertragsschließenden Parteien zu Gewaltverzicht gemäß Art. 2 der Charta der Vereinten Nationen. Für die Bundesregierung kam es darauf an, eine Verbesserung für die Lage Berlins zu erreichen und Fortschritte bei den Viermächtegesprächen zu erzielen. Außenminister Gromyko habe am 14. Loch des Golfplatzes im Taunus das Berlin-Junktim gebilligt und den Brief zur deutschen Einheit entgegen genommen. Der Vertrag sollte in die Zukunft gerichtet sein und zur Verbesserung der Beziehungen zur Sowjetunion und anderen osteuropäischen Staaten führen.

Übersicht 3: Ostverträge und Unterzeichnungstermine

Moskauer Vertrag	12.08.1970
Warschauer Vertrag	07.12.1970
Viermächte-Abkommen zu Berlin	03.09.1971
Transitabkommen mit der DDR	17.12.1971
Besuchsabkommen	20.12.1971
Verkehrsabkommen Senat und DDR	26.05.1972
Deutsch-Tschechischer Vertrag	11.12.1973
Grundlagenvertrag	21.12.1972

Innenpolitisch wurde das außenpolitische Entscheidungssystem zumindest für die Entstehungsphase und Ostpolitik als „closed system" gekennzeichnet (Günther Schmid 1979). Der Bundeskanzler habe das Entscheidungs-, das Bundeskanzleramt das Informationsmonopol besessen. Weder die Spitzengremien der Regierungs- noch die der Oppositionspartei hätten Entscheidungen maßgeblich beeinflusst; die Bundestagsausschüsse für Auswärtige Angelegenheiten und Innerdeutsche Beziehungen seien von der Regierung im Allgemeinen nur über bereits entschiedene Sachverhalte informiert worden. Interessengruppen hatten praktisch keine Bedeutung. Die Struktur des außenpolitischen Entscheidungsprozesses zur neuen deutschen Ostpolitik zeigt demnach ähnliche Züge wie die zur Zeit der Westverträge in den fünfziger Jahren.

3.5.3 Der Deutsch-Polnische Vertrag (7.12.1970)

Im Vorfeld zur Verbesserung der deutsch-polnischen Beziehungen haben insbesondere die Denkschrift der Evangelischen Kirche Deutschlands EKD vom 14. Oktober 1965 und die Gespräche der katholischen Bischöfe beigetragen. Zur Versachlichung der Diskussion zum deutsch-polnischen Verhältnis gibt die Denkschrift Auskunft über die Bevölkerungsbewegungen seit der Kriegszeit und über territoriale Veränderungen, die zwischen 1939 und 1945 stattgefunden haben. Sie legt insbesondere dar, dass zwanzig Jahre nach Kriegsende die polnischen Verwaltungsgebiete des früheren Deutschen Reichs auch von der Bevölkerung her „polnisch" geworden sind (vgl. EKD 1965). Der Kniefall Willy Brandts vor dem Denkmal des Warschauer Ghettos wurde zum Symbol von Reue und Scham über die begangenen Unrechtstaten der Nazis.

Der Deutsch-Polnische Vertrag liegt in seiner inhaltlichen Aussage auf der Linie des Moskauer Vertrags. Die für die Polen wichtigste Frage nach der Anerkennung der in Potsdam festgelegten Westgrenze Polens (Oder-Neiße) wurde im Vertrag mit der Formel über die Unverletzlichkeit der bestehenden Grenzen und dem Verzicht auf territoriale Ansprüche beantwortet. Die polnische Forderung nach völkerrechtlicher Anerkennung der Grenze ist also nicht ausgesprochen worden und auch den polnischen Versuch, die Bundesrepublik auf die Beibehaltung der Oder-Neiße-Grenze bei etwaigen gesamtdeutschen Friedensverhandlungen festzulegen, musste Bonn aus rechtlichen Gründen ablehnen. Auf deutscher Seite wurde als wichtige Forderung die Familienzusammenführung in die Verhandlungen eingebracht, die aber von polnischer Seite mit dem Hinweis auf die inneren Angelegenheiten zurückgewiesen wurden. Eine Einigung erreichten die Außenminister erst in der abschließenden Verhandlungsphase, in der sich die Polen zu einer Lösung mit

Hilfe des polnischen und deutschen Roten Kreuzes bereitfanden. Die übrigen Artikel des Vertrages sind analog dem Moskauer Vertrag konzipiert: Gewaltverzicht (Art. 2), volle Normalisierung der Beziehungen (Art. 8) und die Unberührbarkeit bestehender Verträge.

Die Polen haben mit dem Vertrag vom Dezember 1970 allerdings nicht die völkerrechtliche Grenzgarantie wie schon zuvor von der DDR und der Sowjetunion erhalten. Das Oder-Neiße-Grenzabkommen zwischen Polen und der DDR vom 6. Juni 1950 spricht von der Oder-Neiße-Linie als der „Staatsgrenze zwischen Deutschland und Polen" und im „Vertrag über Freundschaft, gegenseitigen Beistand und Zusammenarbeit zwischen der DDR und der Sowjetunion" vom 12. Juni 1964 ist von der „Unantastbarkeit" der bestehenden Grenzen die Rede. Nach bundesdeutscher Rechtsauffassung sind diese Vereinbarungen völker- und staatsrechtlich unhaltbar, weil die DDR nicht befugt sei, in Territorialfragen für alle Deutschen zu sprechen. Diese Auffassung resultiert aus der inzwischen modifizierten bundesrepublikanischen Kontinuitätsthese. Aus diesem Grunde musste den Polen an einer Zusicherung seitens der Bundesregierung zur Grenzfrage gelegen sein. Dies ist dann erst im Zuge der deutschen Vereinigung geschehen.

3.5.4 Das Vier-Mächte Abkommen über Berlin (3.9.1971)

Nachdem die sowjetische Führung die Koppelung der Moskauer Verhandlungen an ein Berlin-Abkommen akzeptiert hatte, war nach Abschluss des Moskauer Vertrags der Weg frei für das Berlin-Abkommen, das am 3. September 1971 unterzeichnet wurde und am 3.6.1972 in Kraft getreten ist.

Das Berlin-Abkommen regelt den Status von West-Berlin in vier Punkten: (A) Bezüglich des Zugangs zu Westberlin konzediert die SU Verbesserungen; (B) zum Verhältnis West-Berlins zur Bundesrepublik erklären die drei Westmächte, dass die drei Sektoren Berlins kein Bestandteil der Bundesrepublik sind und nicht von ihr regiert werden und dass die Staatsorgane der Bundesrepublik keine Verfassungs- oder Amtsakte in Berlin vornehmen; (C) bezüglich der Reise- und Kommunikationsmöglichkeiten zwischen West-Berlin und angrenzenden Gebieten verspricht die SU Verbesserungen; schließlich wird (D) das Recht zur Außenvertretung West-Berlins durch die Westmächte bestätigt.

In zwei Abkommen werden Verbesserungen ausgehandelt und finden ihren Niederschlag im Transitabkommen zwischen der Bundesrepublik Deutschland und der DDR v. 17.12.1971 und im Verkehrsabkommen zwischen dem Senat von West-Berlin und der DDR v. 20.12.1971 wofür zunächst die Bundesbürger, dann die Bundesregierung Gebühren bezahlten. Zwar hat sich dadurch der Status von West-Berlin nicht geändert – nach wie vor war West-Berlin bis zur Vereinigung rechtlich kein Land der Bundesrepublik –, doch sind die Zu- und Abgänge erleichtert worden.

3.5.5 Der Deutsch-Tschechoslowakische Vertrag (11.12.1973)

Im Verhältnis zur Tschechoslowakei war der wichtigste Streitpunkt das Münchner Abkommen von 1938, in dem die beteiligten Staaten Deutschland, Italien, Frankreich und Großbritannien der Abtretung der deutsch besiedelten Gebiete Böhmens, Mährens und Schlesiens an Deutschland zugestimmt hatten (vgl. Götz 1974). Die Tschechen machen geltend, dass dieses Abkommen unter Druck und ohne Beteiligung der tschechischen Regierung zustande gekommen und damit als „von Anfang an ungültig" zu betrachten sei. Hinzu komme, dass die Nationalsozialisten gegen die in München abgegebene Zusicherung keiner weiteren Gebietsforderungen durch den Einmarsch in die Tschechoslowakei verstoßen hätten.

Die Frage nach der Gültigkeit bzw. Ungültigkeit des Münchner Abkommens hat wichtige Auswirkungen auf Schadensersatzforderungen der vertriebenen Sudetendeutschen. Wird das Münchner Abkommen als von Anfang an ungültig erklärt (ex tunc), so sind die Sudetendeutschen nie deutsche Staatsangehörige geworden, sondern sind tschechische Staatsbürger geblieben und können u.a. zum Militärdienst eingezogen werden. Entsprechend können dann die Sudetendeutschen keine Schadensersatzansprüche für ihre Vertreibung an die CSSR stellen. Würde das Münchner Abkommen weiter gelten, so wären die Sudetendeutschen Deutsche geworden und könnten wegen ihrer Vertreibung Ansprüche an den tschechischen Staat stellen. Die Bundesregierung müsste in ihrem Namen solche Forderungen unterstützen.

Der Vertrag mit der Tschechoslowakei stellt fest, dass das Münchner Abkommen „unter Androhung von Gewalt" aufgezwungen worden ist und „im Hinblick auf ihre gegenseitigen Beziehungen nach Maßgabe dieses Vertrags als nichtig" zu betrachten ist. Materielle Ansprüche der CSSR und ihrer „natürlichen und juristischen Personen" können auf der Grundlage dieses Vertrages nicht abgeleitet werden. In einem Brief zu Fragen der Strafverfolgung stellt die tschechische Regierung fest, dass nach tschechoslowakischem Recht strafbare Handlungen (mit bestimmten Ausnahmen), die in der Zeit zwischen 1938 und 1945 verübt worden sind, 1965 verjährt waren. Die übrigen Grundsätze der Beziehungen zwischen der Bundesrepublik und der CSSR sind die, die auch die anderen Verträge mit osteuropäischen Staaten bestimmt haben (Gewaltverzicht, Unverletzlichkeit der Grenzen, Regelung von Streitfragen mit friedlichen Mitteln).

3.5.6 Der Grundlagenvertrag (auch Grundvertrag) vom 21.12.1972

Die Verhandlungen mit der DDR-Regierung sind bewusst erst in Gang gekommen, als sich der Vertragsabschluss mit der UdSSR abzeichnete. Die Bundesregierung legte Wert auf das Junktim zwischen den Verhandlungen mit Moskau und mit der DDR. Insofern hatte der Moskauer Vertrag instrumentalen Charakter in Bezug auf Verbesserungen im deutsch-deutschen Verhältnis. Zwei Ziele verfolgte die Bundesregierung vor allem: erstens die

Sicherung der Zugangswege von und nach Berlin und zweitens Verbesserungen in den Kommunikations- und Bewegungsmöglichkeiten zwischen West- und Ost-Berlin. Verhandlungsgegenstände waren auf westdeutscher Seite die Bundespräsenz in West-Berlin und die mögliche Errichtung eines sowjetischen Konsulats in West-Berlin; die östliche Seite sollte zur Aufgabe von Restriktionen für Westberliner und zu Erleichterungen im Zugangsverkehr bzw. zu Verbesserungen der Verkehrswege bewegt werden.

Die Positionen der sozialliberalen Bundesregierung waren schon 1970 in den Erfurter und Kasseler Gesprächen der Regierungschefs der beiden deutschen Staaten zum Ausdruck gekommen: Brandt ging von der Existenz zweier deutscher Staaten aus, die durch das Band der deutschen Nation zusammengehalten werden. Das Verhältnis zwischen beiden Staaten ist „von besonderer Art", sie sollen nicht Ausland zueinander sein, daher kommt eine völkerrechtliche Anerkennung nicht in Frage. Brandt benutzte also nicht mehr das Argument aller früheren Bundesregierungen, wonach eine Anerkennung deshalb nicht in Frage komme, weil es sich um einen nicht legitimierten Unrechtsstaat handle. Das Wort „Anerkennung" solle kein „Moralattest" sein. Das schillernde Wort Anerkennung erhält vielmehr folgende Bedeutung: Zwei Staaten schließen rechtswirksame Verträge, die aber inhaltlich dadurch gekennzeichnet sein sollen, dass das Verhältnis zwischen beiden Vertragspartnern einen „spezifischen Charakter" hat. Die Außenbeziehungen zu Drittstaaten sollen von dem Verhältnis der innerdeutschen Beziehungen abhängig gemacht werden. Die international anerkannte Position der Bundesrepublik ist eine Trumpfkarte gegenüber der DDR, die zu diesem Zeitpunkt von nur wenigen Staaten anerkannt worden war. Brandts Angebot zur Aufnahme in die Vereinten Nationen (die Bundesrepublik war seit einiger Zeit Mitglied in verschiedenen Unterorganisationen der UN) ist zugleich ein Angebot für eine internationale Aufwertung der DDR. Das Angebot zu Gewaltverzichtsabkommen ist identisch mit dem

Angebot an andere osteuropäische Staaten. Die Sicherheit der Bundesrepublik wird jedoch im westlichen Verteidigungsbündnis gesehen. Die DDR ihrerseits fordert von der Bundesregierung die völkerrechtliche Anerkennung, die Anerkennung eines gesonderten Status für West-Berlin, das kein Land der Bundesrepublik Deutschland sei. Sie fordert schließlich den Verzicht auf diskriminierende Behandlung in Bezug auf Drittstaaten, also die vollkommene Aufgabe der Hallstein-Doktrin.

Nach der Unterzeichnung des Moskauer Vertrags signalisierte der Vorsitzende des Ministerrats, Willi Stoph, die Bereitschaft zu einem Meinungsaustausch über beide Seiten interessierende Fragen ohne die Vorbedingung der völkerrechtlichen Anerkennung. Die Verhandlungen über technische Fragen gingen zügig voran: Am 17. Dezember 1971 wurde das Transitabkommen, am 20. das Besuchsabkommen zum Viermächteabkommen unterschrieben, und am 26. Mai 1972 wurde der Verkehrsvertrag unterzeichnet. Der dann ausgehandelte „Vertrag über die Grundlagen der Beziehungen zwischen der Bundesrepublik Deutschland und der Deutschen Demokratischen Republik" wurde am 9. November 1972 paraphiert und am 21. Dezember unterzeichnet. Dieser Vertrag, der in den ersten drei Artikeln in Analogie zu den anderen Verträgen mit der Sowjetunion und Polen konzipiert ist, enthält die Elemente Gewaltverzicht, Unverletzlichkeit der Grenzen, die Respektierung der staatlichen Hoheit des anderen. Der Vertrag brachte der DDR somit die Anerkennung ihrer Gleichberechtigung, d.h. die Preisgabe des Alleinvertretungsanspruchs der Bundesrepublik.

Die DDR konnte ihr Konzept der völkerrechtlichen Anerkennung nicht durchsetzen, aber ebenso wenig gelang der Bundesrepublik die Durchsetzung ihrer Formel von den „Beziehungen besonderer Art" auf der gemeinsamen nationalen Grundlage. Die „nationale Frage" erscheint in der Präambel als eine der Grundsatzfragen, über die weiterhin unterschiedlichen Meinungen bestehen. Nicht erreicht hat die DDR die von ihr gewünschte Regelung der Staatsangehörigkeitsfrage, d.h. die Abschaffung der Grundgesetzbestimmung, wonach jeder Deutsche Bürgerrecht in der Bundesrepublik beanspruchen kann. Es werden „ständige Vertretungen“ „am Sitz der jeweiligen Regierung“ errichtet, wobei die Vertretung der Bundesrepublik in Übereinstimmung mit dem Viermächteabkommen vom 3.9.1971 die Interessen West-Berlins vertritt. Die Bundesrepublik setzt durch, dass „praktische und humanitäre Fragen“ (Art. 7) im Zuge der Normalisierung geregelt werden sollten. Eine lange Liste konkreter Verhandlungsthemen ist diesbezüglich dem Vertrag beigegeben. Die in den Folgejahren sich entwickelnden Beziehungen gehen nicht über das Normalmaß dessen hinaus, das zwischen Staaten üblich ist. Schlechte Beziehungen sind – wie Egon Bahr nach Abschluss der Verträge sagte – immerhin besser als gar keine.

Bezüglich der Bildung eines gesamtdeutschen Staates enthalten sowohl der Deutschland-Vertrag als auch die Freundschafts- und Beistandspakte, welche die DDR mit der Sowjetunion und 1967 mit Polen, der Tschechoslowakei, Ungarn und Bulgarien geschlossen hat, Revisionsklauseln. Gemäß Artikel 10 des Deutschland-Vertrags überprüfen die Unterzeichner-Staaten die Bestimmungen des Vertrags und der Zusatzabkommen unter anderem „auf Ersuchen eines von ihnen im Falle der Wiedervereinigung Deutschlands oder einer unter Beteiligung oder mit Zustimmung der Staaten, die Mitglieder dieses Vertrags sind, erzielten internationalen Verständigung über Maßnahmen zur Herbeiführung der Wiedervereinigung Deutschlands oder der Bildung einer europäischen Föderation“. Der zwischen der DDR und der Sowjetunion am 12. Juni 1964 geschlossene Vertrag kann „im Falle der Schaffung eines einheitlichen, demokratischen und friedliebenden deutschen Staates oder des Abschlusses eines deutschen Friedensvertrags“ überprüft werden. Die anderen Beistandsverträge der DDR beschränken die Möglichkeit der Revision für den Fall der Schaffung eines „einheitlichen, friedliebenden und demokratischen deutschen Staates“. Ministerpräsident Otto Grotewohl erklärte bei der Unterzeichnung des Warschauer Vertrags am 14. Mai 1955, die Regierung der DDR gehe davon aus, „dass das wiedervereinigte Deutschland von den Verpflichtungen frei sein wird, die ein Teil Deutschlands in militärpolitischen Verträgen und Abkommen, die vor der Wiedervereinigung abgeschlossen wurden, eingegangen ist".

Die Revisionsklauseln lassen also die rechtliche Möglichkeit zur Wiederherstellung der staatlichen Einheit offen. Die Ostverträge berühren diese zweiseitigen Abkommen nicht (vgl. Art. 4 des Moskauer Vertrages, Art. 4 des Warschauer Vertrages, Art. 9 des Grundvertrages). Eine Revision der staatlichen Existenz ist jedoch nur im Einvernehmen mit den früheren Besatzungsmächten möglich (Vorbehaltsrechte).

Die acht im Zuge der Ostpolitik abgeschlossenen Verträge (vgl. Übersicht 3) müssen mit einander verflochten als „package deal" angesehen und in Verbindung mit dem parallel laufenden Helsinki-Prozess gebracht werden, der die Entspannung in Europa dokumentiert. Daran war vor allem die Sowjetunion interessiert, denn sie wollte dadurch ihren Nachkriegsbestand anerkannt erhalten. Vielfältige Junktim-Bildungen zeigen die Verschachtelung der verschiedenen Verträge in einem Paket: Der Bundesregierung ging es vor allem um Verbesserungen im deutsch-deutschen Verhältnis und hier insbesondere um Berlin; insofern war die Knüpfung der Verhandlungen mit der DDR gebunden an den Vertragsabschluss mit der UdSSR; auch die Verträge mit Polen und der Tschechoslowakei sind nach dem Modell des Moskauer Vertrags konzipiert worden. Dies geschah aus der Einsicht heraus, dass das, was mit der Führungsmacht möglich sei auch für die Satellitenstaaten gelte. Diese Politikstrategie weicht von der zuvor betriebenen der Erhard/Schröderpolitik ab, insofern sie nicht versuchte einen Keil zwischen Moskau und den Satellitenstaaten (Zangentheorie) zu treiben, sondern realitätsnäher von der Tatsache der Führungsposition der UdSSR ausging und die weiteren Schritte mit den Satellitenstaaten folgen ließ.

Als Ergebnis kam ein Berlin-Abkommen (Viermächteabkommen, 3.9.1971) heraus, das die Verbindungen zur Bundesrepublik vertraglich stärker absichert als jedes Abkommen zuvor. Es übertrifft – wie Richard Löwenthal bemerkt – was die Zugangs- und Vertretungsrechte des Bundes für Berlin angeht, auch die drei *„essentials"* Kennedys (vgl. Löwenthal 1974, 86). Im Anschluss an sein Wiener Treffen mit dem sowjetischen Staatschef Chruschtschow formuliert Kennedy im Juli 1961, dass es in drei Punkten keinen Kompromiss geben könne: 1. Besatzungsrechte der Alliierten in West-Berlin, 2. freier Zugang nach West-Berlin und 3. Freiheit der West-Berliner.

Als Auswirkungen der Ostverträge lassen sich vor allem folgende nennen: Die Klimaverbesserung hat ganz allgemein zu einer entspannteren Situation in Europa geführt und die zentrifugalen Kräfte im kommunistischen Lager (oppositionelle Gruppen in den sozialistischen Staaten, Eurokommunismus in Westeuropa) gestärkt. Mit Polen ist es 1975 zu drei weiteren Vereinbarungen gekommen (Finanzkredit in Höhe von 1 Mrd. DM, Rentenabkommen über 1,3 Mrd. DM, bilaterales Protokoll über die Ausreise von ca. 125 000 Deutschstämmigen). Die Ratifizierungsbedürftigkeit der ersten beiden Abkommen hat die Opposition in den parlamentarischen Vertretungskörperschaften genutzt, um ihre Einwände zu artikulieren.

Die Ostverträge haben das vor allem von der Sowjetunion betriebene Projekt einer europäischen Sicherheitskonferenz gefördert. Mit der DDR ist es im Laufe der Jahre zu mehreren Vereinbarungen gekommen (Swing-Vereinbarung über ein Jahresvolumen von 850 Mio. Verrechnungseinheiten (VE) 1974; Aufhebung des Mindestumtauschs für Rentner und Jugendliche 1974; Freikauf politischer Häftlinge ab 1975; Verbesserungen im Berlin-Verkehr und Autobahnbau 1978; Kulturabkommen 1986). Über die Absichten der Ostpolitik ist (auf beiden Seiten) inzwischen viel geschrieben (und spekuliert) worden. Es scheinen vor allem folgende Motive auf Seiten der westdeutschen politischen Führung, und hier vor allem auf Seiten des Kanzlers, vorgelegen zu haben:

- Ostpolitik, wie sie in den Moskauer und Warschauer Verträgen, dem Grundvertrag mit der DDR und dem Vertrag mit der Tschechoslowakei dokumentiert ist, ist Deutschlandpolitik mit anderen Mitteln. Durch ein Netz von Verträgen sollte dem Sicherheits- und nationalen Existenzbedürfnis der östlichen Staaten Rechnung getragen werden, um so die wichtigsten Hindernisse zu einer Normalisierung der Beziehungen zu beseitigen;
- die Ostpolitik trägt einem moralischen Motiv Rechnung, nämlich nach den Unrechtstaten der Nationalsozialisten einen neuen Anfang im Verhältnis der Völker zueinander zu wagen. Der Brandtsche Kniefall vor der polnischen Gedenkstätte für die Gefallenen des Ghetto-Aufstandes ist zum Symbol dieses Motivs geworden;
- eine ökonomische (oder besser: politökonomische) Interpretation der Ostpolitik stellt die wirtschaftlichen Motive heraus (vgl. Braunmühl 1974). Nach dem Ende der Restaurationsphase habe das Kapital nach neuen Märkten suchen müssen und Willy Brandts Aussage: „Ich will nicht verschweigen, dass ich von Anfang an reale, wirtschaftliche Interessen mit im Auge hatte" (Brandt 1978, 223), scheint dieser Argumentation zu entsprechen. Einflusstheoretische und empirische Untersuchungen haben jedoch gezeigt (vgl. Kreile 1978, 136), dass zwar auf Seiten der exportorientierten Industrieverbände „Verein Deutscher Maschinenbau-Anstalten" (VDMA) und dem „Ostausschuss der deutschen Industrie" im BDI Interesse an einer Ausweitung des Osthandels bestand, dass aber dieses Interesse nicht in handfeste politische Forderungen umgesetzt wurde bzw. sich nicht hat umsetzen lassen, wie z.B. die im Wirtschaftsausschuss der CDU erhobene Forderung nach Annahme der Ostverträge durch die CDU/CSU.[26]

Die Frage, ob die Ostverträge für den Osthandel zu einer Belebung geführt haben, wird von der Handelsstatistik zunächst bestätigt.[27] Jedoch zeigen die Handelsströme keine von der bisherigen Entwicklung abweichende Tendenz. Ökonomisch muss die Ostpolitik in ihrer Bedeutung als gering eingeschätzt werden.

Synopse 2: Deutschlandpolitische Strategien Adenauer und Brandt im Vergleich

Adenauer im Zeichen der Spannung zwischen Ost und West	Brandt im Zeichen der Entspannung zwischen Ost und West
• Status quo muss geändert werden (Revision)	• Status quo muss akzeptiert werden
• Bundesrepublik der einzig legitime deutsche Staat, Nichtanerkennung der „Zone", „DDR", Eintreten für das Selbstbestimmungsrecht	• Zwei deutsche Staaten einer Nation, Anerkennung DDR, qausi-diplomatische Beziehungen (Grundlagenvertrag)
• Politik der Stärke (Magnettheorie), Alliierte Mitverantwortung für Gesamtdeutschland	• Politik des Ausgleichs, der kleinen Schritte, „Wandel durch Annäherung"
• Alleinvertretungsanspruch der Bundesrepublik, Hallstein-Doktrin	• Aufgabe der Hallstein-Doktrin
• Wiedervereinigung als Voraussetzung der Entspannung	• Entspannung als Voraussetzung der Wiedervereinigung
• Gegenseitiges Ignorieren, Konfrontation, Nichtanerkennung der „Zone"	• Miteinander sprechen (Erfurt, Kassel), Kooperation
• Endgültige Grenzen in einem Friedensvertrag	• Territoriale Integrität wird geachtet, Grenzen sind „unverletzlich"
• Alliierte tragen Mitverantwortung für Gesamtdeutschland	• Großmächte in den Prozess der Vereinigung einbeziehen

Der Regierung, die im Bundestag über eine hauchdünne Mehrheit verfügte, ist von der CDU-Opposition immer wieder die zu große Hektik vorgeworfen worden, mit der die Verhandlungen geführt worden seien. Ihre Einwände bezogen sich vor allem auf vier Punkte: Erstens habe die Bundesregierung Positionen aufgegeben ohne Gegengabe, zweitens bringe das Abkommen eine Verschlechterung in den Beziehungen zu den Westmächten, drittens – und dies wurde vom Fraktionsführer der Opposition immer wieder betont – gäbe es keine sichtbaren Zeichen einer

Verbesserung in Berlin und an der Grenze zur DDR. Viertens schließlich bestehe die Gefahr, dass die Bundesrepublik „im Innern sozialistisch und abhängig von der Sowjetunion" werde (Rainer Barzel). Die Haltung zu den Ostverträgen war jedoch uneinheitlich, widersprüchlich und von parlamentarischer Taktik bestimmt. Drei Strömungen gab es: die eine Gruppierung um Franz Josef Strauß u.a. lehnte die Ostverträge ab, der liberal-soziale Flügel der CDU um Walther Leisler Kiep und Norbert Blüm setzte sich für die Annahme der Verträge ein, während die Gruppierung um Helmut Kohl u.a. für Stimmenthaltung plädierte, eine Position, die sich, unterstützt von dem taktierenden Fraktions- und Parteivorsitzenden Rainer Barzel, in der zweiten Lesung durchgesetzt hat. Die Abstimmungen ergaben für den Moskauer Vertrag 248 ja, 238 nein Stimmen und 10 Enthaltungen, für den Warschauer Vertrag betrugen die Relationen 248: 321: 17.

Unterstützung erhielt die Ostpolitik vom DGB, BDI, der EKD und der katholischen Kirche sowie dem „Spiegel", der „Zeit", dem „Stern" und der „FAZ". Die Vertriebenenverbände meldeten nur geringen Widerstand an. Gegen die Verträge waren der „Münchner Merkur", die „Welt", „Quick" etc.

Ein zusammenfassender Überblick über die Periode 1969 -1974 zeigt, dass in der „eigentlichen Entspannungsphase" (Henry Kissinger) die zweite „Basisentscheidung" der deutschen Politik fällt. Eine Lösung der nationalen Frage wird mit grundsätzlich anderen Strategien versucht. Die Überwindung der Teilung wird nicht mehr in Konfrontation zu und mit Sogwirkung auf Osteuropa betrieben, sondern über die Anerkennung des territorialen und staatlichen Status quo in Gesamteuropa. Eine idealtypische Gegenüberstellung der Adenauer- und Brandt-Strategien zeigt den radikalen Wandel (vgl. Synopse 2).

Die Westeuropa-Option wird in dieser Phase zunächst intensiviert (Europäische Politische Zusammenarbeit, EPZ) und erweitert (Großbritannien, Dänemark, Irland). Im Zeichen der Entspannung wirkt die Schwächung des transatlantischen Partners (Vietnam, Watergate) nicht sicherheitsgefährdend. Die Diskussion zwischen den Atlantikern und Gaullisten verstummt nach de Gaulles Abtritt. Die außenpolitische Orientierung zeigt Ausgewogenheit im Verhältnis zu Frankreich und den USA. Die Weltwirtschaft erlebt gegen Ende der zweiten Kanzlerschaft Brandts Währungs- und Rohstoffkrisen, die die folgende Periode zentral bestimmen sollten. Die Stagnation der Europapolitik in den siebziger Jahren (Werner-Plan zur Wirtschaftsunion) hat mit dieser weltwirtschaftlichen Krise zu tun.

3.6 Kurs gegen die Konfrontation unter Schmidt und Kohl (1975-1988/89)

Die Periode von 1975 bis 1989/90 kann als Fortsetzung der mit den West- und mit den Ostverträgen geschaffenen politischen Gegebenheiten verstanden werden; sie ist aber für die Bundesrepublik von nationalen und internationalen Konstellationswechsel[28] gekennzeichnet, so dass eine Unterteilung in zwei Phasen geringerer Reichweite gerechtfertigt werden kann, einer Phase der Konsolidierung im deutsch-deutschen Verhältnis und einer Phase im Zeichen der neuen sowjetischen Politik unter Gorbatschow.

3.6.1 Die Konsolidierungsphase 1975-79/85 unter Helmut Schmidt und Helmut Kohl

In den Jahren nach Abschluss der Ostverträge sowie der Helsinki Konferenz über Sicherheit und Zusammenarbeit in Europa (KSZE), der Aufnahme von BRD und DDR in die Vereinten Nationen 1973 sowie der Fortsetzung der Politik der innerdeutschen Annäherung lagen die Schwerpunkte der Politik in der Verarbeitung von Herausforderungen durch die Weltwirtschaft und durch die terroristischen Anschläge in Deutschland.

Die vom Ölschock 1973/74 ausgelösten wirtschaftlichen Rezessionen in der Phase bis 1979 richteten das Augenmerk der Bundesrepublik, aber auch der übrigen Industrienationen auf globale Probleme, wie Rohstoffsicherung oder wirtschaftliche, technologische und kulturelle Forderungen der Dritte Welt. Die Verlagerung von der Ost-West- zur Nord-Süd-Achse hat zum gemeinsamen Handeln in verschiedenen UN-Nord-Süd-Gremien geführt. In Fragen der Wirtschaft, der Finanzen, der Umwelt, der Technologie und im Kulturbereich ist diese Periode von einer intensiv betriebenen Konsultations- und Abstimmungspolitik bestimmt gewesen.

Bundeskanzler Helmut Schmidt erklärte zu Beginn des Jahres 1979 in einem „Spiegel"-Interview: „Der Handlungsspielraum ist außenpolitisch größer geworden, innenpolitisch deutlich kleiner" („Der Spiegel" vom 15.1.1979, 45). Dieser von Kautelen befreite außenpolitische Aktionsraum war möglich auf der Grundlage des westlichen Bündnisses und des östlichen Vertragssystems, das kooperativ angelegt ist und vor allem die Bürde der Hindernisse hat abstreifen können; die Hallstein-Doktrin war immer mehr zum Hemmschuh, vor allem gegenüber Ländern der Dritten Welt geworden. Der Handlungsspielraum hatte sich aber auch durch das Wachstum des Wirtschaftspotentials vergrößert. Nicht nur im westlichen Bündnissystem, sondern auch im globalen Ausmaß haben sich einschneidende Änderungen vollzogen. Theo Sommer von der ZEIT sprach Mitte der siebziger Jahre in seiner Bilanz der Bonner Außenpolitik von einer „fundamentalen Verschiebung der Konflikt-Achsen und Problemstellungen vom Ost-West-Gegensatz zum Nord-Süd-Gegensatz und von der klassischen Außenpolitik zur internationalen Wirtschaftspolitik" (Theo Sommer in „Die Zeit", v. 27.8.1976).

3.6.2 Wirtschafts- und Währungspolitik

Die im Vergleich zu den Volkswirtschaften überproportional gewachsenen Handelsverflechtungen haben die Rolle der Bundesrepublik als „Exportweltmeister" wichtiger werden lassen; insbesondere im Außenwirtschaftsbereich haben die Gipfeltreffen der sieben wichtigsten westlichen Industriestaaten G7 den Handlungsspielraum erweitert. Außerdem hatte die Bundesrepublik wichtige Unterstützung bei der demokratischen Neugestaltung der Iberischen Halbinsel geleistet; das Geschäft mit Kernkraftwerken in Brasilien konnte gegen erhebliche Widerstände der USA, die noch anfangs der sechziger Jahre das Röhrengeschäft mit der UdSSR zu verhindern versuchten, durchgeführt werden.

Die Währungspolitik sollte die Gestaltungsräume der großen EG-Länder im Zeichen zunehmender internationaler Kapitalverflechtung vergrößern. Nach dem vorbereitenden sogenannten Barre-Plan (1969) entstand im Jahre 1970 unter dem Vorsitz des luxemburgischen Premierministers Pierre Werner eine Sachverständigengruppe, die eine Wirtschafts- und Währungsunion erarbeiten sollte. Der Werner-Plan sah eine integrierte Wirtschaftspolitik als Voraussetzung für eine gemeinsame Währungspolitik, die nach einer Übergangszeit den Kern für eine Politische Union bilden sollte. Er vereinte verschiedene wirtschaftspolitische Konzeptionen (vgl. Gaddum 1994, 195):

- eine „ökonomistische" Position, die vor allem von der Bundesrepublik und den Niederlanden vertreten wurde, sah eine Angleichung der nationalen Wirtschaftspolitiken als Voraussetzung für eine gemeinsame Wirtschafts- und Währungspolitik vor („Krönungstheorie", da die gemeinsame Politik eine Krönung schon vorher gewonnener Prinzipienübereinstimmung darstellte).
- Frankreich und Belgien versprachen sich von einer Festschreibung der Wechselkurse einen Anpassungsdruck auf den Wirtschaftssektor („Lokomotivtheorie").

Der Werner-Plan, der für die Koordinierung von Geld- und Haushaltspolitik nur Empfehlungen aussprach, wurde 1971 vom Europäischen Rat angenommen. Ab 1972 schlossen sich die Sechs – der Beitritt der neuen Mitglieder Großbritannien, Irland und Dänemark wurde erst ab 1973 wirksam – zu einem europäischen Wechselkursverbund, der sogenannten Währungsschlange, zusammen.

Seit 1944 hatte die Weltwährungsordnung von *Bretton Woods* – einem kleinen Tagungsort im amerikanischen Nordosten – gegolten. Nach dem System von Bretton Woods fungierte der US-Dollar, dessen Wert durch Golddeckung gesichert war, als Leitwährung. Aus verschiedenen Gründen (u.a. zunehmende Zahlungsbilanzdefizite der USA, Anfälligkeit von Nationalökonomien gegen importierte Inflation), war die Ordnung von Bretton Woods und somit das Prinzip der Golddeckung schon ab Ende der sechziger Jahre zunehmend in Zweifel gezogen worden. Als die Weltwährungsordnung 1973 zusammenbrach, verursachte dies für die Währungsschlange unvorhergesehene Schwierigkeiten. Die vereinbarte Bandbreite von 2,25 % war innerhalb der Ordnung von Bretton Woods, die für einzelne Währungen lediglich einen Schwankungsbereich von einem Prozent zum US-Dollar vorsah, konzipiert worden. Mit der Ablösung von Bretton Woods konnten einzelne Währungen im Vergleich zum Dollar jedoch von nun an „floaten", d.h. es herrschte ein System flexibler Wechselkurse. Durch den Wegfall der Leitwährung war auch den Paritäten der EG-Währungen untereinander ein stabilisierender Anker entzogen worden, so dass sich die Schwankungsbreite von 2,25 % schnell als zu gering erwies. Verstärkt wurden die neuen Unsicherheiten durch den Ölpreisschock von 1973, auf den die einzelnen Staaten verschieden reagierten und somit teilweise stark voneinander abweichende Inflationsraten induzierten.

Die neuen EG-Mitglieder Großbritannien und Irland wie auch Italien blieben der Währungsschlange fern. Nach einiger Zeit gehörten der Schlange nur noch Dänemark, die Benelux-Staaten und die Bundesrepublik an. Das Ziel der Währungsunion, das offensichtlich nicht erreicht werden konnte, wurde in einem Beschluss der Staats- und Regierungschefs von 1974 zurückgenommen. Auf eine etwas subtilere Weise als bei vorhergehenden Versuchen hatte sich wiederum die fehlende Bereitschaft der nationalen Regierungen zu integriertem Vorgehen niedergeschlagen. In der Währungsschlange waren nur diejenigen Länder verblieben, die direkt (Bundesrepublik) oder indirekt (Dänemark, Beneluxstaaten) in den Einflussbereich der Währungsautonomie der Deutschen Bundesbank fielen. Da die Regierungen dieser Staaten auf die eigene Währungspolitik nur beschränkten Zugriff besaßen, hatten sie mit der Währungsschlange auch keine Kernkompetenzen abgegeben. Aus dem Beschluss von 1972, auf der Grundlage einer abgeschwächten Variante des *Werner-Planes* bis zum Ende des Jahrzehnts die Gesamtheit der Beziehungen in eine Wirtschafts- und Währungsunion umzuwandeln, war durch die reservierte Haltung der meisten Staaten Deklarationspolitik geworden.

Im Jahre 1978 unternahmen der deutsche Bundeskanzler *Helmut Schmidt* (geb. 1918) und der französische Staatspräsident *Valéry Giscard d'Estaing* (geb. 1924) auf einem Treffen der Staats- und Regierungschefs eine Initiative zum Europäischen Währungssystem (EWS). Im Gegensatz zur prinzipiell offenen Währungsschlange stellte das EWS ein regionales, auf die EG-Staaten beschränktes System fester, aber anpassungsfähiger Währungsparitäten dar. Als gemeinsamer Nenner für die Festlegung der Paritäten diente die neugeschaffene europäische Währungseinheit ECU (European Currency Unit). Der ECU ist – wie das Sonderziehungsrecht des Internationalen Währungsfonds – das Äquivalent eines Währungskorbes, in dem bestimmte feste Beträge der EG-Länder enthalten sind. Die jeweiligen Anteile werden durch die Wirtschaftskraft und den Außenhandelsanteil des einzelnen Landes bestimmt.

Änderungen bzw. Anpassungen der Paritäten im Währungskorb des EWS können nur durch gemeinsamen Beschluss im Ministerrat verwirklicht werden. Die einzelnen Währungen bewegen sich innerhalb einer Toleranz. Werden bestimmte Grenzen überschritten, sind die Notenbanken zum Eingreifen verpflichtet. Diese Interventionspolitik soll die Schwankungen der Devisennotierungen auf den Finanzmärkten innerhalb des Schwankungsbereiches (in der Regel 2,25 % des festgesetzten ECU-Kurses, für Großbritannien, Italien und Spanien galten zwischenzeitlich Ausnahmebandbreiten von 6 %) halten. Das Interventionssystem des EWS trat im März 1979 rückwirkend zum 1.1.1979 in Kraft und gilt im Wesentlichen – seit 1993 allerdings mit einer Bandbreite von 15 % – bis heute.

Insgesamt hat die Währungspolitik der siebziger Jahre mit dem Scheitern der Währungsschlange und des Werner-Plans gezeigt, dass die Zeit für einen engeren Zusammenschluss auf wirtschafts- und währungspolitischem Gebiet noch nicht gekommen war. Partielle Fortschritte konnten nur bei institutionellen Vereinbarungen ohne direkte politische Auswirkungen erzielt werden.

Die durch die Deutschlandpolitik der siebziger Jahre möglich gewordene zunehmende Verantwortung in den Vereinten Nationen (Sitz im Sicherheitsrat als nicht-ständiges Mitglied) hat u. a. eine aktivere Afrikapolitik (Drei-Mächte-Vorschlag der USA, Großbritanniens und der Bundesrepublik zu Namibia) möglich gemacht. Auch schien der Einfluss der BRD über die EG im Nahen Osten zu wachsen, wie überhaupt die Aktivitäten der Europäischen Politischen Zusammenarbeit (EPZ) gegenüber der „Außenwelt“ von der Bundesrepublik maßgeblich mitgestaltet wurden. Internationale Anerkennung belegt auch die Übertragung des Vorsitzes der Nord-Süd-Kommission an den früheren deutschen Bundeskanzler und Friedensnobelpreisträger Brandt (Brandt-Kommission). Einen innen- wie außenpolitischen Prestigegewinn hat der Bundesrepublik auch das couragierte Vorgehen Bundeskanzler Schmidts gegen den internationalen Terrorismus eingebracht (Mogadischu 1977). Dies sind einige Indikatoren, die die Aussage des Bundeskanzlers zum größeren Handlungsspielraum belegen können und die These vom wirtschaftlichen Riesen und politischen Zwerg relativieren. Das Auseinanderklaffen zwischen wirtschaftlicher Stärke und politischem Einfluss galt allenfalls in den sechziger Jahren und hat u.a. einer rechtsradikalen Partei (NPD) zu Erfolgen verholfen, die auf das Nationalsyndrom setzte. Neben innenpolitischen Faktoren (Rezession, Große Koalition) haben dazu auch außenpolitische Bedingungen mitgeholfen (die Bundesrepublik lief am Gängelband der US-amerikanischen Politik, war im Osten blockiert). Trotz stärkerer Rezession Mitte der siebziger Jahre hat die NPD dann nicht mehr ähnliche Erfolge erzielen können.

Die Orientierung der deutschen Politik kommt u.a. bei offiziellen Besuchen der Regierungschefs zum Ausdruck. Die Bundeskanzler Brandt, Schmidt und Kohl sind in den 70er und 80er Jahren vor allem zu vertraglich vereinbarten Besuchen nach Frankreich gereist. Die USA-Besuche bleiben unter allen drei Kanzlern zahlreich. Die häufigen Reisen in die Dritte Welt und nach Osteuropa zeigen die veränderte geopolitische Orientierung an (vgl. Tab. 3).

Tabelle 3: Offizielle Besuche der Bundeskanzler Brandt, Schmidt und Kohl im Ausland

Länder	Brandt (1969-74)	Schmidt (1974-82)	Kohl (1982-98)
Frankreich	8	22	20
USA	5	14	11
Großbritannien	3	13	9
Länder Osteuropas	4	6	10
Länder d. Dritten Welt	8	16	15

Quelle: Auswärtiges Amt (Hrsg.): Deutsche Außenpolitik 1990/91. Bonn 1991.

„Die Bundesrepublik ist" – so resümiert Heinz-Jürgen Axt mit einem Schuss Wunschdenken seine Außenpolitikgeschichte – „in Westeuropa unumstritten führende Macht und gegenüber den USA zum gleichberechtigten Partner aufgestiegen" (Axt 1979, 305). Dieses Anwachsen wirtschaftlicher wie politischer Stärke hat ein unterschiedliches Echo gefunden. Während deutsche Politiker nicht müde wurden, insbesondere das wirtschaftliche, aber auch das politische Gewicht herunterzuspielen (eine „Vermittlung" in Nahost oder gar im Afghanistan-Konflikt komme nicht in Frage), malten Gegner des *„Modells Deutschland"* den gewachsenen Einfluss als Gefahr an die Wand. Linkskräfte sahen in dem gewachsenen Gewicht der Bundesrepublik einerseits die Chance der Loslösung von den USA, andererseits in der Verhinderung der westdeutschen Hegemonie. Die Erweiterung des außenpolitischen Spielraums ist jedoch nur eine Seite der wachsenden internationalen Verflechtung der Bundesrepublik in den siebziger Jahren. Helga Haftendorn et al. (1978, 279-284) sehen in diesem Verflechtungszuwachs auch eine Einschränkung des Handlungsspielraums: Innenpolitisch ist die Umsetzung außenpolitischer Absichten komplexer geworden, Abstimmungsprozeduren unter beteiligten Ressorts und mit anderen Staaten erforderten neuartige Organisationstypen. Umgekehrt könnten innenpolitische Ziele in verschiedenen Politikbereichen nur noch in Abstimmung mit anderen Staaten realisiert werden. Innenpolitik sei also zunehmend von Außenpolitik abhängig geworden. Ferner habe die zunehmende Interdependenz eine Auffächerung der Informations- und Entscheidungsprozesse zur Folge. Die komplex gewordenen außenpolitischen Prozesse führten dazu, dass „nationale" Politik nur noch als Kompromissstrategie durchgesetzt werden könne. Ob diese Kennzeichnung der deutschen Außenpolitik der ausgehenden siebziger Jahre als „Strukturwandel" auch im Sinne einer „Entparlamentarisierung" und „Delegitimierung" verstanden werden könne, ist schwer auszumachen.

Die außenpolitischen Ziele der Schmidt-Genscher-Regierungen der Jahre 1974 bis 1982 lassen sich nach Regionen und in Bezug auf kritische Problembereiche wie folgt beschreiben:

- Gegenüber *Osteuropa* bleibt der Kurs auf Entspannung. Die deutsche Außenpolitik sei, so Schmidt, eingebettet in den internationalen Zusammenhang, „und der tendiert nun mal eindeutig und unverändert auf Fortsetzung des Entspannungsprozesses" (Schmidt in „Der Spiegel", 16.1.1978). Dokumentiert wird diese Politik in der deutschen Haltung während der KSZE-Verhandlungen in Helsinki (1975), Genf und Belgrad (1977/78), Madrid (1980-83), Wien (1986-89),

Paris (1990) oder Helsinki (1992); in der vorsichtigeren Handhabung der Bürgerrechtsfrage, die mit durch die KSZE ausgelöst worden ist und die Ost-West-Konflikte zu verstärken drohte (Zurückhaltung gegenüber der Carter-Politik der Menschenrechte und den oppositionellen Bürgerrechtsbewegungen in den Staaten Osteuropas) sowie dem behutsamen Einsatz der chinesischen Karte, die nicht gegen Moskau gespielt werden solle. Die wiederholten Besuche des Kanzlers in Polen, der Besuch Breschnews in Bonn, die Visiten in Ungarn lassen eine realistische Fortentwicklung der Beziehungen zu Osteuropa erkennen.

- Der Brüsseler *Nato-Doppelbeschluss* vom 13./14. Dezember 1979, dessen treibende Kraft Helmut Schmidt war und der die Verringerung des sowjetischen Militärpotentials zum Ziel hatte, besagt, dass die Stationierung von 108 landgestützten US-Raketensystemen vom Typ Pershing II gebunden war an die Zustimmung des Warschauer Paktes zu Rüstungskontrollvereinbarungen im Bereich der Mittelstreckenwaffen (INF = Intermediate Range Nuclear Forces) um damit eine Stationierung sowjetischer SS20 Raketen unnötig zu machen.[29] Die Stationierung neuer Atomwaffen musste allerdings die Spannungen zwischen den Supermächten erhöhen; gleichzeitig suchte Schmidt mit dem ostdeutschen Staat in dem Bestreben nach Rüstungsabbau eine „Verantwortungsgemeinschaft".
- Die *„Politik der kleinen Schritte"* wird mit noch kleineren Schritten fortgesetzt; die Gangart ist in der zweiten Hälfte der siebziger Jahre langsamer geworden. In einigen Fällen ist es unter finanziellem Einsatz zu neuen technischen Erleichterungen gekommen (Autobahn Hamburg-Berlin, Transitpauschale, Grenzmarkierungen, Post- und Fernmeldeverkehr etc.) und zu spektakulären Handelsverträgen (Lieferung von 10 000 VW-Golf 1977); insgesamt hat jedoch der Interzonenhandel keine überdurchschnittliche Ausdehnung erlebt. Alle Abkommen, die die Bundesregierung mit der DDR-Re-

gierung abschloss, erforderten finanzielle Aufwendungen, ob es sich nun um den Freikauf politischer Häftlinge, um die Swingvereinbarung im innerdeutschen Ausbau der Autobahn, des Mittellandkanals oder des Eisenbahnverkehrs (1980) handelte.

Die Leitlinie für die innerdeutsche Wirtschaftspolitik beruhte auf folgenden Prinzipien: Wirtschaftssanktionen, wie sie die CDU/CSU-Opposition immer wieder forderte, hielt Kanzler *Schmidt* für unwirksam. Als politisches Instrument hätten sie sich „fast immer als ungeeignet" erwiesen. Die Regierung fördert die innerdeutschen Wirtschaftsbeziehungen soweit wie möglich.

Zur wirtschaftspolitischen Strategie gegenüber der DDR wurden zwei Thesen vertreten: In den fünfziger und sechziger Jahren lautete die häufig erwähnte Ökonomiethese: je höher der Lebensstandard, um so mehr gewinnen die Werte Freiheit, Partizipation etc. an Bedeutung und umso dezentraler, d.h. liberaler, muss sich ein zentral geplantes System entwickeln, um bedürfnisgerecht gesteuert werden zu können. Diese These ist auch in dem „Grunddokument" der neuen deutschen Ostpolitik, der *Tutzinger Rede* Egon Bahrs, angedeutet: Materielle Verbesserungen müssten „eine entsprechende Wirkung" erzeugen. Die politische Konsequenz könnte aber auch die Stabilisierung der SED-Führung sein, die auf wirtschaftliche Erfolge verweisen könne. Eine Liberalisierung des SED-Regimes ist jedoch nicht die Folge ökonomischer Verbesserungen gewesen und die tendenzielle Zunahme des DDR-Außenhandels mit westlichen Industriestaaten (dies gilt nicht für den deutsch-deutschen Handel) hat nicht wie in anderen osteuropäischen Staaten[30] wesentlich zur innerstaatlichen Stärkung liberaler Freiheitsrechte geführt. Vielmehr stand die DDR-Führung vor dem Dilemma: „Die Schere zwischen den Erwartungen, die verstärkt wurden durch Medienübertragungen von Konsummustern aus der Referenzgesellschaft Bundesrepublik in die DDR, und der Erfüllung solcher Konsumwünsche ist größer geworden und führte eher zu einer Destabilisierung des Regimes. Der bürokratische

Apparat erwies sich wie in anderen zentral geplanten Systemen als Hemmnis für eine ‚harmonische' Entwicklung ökonomischer Bedürfnisbefriedigung und politischer Partizipation" (Pfetsch 1981, 181/2).

In ihrer Deutschlandpolitik lagen Regierung und Opposition weiter auseinander als zur Zeit der Ostpolitik. Während die sozialliberale Koalition den Entspannungskurs höher bewertete als die konflikterhöhende Unterstützung von „Dissidenten", plädierte die Opposition für eine Stärkung oppositioneller Strömungen. Der „Autoritätsverfall" der SED-Führung dürfte nicht gebremst werden (vgl. Bundestagsdebatte 10.3.1978). Das Instrument wirtschaftlicher Sanktionen müsse bei Verletzung von Abkommen und Menschenrechten eingesetzt werden, während die Regierung an der Ungeeignetheit dieses Instruments festhielt. Zur Frage der „nationalen Einheit" blieb die Regierung bei der Brandt-Formel von den zwei deutschen Staaten einer deutschen Nation, während die Opposition sich zumindest mit einigen ihrer Sprecher auf das Bundesverfassungsgerichtsurteil berief, das den Begriff der deutschen „Kulturnation" ablehnt und das Wiedervereinigungsgebot in den Vordergrund rückt.

Die Position der Opposition in der Deutschlandfrage geht aus einem Entschließungsantrag zur KSZE im Jahre 1975 hervor, den der Bundestag mit seiner sozialliberalen Mehrheit verwarf. Die CDU-Opposition forderte:

1. eine Klarstellung zur Fortexistenz Gesamtdeutschlands,
2. die Betonung des Friedensvertragsvorbehalts,
3. die Wahrung der Rechte und politischen Möglichkeiten, die Wiedervereinigung Deutschlands mit friedlichen Mitteln anzustreben, und
4. die Bekräftigung der Bindungen Berlins (West) an die Bundesrepublik.

Für die Regierung wie für die Opposition gilt jedoch, dass sie sich an die Ostverträge hielten (Strauß: „pacta sunt servanda") und den Nationalgedanken höher werten als den Klassengedanken. Für die SED-Führung gilt die umgekehrte Reihenfolge, ja der

SED-Generalsekretär Honecker hat wiederholt erklärt, dass die deutsche Frage nicht mehr offen, sondern im Sinne zweier nationaler Staaten entschieden sei. Für westdeutsche Politiker – wie im Übrigen auch für die Westmächte – galt die Einschätzung, dass eine „Lösung" der deutschen Frage „in einer überschaubaren Zukunft" nicht möglich sei und wenn, dann nur im Rahmen einer „europäischen Lösung".

In der Europapolitik bleibt die Regierung in den achtziger Jahren bei ihrem Integrationskurs für die Europäische Gemeinschaft (Genscher-Colombo-Initiative 1981, Einheitliche Europäische Akte 1986) und tritt für die Erweiterung der EG (Griechenland, Spanien, Portugal) ein. Die Achse Bonn-Paris spielte im Zusammenhang mit den Weltwirtschaftskrisen und der Stabilisierung des Weltwährungssystems eine wichtige Rolle. In der Bundesrepublik gibt es keine nennenswerte Gruppierung gegen die EG wie z.B. in Frankreich (Kommunisten, Gaullisten) oder in Großbritannien (Teile der Labour-Partei). Die Europäische Politische Zusammenarbeit (EPZ) hat sich allen Unkenrufen zum Trotz bei vielen internationalen Konferenzen bewährt und zu gemeinsamen Standpunkten geführt (vgl. Pfetsch 2005 und 2007).

Die hohe Wirtschaftsverflechtung der Bundesrepublik hat den weltpolitischen Rahmen immer wichtiger werden lassen und das Bezugsfeld „westliche Industriestaaten" und „Dritte Welt" in den Vordergrund der siebziger Jahre gerückt. Der Problemdruck entsprang auch aus diesem Bereich (Öl- und Energiekrise, wirtschaftliche und wissenschaftlich-technologische Ungleichgewichte etc.) und ließ vor allem die Wirtschaftsgipfel der sieben wichtigsten westlichen Industriestaaten zu bedeutenden Ereignissen werden (von Rambouillet 1975, Puerto Rico 1976, London 1977, Bonn 1978, Tokio 1979, Venedig 1980 bis München 1992 und Tokio 1993). Bei diesen Gelegenheiten ist es wiederholt zu Spannungen mit den USA in Fragen der Konjunktursteuerung, der Energiepolitik, aber auch der Militärpolitik (Neutronenbombe, Stationierung von strategischen Waffen) gekommen. Im Nord-Süd-Dialog hat die Bundesregierung besonders durch den Bundeswirtschaftsminister *Graf Lambsdorff* die Marktwirtschaft und den Freihandel vertreten und sich zunächst gegen jede Form von „Dirigismus" (Indexierung der Rohstoffpreise, Einrichtung von Fonds und integrierten Rohstoffprogrammen) gewandt. Nur widerstrebend ist es dann doch zur Bildung von Rohstoff- und Technologiefonds gekommen, und die Bundesregierung ist der Forderung nach einem Schuldenerlass für die ärmsten Entwicklungsländer nachgekommen.

Einen geradezu klassischen Ausdruck fand die liberale Außenwirtschaftspolitik auch der sozialliberalen Koalition in der Regierungserklärung von Helmut Schmidt vom 16.12.1976:

„Wir treten ein für

- eine weltweite Arbeitsteilung bei weitgehend freiem Austausch von Gütern, Dienstleistungen, Kapital und Technologie;
- den Schutz vor entschädigungsloser Enteignung;
- eine weitere Öffnung der Märkte der Industrieländer, für Liberalisierung des Welthandels in der gegenwärtigen GATT-Runde;
- eine Anerkennung des Souveränitätsanspruchs der Entwicklungsländer über ihre Rohstoffe;
- Verzicht auf Missbrauch der Verfügungsgewalt über wirtschaftliche Marktmächte durch Kartelle und Monopole.
- Den weltweiten Rohstoffdirigismus halten wir für unzweckmäßig; stattdessen ist eine Stabilisierung der Rohstoffexporterlöse für Entwicklungsländer besser geeignet" (zit. nach FAZ 17.12.1976).

In der Nahostpolitik blieb die Regierung lange Zeit mit den anderen EG-Ländern bei der UNO-Resolution von 1967, wonach die von Israel besetzten Gebiete wieder an die arabischen Staaten zurückgegeben werden sollten. 1979/80 kündigt sich eine Entwicklung im Sinne einer Aufwertung der Palästinenser an. Die wirtschaftliche Bedeutung der arabischen Staaten für die Bundesrepublik scheint diese Entwicklung ausgelöst zu haben.

Von einer direkten Vermittlung im Nahost-Konflikt haben bisher die meisten Bundesregierungen abgesehen.

In Afrika unterstützte die Bundesregierung den Übergang von weißen Minderheits- auf schwarze Mehrheitsregimes (Rhodesien/Zimbabwe, Südafrika). Wirtschaftliche Sanktionen hat die Regierung bisher gegen Südafrika abgelehnt und dafür einen Verhaltenskodex für die in Südafrika tätigen ausländischen Firmen ins Spiel gebracht.

Als Grundsätze gegenüber Drittländern sollen nach dem Kriegswaffenkontrollgesetz von 1961/90, dem Außenwirtschaftsgesetz von 1961 und der Politischen Grundsatzerklärung von 1971 gelten: keine Waffenlieferungen in Spannungsgebiete (ein Grundsatz, der unterschiedliche Auslegungen gefunden hat) und keine Einmischung in die inneren Angelegenheiten anderer Staaten (ein Grundsatz, der ein breites Spektrum von Handlungsmöglichkeiten offen lässt). Der „Moralist" unter den deutschen Bundeskanzlern, *Willy Brandt,* erklärte nach seiner Rückkehr aus dem damals in der deutschen Diskussion umstrittenen Persien des Schahs im März 1972:

> „Die politischen Verhältnisse in vielen Ländern entsprechen nicht unseren Vorstellungen von Demokratie. Doch sind wir nicht dazu ausersehen, uns zu deren Richtern aufzuwerfen. Wir haben unsere Wertvorstellungen, aber ich halte es für eine Anmaßung, am eigenen Wesen die Welt genesen lassen zu wollen. Aber unsere Außenpolitik und die Vertretung unserer außenwirtschaftlichen Interessen müssen frei bleiben von ideologischen Vorurteilen. Wir wünschen nicht, dass man sich in unsere inneren Angelegenheiten einmischt. Das muss dann auch ein Grundsatz sein, an den sich unser Staat im Verhältnis zu anderen hält."[31]

In der zweiten Hälfte der siebziger Jahre haben weltwirtschaftliche Probleme (Währungs- und Energiekrise) zu einer neuen Art von Außenpolitik geführt. Die Bundesrepublik spielte im Rahmen der Weltwirtschaftsgipfeltreffen der sieben westlichen Industriestaaten und im Rahmen der UN-Konferenzen (UNCTAD, UNIDO, WWTK etc.) eine ihrer Bedeutung im Außenhandel entsprechende wichtige Rolle. Der außenwirtschaftliche mondialistische Aktionsradius hat durch die Ostverträge auch nach Osteuropa hin eine sichere Basis erhalten, auch wenn der Osthandel sich in der Betrachtungsperiode nur geringfügig erweiterte. Der Handlungsdruck, der von den genannten weltwirtschaftlichen Problemen ausging, führte zu einer *Internationalisierung der Außenpolitik* im Rahmen des westlichen Lagers (Gipfelkonferenzen der Sieben), sowie im Nord-Süd- (VN-Konferenzen UNCTAD, UNIDO, WWTK) und im Ost-West-Verhältnis (KSZE, KSZE-Folgekonferenzen).

Die anstehenden Probleme eines Industriestaates beachtlich gewordener Größe verlangen nach einer Multinationalisierung der Politik. Rohstoff- und Energieprobleme, Sicherheits-, Umwelt- und Währungsfragen, Bevölkerungswachstum und Verminderung der wirtschaftlichen und wissenschaftlich-technologischen Ungleichgewichte in der Welt werden heute und in Zukunft nur von mehreren Staaten gemeinsam gelöst werden können. Die Internationalisierung der deutschen Außenpolitik der siebziger Jahre ist Ausdruck dieser Problemlagerungen, wie Fallanalysen zur Konferenz über Sicherheit und Zusammenarbeit in Europa (KSZE), zur UN-Handels- und Entwicklungskonferenz (UNCTAD) und zur UN-Konferenz für Wissenschaft und Technologie im Dienste der Entwicklung (WWTK) zeigen (vgl. Haftendorn et al. 1978; Delbrück et al. 1977). Welche Hinweise ergeben diese Politikanalysen in Bezug auf das nationale institutionelle Interessen- und Zielsystem nach außen?

- Alle drei Fallbeispiele, KSZE, UNCTAD, WWTK, sind außenpolitischen Entscheidungsprozessen entnommen, die unter Beteiligung *mehrere Staaten und Staatengruppen* stattgefunden haben, d.h., sie mussten in einem solchen komplexen System abgestimmt werden.
- Diese Art der Politikanlage ist typisch für einen international verflochtenen Industriestaat beachtlicher Größe, der mehr als die Großmächte (Supermächte) auf *international abgestimmte Aktionen* angewiesen ist.

- Das nationale Entscheidungssystem ist aufgrund der veränderten objektiven (wirtschaftlichen Abhängigkeiten) wie subjektiven (Bewusstsein knapper Ressourcen, skeptischere Technologieeinschätzung, erhöhtes Umweltbewusstsein) Gegebenheiten vor neue Strategien der Problemlösung gestellt worden. Alle drei Fallbeispiele zeigen ein hohes Maß an *Konsensbildungsprozessen* unterhalb und vor der Schlussentscheidung (interministeriell, ministeriell organisierte gesellschaftliche Gruppen, europäisch und atlantisch). Das nationale Entscheidungssystem ist also komplexer geworden.
- Diese Komplexitätserweiterung im Hinblick auf die Zahl der beteiligten Akteure wie auch hinsichtlich der Schwierigkeit der Materie war begleitet von einer *Reduktion innerstaatlicher Beteiligung*. Bei allen drei Fällen ließ sich eine nur geringe Beteiligung gesellschaftlicher Gruppen und öffentlicher Diskussion nachweisen.

Die terroristischen Anschläge durch die *Rote Armee Fraktion* (RAF) stellten erstmals seit ihrer Gründung existentielle Herausforderungen an das politische System der Bundesrepublik dar. Führende Repräsentanten aus Politik, Wirtschaft und dem Gerichtswesen wurden von einer terroristischen Untergrundorganisation ermordet, ein Flugzeug entführt und die Insassen als Geiseln genommen. In einer geglückten Operation wurden die Geiseln in Mogadischu befreit; der Staat hat sich nicht erpressen lassen. Helmut Schmidt hat mit beherzter Tatkraft und auch mit viel Glück die terroristischen Herausforderungen gemeistert.

Im Ost-West-Verhältnis bleibt es trotz Ostverträgen und Helsinkiprozess im Großen und Ganzen bei dem Stand, der Anfang der siebziger Jahre erreicht worden war. Eine wichtige Folge der Entspannungspolitik in Europa scheint vor allem die Ermutigung oppositioneller Gruppierungen in den osteuropäischen Ländern gewesen zu sein, die durch die Menschenrechtspolitik des amerikanischen Präsidenten Jimmy Carter noch gestärkt wurde. Mit der militärischen Besetzung Afghanistans durch sowjetische Truppen 1979 und dem Politikwechsel durch Reagan wurde dieses System des Ausgleichs in Frage gestellt. Die Spannungen zwischen den Supermächten nahmen zu; die Bundesregierungen versuchten im deutschen und europäischem Interesse dem entgegen zu wirken.

Die ersten Regierungsjahre der Regierung Kohl standen zunächst im Zeichen zunehmender Spannungen zwischen den Supermächten (NATO-Doppelbeschluss), die die deutsche Politik vor ein Dilemma stellte: einerseits verschärfte das gemeinsame westliche Vorgehen gegenüber der Sowjetunion die Spannungen, andererseits musste im Sinne des deutsch-deutschen Ausgleichs auf Entspannung gesetzt werden. Die zunehmenden Spannungen zwischen den Supermächten ließen der Politik beider deutscher Staaten nur einen begrenzten Spielraum. Die Abkühlung der Ost-West-Beziehungen hat den 1981 geplanten und für 1984 und 1986 vorgesehenen Besuch Honeckers in der Bundesrepublik verhindert. Die SU hat das NATO-Doppelbeschuss-Angebot nicht angenommen, so dass 1983 mit der INF-Stationierung begonnen wurde. Die iranische Geiselaffäre hat die Position der USA erheblich geschwächt und zu einem Prestigeverlust und zur Schwächung westlichen Durchsetzungsvermögens geführt. Die Wahl Ronald Reagans zum neuen amerikanischen Präsidenten war Signal für einen Rechtsruck auch bei westlichen Regierungen. Die SPD und die erstarkte Friedensbewegung unterhöhlten die Mehrheiten im BT und führten schließlich zum Sturz der Regierung Schmidt.

Innenpolitisch wurde die sozialliberale Koalition nach knapp 13 Jahren durch eine konservativ-liberale Koalition abgelöst. Mit dem Regierungswechsel von Schmidt zu Kohl 1982 hat sich zum ersten Mal in der Geschichte der Bundesrepublik ein Regierungswechsel durch ein erfolgreiches konstruktives Misstrauensvotum vollzogen. Die FDP wechselte zur CDU. Außenpolitisch hat dieser Regierungswechsel jedoch kaum Veränderungen mit sich gebracht, das Amt des Außenministers blieb in der Person des seit 1974 amtierenden Außenministers Hans-Dietrich Genscher in der gleichen Hand, die Kontinuität der außenpolitischen Orientierung wurde gewahrt.

Der Zeitraum von 1979 bis 1986 steht auch im Zeichen verstärkter Bemühungen um die *Europäische Integration.* Die erste direkte Wahl zum Europäischen Parlament 1979 zeigt den Beginn einer Parlamentarisierung der EG an, nachdem die 70er Jahre eher von Stagnation gekennzeichnet waren. Zwar wurden in einem zweiten Erweiterungsschub Griechenland (1981), Spanien und Portugal (1986) als neue Vollmitglieder aufgenommen und grundsätzliche Einigung erzielt über die Einheitliche Europäische Akte 1986, deren oberstes Ziel die Zusammenführung der EG-Organe hin zu einer Europäischen Union bildete. Wirtschaftlich haben sich die Regierungschefs auf die Vollendung eines integrierten gemeinsamen Marktes bis Ende 1992 geeinigt (Binnenmarkt). Außerhalb des EG-Rahmens entschied die Bundesregierung 1987, sich an drei Weltraumprojekten zu beteiligen, an den europäischen Vorhaben „Ariane“ (Europarakete) und „Hermes“ (Weltraumlabor) sowie an dem amerikanischen Projekt „Columbus“. Mit dieser Entscheidung wurde der europäischen und der atlantischen Gemeinschaft gleichermaßen Rechnung getragen.

3.6.3 Die Phase 1985-89 der deutschen Außenpolitik im Zeichen der neuen sowjetischen Politik unter Gorbatschow

Diese Phase wird bestimmt von der „Neuen Politik“ des 1985 in sowjetische Partei- und Staatsämter berufenen Michail Gorbatschow, die nicht nur im Inneren eine Öffnung (Glasnost) und Strukturveränderung (Perestroika) verhieß, sondern außenpolitisch eine Kehrtwendung von sowjetischer Großmacht- zu nationaler Selbstbestimmungspolitik signalisierte. Die Betonung des Selbstbestimmungsrechts implizierte auch die 1989 erfolgte formelle Aufgabe der sogenannten Breschnew-Doktrin, d.h. der unter bestimmten Bedingungen erlaubten auch militärischen Interventionen seitens der Warschauer Paktstaaten. Der Anwendungsfall, der Einmarsch in die Tschechoslowakei 1968, wurde offiziell aus Anlass der zwanzigsten Wiederkehr von Gorbatschow als „falsch“ bezeichnet (vgl. Gasteyger 1991, 421). In und zwischen den Staaten des kommunistischen Bündnisses ermöglichte diese Politik fundamentale Änderungen, die sich in den revolutionären Umbrüchen in Osteuropa manifestieren sollten. Mit dem Regierungsantritt Gorbatschows begann sich auch allmählich das Verhältnis zwischen den Supermächten zu entspannen. Am 8. Dezember 1987 führten amerikanisch-sowjetische Verhandlungen in Washington zum Abschluss des INF-Vertrags, der einen Abbau der landgestützten Mittelstreckenraketen vorsah. Fortschritte bahnten sich auch auf der Wiener KSZE-Folgekonferenz über Konventionelle Streitkräfte in Europa (VKSE, vom 17.2.1987 bis 10.1.1989) an, als im Vorfeld erstmals reale Zahlenangaben über konventionelle Rüstung veröffentlicht wurden. Auf dem Gipfeltreffen in Reykjavik vom 11.-12. Oktober 1986 überraschte die sowjetische Führung mit einem weitreichenden Verhandlungsangebot, auf das die US-amerikanische Regierung zunächst keine Antwort finden konnte.

Erwähnt werden muss, dass weder außen- noch innenpolitisch die Wirkungen, die von *Gorbatschows* Politik ausgingen, in der dann eingetretenen Form beabsichtigt waren. Innenpolitisch ging es Gorbatschow um Reformen und keineswegs um die Abschaffung des kommunistischen Herrschaftssystems; außenpolitisch war weder die Auflösung der wirtschaftlichen und militärischen Bündnissysteme in Mittel- und Osteuropa beabsichtigt, noch gar die Auflösung der sowjetischen Union.

In dem Klima der Entspannung war dann auch der seit Jahren geplante Besuch Erich Honeckers in der Bundesrepublik möglich geworden. Zwischen beiden deutschen Regierungen wurden immer wieder die Gemeinsamkeiten hervorgehoben, so hat das Treffen Schmidts mit Honecker am Werbellinsee 1981 die *„Verantwortungsgemeinschaft"* hervorgehoben und *Kohl* hat 1987 zusammen mit Honecker den Willen betont, dass von deutschem Boden nie mehr wieder ein Krieg ausgehen solle. Fortschritte in der Regelung der Erlaubnis von Westbesuchen für Ostdeutsche, die Rücknahme des Schießbefehls an der Grenze sowie die Unterzeichnung dreier Abkommen über Wissenschaft und Technologie, Umwelt und Reaktorsicherheit wurde als Ausdruck einer „Politik der Vernunft, des Realismus und des Augenmaßes" gefeiert.

Schon vor dem Regierungswechsel in der SU 1985 kam es in mehreren Ländern *Osteuropas* zu innenpolitischen Krisen, die 1989 in einen rasanten, sich zum Teil gegenseitig beschleunigenden Umbruchprozess einmündeten. Begonnen hat 1981 dieser Transitionsprozess mit Solidarnošč in Polen, später in Ungarn.

Wenn Art und Ausmaß der Veränderungen in den einzelnen Ländern auch unterschiedliche Formen angenommen haben, so lassen sich doch Gemeinsamkeiten finden, die ausschlaggebend für die Unzufriedenheit der Bevölkerung in den Ländern des real existierenden Sozialismus waren: die mangelhafte wirtschaftliche Versorgung und die zum Teil ausgeprägte Wirtschaftskrise, die Reiserestriktionen, die Empörung über das Verhalten der kommunistischen Funktionärskaste, der Wunsch nach mehr Partizipation und das Aufbegehren gegen den politischen Alleinvertretungsanspruch der Kommunistischen Parteien. Bezeichnenderweise nahm der Reformprozess seinen Ausgang in jenen zwei Ländern, nämlich Polen und Ungarn, die bereits in den fünfziger Jahren Versuche zur Änderung des kommunistischen Systems unternommen hatten und somit auf Gedankengut aus jener Zeit zurückgreifen konnten. Diese Ereignisse hatten im Laufe der Zeit zu innenpolitischen Liberalisierungen wie etwa verstärkter Pressefreiheit in Polen oder wirtschaftlichen Verbesserungen in Ungarn geführt.

Die wichtigste Rahmenbedingung für den mit Ausnahme Rumäniens und Albaniens gewaltlosen Ablauf des neuen Reformprozesses stellte die politische Kursänderung in der Sowjetunion unter Michail Gorbatschow seit Mitte der achtziger Jahre dar, die aus der Erkenntnis resultierte, dass das östliche Lager ohne entschlossene Umkehr seinen im Vergleich zum Westen wirtschaftlichen und technologischen Rückstand nicht werde aufhalten können. Der damalige Außenminister Eduard Schewardnadse zog 1991 die folgende Bilanz:

> „Eine Supermacht waren wir ausschließlich dank unserer militärischen Stärke geworden. Doch durch ihren maßlosen Ausbau gerieten wir in die Lage eines drittrangigen Landes; mehr noch, unsere Rüstungspolitik bewirkte Prozesse, die unser Land an den Rand einer Katastrophe führten. (...) Wir sind zwar mit 28 % der gesamten Verkäufe führend auf dem Weltmarkt des Waffenhandels und haben die Kalaschnikow zum Symbol unserer Hochtechnologie gemacht, wir liegen jedoch in puncto Lebensstandard der Bevölkerung weltweit unterhalb der 50. Stelle, in der durchschnittlichen Lebenserwartung auf Rang 32 und in der Kindersterblichkeit auf Rang 50."

Der Abbau der Konfrontation mit den USA und die Zusammenarbeit beider Staaten auf dem Gebiet der Rüstungsbegrenzung machten es der Sowjetunion zudem unmöglich, gegen Veränderungen in den osteuropäischen Staaten mit Zwang vorzugehen, wollte sie diese Errungenschaften nicht aufs Spiel setzen. Der Spielraum reformwilliger Staaten wie Polen und Ungarn wurde dadurch vergrößert, und die Entwicklung in diesen Staaten übte wiederum Druck auf die zunächst reformunwilligen „Bollwerke der Orthodoxie" (Czempiel) DDR und CSSR und schließlich sogar auf Rumänien und Albanien aus. Unter den sich demokratisierenden – oder vorsichtiger formuliert: liberalisierenden – Staaten sollen diejenigen verstanden werden, die das Monopol der kommunistischen Partei beseitigt, freie Wahlen durchgesetzt und Forderungen erfüllt haben, wie sie schon im Demokratisierungsprozess in Südeuropa erhoben wurden.

Erst nach der Verkündung von *Glasnost* und *Perestroika* zur Erneuerung der UdSSR 1987 änderten sich allmählich westliche Einschätzungen über den monolithischen Charakter der UdSSR. Gleichzeitig führten die finanziellen Anstrengungen des Westens, besonders der USA, im Bereich der Militärausgaben auch hier zum Erreichen gewisser Leistungsgrenzen.

Die Außenpolitik der Bundesregierung stand hinsichtlich des *Nord-Süd-Verhältnisses* im Zeichen verschiedener Versuche, das Schuldenproblem in den Griff zu bekommen. So wurde zwar offiziell der Kurs des IMF und der Welt-Bank unterstützt. Gleichzeitig jedoch wurden bilateral mehrere Umschuldungen und Schuldenerlasse gewährt (ebenso im Rahmen von EG-Vereinbarungen).

Im *innerdeutschen Verhältnis* blieben zwar die Prinzipien der friedlichen Koexistenz durch vertragliche Reise- und Besuchserleichterungen gegen West-Kredite Grundlage der Außenpolitik der Bundesregierung; Ronald Reagans überraschender Forderung nach der Maueröffnung anlässlich seines 1987 aus Anlass der 750-Jahres-Feier stattfindenden Berlin-Besuches – „Mr. Gorbatschow tear down this wall" – unterstrich den nur noch nominell vorhandenen Ansatz, über Annäherung zur tatsächlichen Wiedervereinigung beider deutscher Staaten zu gelangen. Darüber hinaus waren bis zur Prager Botschaftskrise im Sommer 1989 im Programm der Bundesregierung keine Anzeichen für bevorstehende revolutionäre Ereignisse in Osteuropa zu erkennen.

3.7 Die Politik der Vereinigung als dritte Wegmarke der deutschen Außenpolitik unter Kohl/Genscher (1989-90)

In dieser Phase wurde die Wiedervereinigung der beiden deutschen Staaten und damit die Lösung der nationalen Frage realisiert, die wir zu den fünf zentralen Problemfeldern der Außenpolitik nach 1949 gerechnet haben (vgl. Kap. 1.1).

Der Prozess der deutschen Wiedervereinigung ist kein unmittelbares Ergebnis westdeutscher Außenpolitik, auch wenn das grundsätzliche Beharren auf dem im GG verankerten Wiedervereinigungsgebot, das die Bundesrepublik auch in allen ihren den internationalen Status betreffenden Staatsverträgen aufnahm, sicherlich eine wichtige Grundlage bildete. Auch hat die Ostpolitik der siebziger Jahre Bedrohungsvorstellungen im Osten Europas abgebaut und den oppositionellen Kräften in diesen Ländern Unterstützung gewährt. Wichtiger und als auslösende Momente entscheidender sind die revolutionären Ereignisse in den osteuropäischen Staaten selbst.

Die Jahre seit 1987 stehen in der UdSSR und in Osteuropa für den beginnenden Zerfall staatlich-autoritärer Strukturen unter dem Druck oppositioneller Gruppierungen und Massendemonstrationen, die nach der schrittweisen Verwirklichung der „Neuen Politik" durch Gorbatschow gestärkt den Sturz der kommunistischen Herrschaft einleiteten. Hierbei sind die historischen, länderspezifischen Besonderheiten zu beachten, die die unterschiedlichen Wege des Umsturzes erklären helfen.

3.7.1 Die Zwei-plus-Vier-Gespräche und die Rolle der deutschen Regierungen

Am Rande der „Open-Skies"-Verhandlungen zwischen NATO und dem Warschauer Pakt im kanadischen Ottawa am 13. Februar 1990 wurde eine Vereinbarung zur Einberufung von Gesprächen über „die äußeren Aspekte der Herstellung der deutschen Einheit, einschließlich der Fragen der Sicherheit der Nachbarstaaten" getroffen. Es bedurfte der persönlichen Intervention des amerikanischen Präsidenten Bush senior, in bilateralen Gesprächen mit Mitterrand und Thatcher sowie intensiver Beratungen des Außenministers Baker mit Schewardnadse und den anderen Außenministern, um die „auf fortgesetzte Überwachungsmaßnahmen gerichteten Vorstellungen" (Kaiser 1991, 52) zugunsten einer konstruktiven Mitarbeit zu zerstreuen. Baker suchte mit den Zwei-plus-Vier-Gesprächen[32] nach einer Formel, „mit der alle verbleibenden Rechte und Pflichten der Vier Mächte beendet und auf ein völlig souveränes Deutschland übertragen werden".[33] In vier Runden sollte zwischen Vertretern beider deutscher Staaten und den vier ehemaligen Siegermächten verhandelt werden. Somit saßen sechs Parteien am Verhandlungstisch; da die EG in der Person des Kommissionspräsidenten Jacques Delors inoffiziell einbezogen war, kann man mit sieben Parteien rechnen; an den Pariser Verhandlungen nahm auch die polnische Regierung teil.

Die ersten Zwei-plus-Vier-Gespräche fanden am 5. Mai 1990 in Bonn statt, die zweiten in Berlin- Niederschönhausen (22. Juni).

Bei der Beratung der künftigen Ostgrenze am 17. Juli 1990 in Paris wurde Polen hinzugezogen. Den Abschluss fanden die „Zwei-plus-Vier-Gespräche" am 12. September 1990 in Moskau mit der Unterzeichnung des „Vertrags über die abschließende Regelung in Bezug auf Deutschland" (vgl. Übersicht 4).

In der Eröffnungssitzung zu den Zwei-plus-Vier-Verhandlungen einigten sich die sechs teilnehmenden Delegationen auf die Behandlung der folgenden vier Materien:

- die Grenzfragen,
- die politisch-militärischen Sicherheitsfragen,
- das Berlin-Problem und
- die völkerrechtlichen Regelungen der Ablösung der Vier-Mächte-Rechte und Verantwortlichkeiten.

Zur *Grenzfrage* hat Helmut Kohl nach anfänglich verhandlungsstrategisch vagen Aussagen zu Beginn der dritten Gesprächsrunde in Paris auf die Entschließung des Deutschen Bundestages und der Volkskammer vom 21. Juni 1990 verwiesen, die den Verlauf der bestehenden Grenzen zwischen einem geeinten Deutschland und der Republik Polen durch einen völkerrechtlichen Vertrag endgültig regeln soll.

Die *sicherheitspolitischen* Probleme der deutschen Vereinigung waren am schwierigsten zu lösen, weil damit das gesamte Ost-West-Verhältnis angesprochen war und nicht nur europäische, sprich westeuropäische Belange tangiert wurden. In dieser Frage bestanden auch die größten Differenzen zwischen den Standpunkten der Westmächte und der Sowjetunion. Die Sicherheitsbelange der Sowjetunion waren vor allem betroffen.

Die Sowjetunion hat während des entscheidenden Besuchs von Bundeskanzler Kohl im Kaukasus die von den Westmächten geforderte und von der Bundesregierung gewollte NATO- Mitgliedschaft des vereinigten Deutschland akzeptiert. Am 16. Juli 1990 kamen *Kohl* und *Gorbatschow* in Stavropol/Schelesnowosk im Kaukasus überein, „dass es das alleinige Recht des deutschen Volkes ist, die Entscheidung zu treffen, ob es in einem Staat zusammenleben will" und „dass es Sache der Deutschen ist, den

Zeitpunkt und den Weg zur Einigung selbst zu bestimmen". Es bestehe somit die freie Wahl der Bündniszugehörigkeit; die Sowjetunion verpflichtet sich, ihre Truppen innerhalb von drei bis vier Jahren abzuziehen. Während dieser Zeit werden die NATO-Strukturen nicht auf den Teil des früheren DDR- Territoriums ausgedehnt und die Westmächte bleiben in West-Berlin; die Bundesregierung wird ferner die Personalstärke der Truppen auf 370 000 Mann reduzieren und schließlich auf die Herstellung, den Besitz und die Verfügung über ABC-Waffen verzichten.

Der *Status von Berlin* und die *Vier-Mächte-Rechte* wurden mit der Unterzeichnung des „Vertrags über die abschließende Regelung in Bezug auf Deutschland" am 12.9.1990 mit der *Auflösung des Viermächtestatus* und der Wiederherstellung der vollen *Souveränität* Deutschlands geregelt.

In welcher Form sich diese Vereinigung vollziehen sollte, darüber gab es unterschiedliche Vorstellungen, die sich im zeitlichen Ablauf veränderten. War noch von Regierungsseite (Kohls Zehn-Punkte-Plan vom 28.11.1989[34], Modrows Neutralitätsvorschlag vom 1.1.1990) an eine Konföderation der beiden deutschen Staaten gedacht, so drängte die politische Dynamik der ostdeutschen Versammlungs-, Protest- und Fluchtbewegung auf eine raschere Vereinigung. Die Vokabel „wir sind *ein* Volk" wurde nach Art. 23 des Grundgesetzes realisiert. Der Beitritt der DDR zur Bundesrepublik wurde von der frei gewählten Volkskammer am 23. August 1990 beschlossen und am 3. Oktober 1990 vollzogen, der zum Nationalfeiertag ausgerufen wurde.

Die Verkündung des Zehn-Punkte-Programms, von der nur Präsident Bush informiert worden war und das stufenweise in eine bundesstaatliche Ordnung zwischen der Bundesrepublik und der DDR einmünden sollte, war gezielt kurze Zeit vor dem amerikanisch-sowjetischen Gipfel in Malta am 2. und 3. Dezember 1989 konzipiert worden; es war ein geschickter Zug Kohls, der ihn handlungsstrategisch in die Vorhand brachte. Mit dieser nicht mit den übrigen Verbündeten abgesprochenen Offensive konnte er die Meinungsführerschaft in der Erörterung

Übersicht 4: Wege zur deutschen Einheit

02. Mai 1989:	Abbau Grenze Ungarn-DDR: offizielle Öffnung 10.9. Flucht
07. Mai: 1989:	Manipulierte Kommunalwahlen in der DDR
25. September 1989:	Massendemonstrationen in Leipzig
30. September 1989:	Ausreise aus deutscher Prager Botschaft
18. Oktober 1989:	Absetzung Honeckers
08. November 1989:	Rücktritt des SED-Politbüros
09. November 1989:	Maueröffnung
28. November 1989:	Zehn-Punkte Kohl, Modrows Neutralitätsvorschlag
2./3. Dezember 1989:	Malta-Gipfel Bush-Gorbatschow
13. Februar 1990:	Ottawa Open Skies-Verhandlungen NATO-Warschauer Pakt
18. März 1990:	Wahlen zur Volkskammer
05. Mai bis 12 September 1990:	Zwei-plus-Vier-Gespräche
05. Mai 1990:	Bonn
22. Juni 1990:	Berlin
17. Juli 1990:	Paris
12. September 1990:	Moskau
14./16. Juli:	Kanzler Kohl in der Sowjetunion (Kaukasus)
01. Juli 1990:	Währungs-, Wirtschafts- und Sozialunion zwischen Bundesrepublik und DDR tritt in Kraft
03. August:	Wahlvertrag
12. September:	Vertrag über die abschließende Regelung in Bezug auf Deutschland
23. August 1990:	frei gewählte Volkskammer beschließt Beitritt zur Bundesrepublik
03. Oktober 1990:	Vereinigung vollzogen (Nationalfeiertag)
14. Oktober 1990:	Wahlen zu den Landtagen in den fünf neuen Bundesländern
02. Dezember 1990:	Gesamtdeutsche Bundestagswahlen

der deutschen Frage übernehmen und versetzte die USA, die SU und die anderen westlichen Verbündeten in eine Defensivposition (vgl. Telschick 1991, 58). Mit dieser Initiative wurde auch der Objektrolle entgegengewirkt, die von einigen Verhandlungspartnern den Deutschen zugedacht war. Z.B. zielt die vorgeschlagene Bezeichnung der Verhandlungen als Vier-plus-Zwei-Gespräche in diese Richtung (vgl. Kaiser 1991, 53/4).

Eine rechtliche Beschränkung oder politische Diskriminierung wollten die Bonner Politiker nicht hinnehmen. Auch wurde schon im Vorfeld der Vereinigung aufkeimenden Bedenken über die objektiv gewachsene ökonomische, politische und militärische Stärke konstruktiv entgegengewirkt, indem der internationale Zusammenhang hervorgehoben wurde, innerhalb dessen der Vereinigungsvorgang sich vollziehen sollte (vgl. Kaiser 1991, 44).

Aus verschiedenen Dokumenten gehen die Vorstellungen der deutschen Regierungen über die Herstellung der staatlichen Einheit hervor. Die *Bundesregierung* hob hervor

- die freie Selbstbestimmung in Form und Geschwindigkeit des Vereinigungsprozesses;
- das Bekenntnis zur westlichen Wertordnung;
- die Betonung des Zusammenhangs zwischen deutschem und westeuropäischem Einigungsprozess;
- die Anerkennung der bestehenden Grenzen in Europa;
- die Bereitschaft, eine politische und wirtschaftliche Brückenfunktion zwischen einem vereinten Deutschland und den mittel- und osteuropäischen Reformstaaten wahrzunehmen (vgl. Skowron 1992). Diese Ziele sind weitgehend erreicht worden.

Über die Ziele der neu gewählten *DDR-Regierung* de Maizière/Meckel wissen wir inzwischen aus Berichten von Beratern, die z.T. aus der westdeutschen Friedensbewegung gekommen waren. Alternativ wurde vorgeschlagen, dass alle Atomwaffen aus Europa „verschwinden", dass sämtliche alliierte Streitkräfte abgezogen werden sollten und die Bundesrepublik aus der NATO austreten solle. Auch schwebte die Vorstellung einer Sicherheitszone im Verbund zwischen Ostberlin-Prag-Warschau im Raum. Diese Vorstellungen der „Politiker in Pullover und Cordhose" konnten sich jedoch nicht gegen die Bonner Profis durchsetzen; allgemein wird die Rolle von Markus Meckel als „passiv" eingeschätzt (vgl. Albrecht 1992).

Der Weg zur Vereinigung war in Etappen erfolgt und hatte neben dem allmählichen Einschwenken der wichtigsten auswärtigen Akteure zur Voraussetzung, dass innenpolitisch die DDR sich veränderte und mit den Volkskammerwahlen am 18. März 1990 neue politische Kräfte hervorbrachte. Dieser Prozess der Erneuerung wurde zunächst von Reformern des alten SED-Establishments, Grenz und Modrow, versucht, die aber an der Grundsubstanz des SED-Regimes festhalten wollten und versuchten, soviel wie möglich vom kommunistischen Herrschaftssystem zu retten; die Volkskammerwahl fegte die SED als Mehrheitspartei hinweg. Die gewählte Koalitionsregierung aus CDU, SPD, Liberalen, DSU und DA unter Ministerpräsident Lothar de Maizière (CDU) beschloss mit anschließendem Votum der Volkskammer die Verträge zur „Währungs-, Wirtschafts- und Sozialunion" (in Kraft getreten am 1.7.1990), zum Beitritt der DDR nach Art. 23 GG (am 23.8.1990 von der Volkskammer gebilligt), zur staatlichen Vereinigung (Einigungsvertrag, in Kraft getreten am 3.10.1990), zum Wahlvertrag vom 3. August 1990, sowie zum Vertrag über die abschließende Regelung in Bezug auf Deutschland am 12.9.1990. Mit den Wahlen zu den Landtagen der fünf neuen Bundesländer am 14.10.1990 wird der traditionelle Föderalismus wiederhergestellt; die Bundesregierung erhält in den ersten Wahlen zum (Gesamt-)Deutschen Bundestag am 2.12.1990 ein bestätigendes Votum in beiden Teilen, aber insbesondere im östlichen Teil des vereinigten Bundesgebiets.

Zusammenfassend kann gesagt werden, dass die Außenbeziehungen bei der Systemtransformation eine prozessbeschleunigende bzw. -ermöglichende Rolle gespielt und in den Politikern

Gorbatschow, Bush und Kohl entscheidende Akteure in diesem Prozess gefunden haben. Insbesondere ist es das Verdienst Helmut Kohls, die Führungsqualität gezeigt zu haben, die Machiavelli als virtù bezeichnet hat, nämlich zum rechten Zeitpunkt die Handlungsmöglichkeit erkannt und beherzt und energisch in Angriff genommen zu haben.

3.7.2 Die ausländischen Reaktionen auf die deutsche Vereinigung

Der Vereinigungsprozess war außenpolitisch begleitet von bilateralen und multilateralen Verhandlungen zwischen den wichtigsten vom Zweiten Weltkrieg betroffenen Staaten. Wie schon erwähnt, spielten in den Phasen des Umbruchs die Beziehungen zwischen den Akteuren und deren Perzeption von Veränderungspotentialen eine ausschlaggebende Rolle. Wie also reagierte die Öffentlichkeit, wie reagierten die Regierungen in diesen Staaten auf den Vereinigungsprozess?

Es kommt nicht von ungefähr, dass in der Publizistik der benachbarten Länder Befürchtungen über das deutsche Übergewicht und über die „Enteuropäisierung" aufkamen. „Une Allemagne trop puissante?", fragte Le Monde und spricht von einem „géant économique" und einem „néopatriotisme germanique"; in der sowjetischen Presse war zu lesen: „Am Ausgang des 20. Jahrhunderts wird im Zentrum Europas ein energiegeladener, von pangermanischem Geist erfüllter deutscher Industriegigant erstehen, der den angestammten germanischen Boden in sein Gravitationsfeld einbeziehen wird."

Bis zum November 1989 konnten Politiker in Ost und West die Wiedervereinigung Deutschlands befürworten, denn sie schien unter den obwaltenden internationalen Bedingungen unerreichbar. Meinungsumfragen in westeuropäischen Ländern zeigten jedoch, dass die Bevölkerungen im Allgemeinen der deutschen Wiedervereinigung positiver gegenüber standen als die Eliten. 1977 z.B. lagen die Anteile derer in den wichtigsten westlichen Ländern, die für eine deutsche Wiedervereinigung waren, über 65 %; nur 11 % waren im Durchschnitt dagegen. Die Politiker des Westens priesen zwar das Selbstbestimmungsrecht der Völker und zeigten auch für patriotische Gefühle besonders in Frankreich und Großbritannien Sympathien. Im benachbarten Ausland schien aber ein geteiltes Deutschland insbesondere bei den Führungseliten akzeptabler zu sein.

Die Reaktionen der *französischen Regierung* können zunächst als Politik der traditionellen *allianzpolitischen Einhegung* bezeichnet werden und lagen damit auf der Linie der französischen Außenpolitik seit den ausgehenden vierziger und fünfziger Jahren: nachdem der Gedanke an eine französische Dominanz aufgegeben worden war, lag der Akzent auf der europäischen Integration als Mittel, einer neuerlichen deutschen Gefahr zu begegnen. Präsident Mitterrand betonte in seinen Gesprächen mit der deutschen Regierung die Parallelität von deutscher Vereinigung und europäischer Integration. Doch auch Elemente der klassischen französischen und europäischen Außenpolitik wurden sichtbar als François Mitterrand auch auf den Viermächtestatus von Berlin verwies, der Frankreich ein Mitspracherecht sichern sollte; ein Zeichen selbständiger nationaler Politik war seine Reise nach Ostberlin am 20/22. Dez. 1989, die noch zeitlich vor der von Kanzler Kohl lag; dasselbe gilt für Mitterrands Treffen mit der polnischen Regierung, für die er als Sachwalter polnischer Interessen in der Grenzfrage aufgetreten ist.

Als Politik der *aufschiebenden Skepsis* kann die *britische Regierung* unter Margaret Thatcher bezeichnet werden; sie zögerte zunächst und war sich mit Gorbatschow einig, dass der Vereinigungsprozess nicht zu schnell gehen solle; ferner müsse ein vereinigtes Deutschland Mitglied der NATO bleiben. Thatchers deutschlandskeptische Grundeinstellung, die im von einer Kommission diskutierten Chequers-Papier hätte korrigiert werden können, sei, so die FAZ, Ausdruck einer „atavistischen Germanophobie". Sie schlug zunächst auch vor, dass alle KSZE-Mitglied-Staaten einer deutschen Lösung zustimmen müssten. Die britische Regierungschefin sah Gefahren für die Stabilität in

Europa, und es kann als sicher gelten, dass die skeptische Haltung der britischen Regierung vor allem von der US-amerikanischen geändert worden ist.

Eine Politik der *Unterstützung und Förderung* hat die *amerikanische Administration* unter George Bush senior und James Baker betrieben, die beide einen „starken Einfluss" (Kiessler/Elbe 1993) auf den deutschen Vereinigungsprozess hatten. In der Phase der Zwei-plus-Vier-Gespräche hat die amerikanische Regierung auf die britische und französische eingewirkt und Vorbehalte abgebaut. Ein Wandel der amerikanischen Ostpolitik unter Reagan hat bereits vor Amtsübernahme Gorbatschows im Jahre 1985 eingesetzt und dies aus innen- und gesellschaftspolitischen Gründen (vgl. Czempiel/Schweitzer 1984; Czempiel 1989). In einer Presseerklärung entwickelte Baker als Antwort auf die zuvor erfolgte Bekanntgabe des Kohlschen Stufenplans zur Vereinigung beider deutscher Staaten am 29. November 1989 einen vier Punkte umfassenden Katalog von Prinzipien, der den Einigungsprozess kanalisieren sollte:

Erstens hob Baker die deutsche Souveränität hervor; die konkrete Form einer zukünftigen staatlichen Einheit müsse Sache der Deutschen sein; *zweitens* müsse Deutschland Mitglied der NATO und EG bleiben; ein Handel „Einheit gegen Neutralität", wie ihn die sowjetische Führung zunächst ansteuerte, schloss Baker damit aus; *drittens* solle die Vereinigung im Sinne der europäischen Stabilität Prozesscharakter tragen und friedlich Schritt für Schritt erfolgen; *viertens* schließlich sollten in diesem Prozess die bestehenden Grenzen gemäß der Schlussakte von Helsinki respektiert werden.[35]

Die *sowjetische Politik* unter *Michail Gorbatschow*, der den osteuropäischen Wandlungsprozess eingeleitet und dafür die Rahmenbedingungen vorgegeben hatte, kann als *Politik des Lavierens* bezeichnet werden; der sowjetische Generalsekretär stimmte dem Selbstbestimmungsrecht der Völker auf der Grundlage des KSZE-Prozesses zu, warnte vor zu großer Eile, verwies auf die „Realitäten", zu denen die Existenz unterschiedlicher Bündnisse, die Unantastbarkeit der Grenzen und das Bestehen zweier deutscher Staaten gehöre; in sehr allgemeinen Worten verwies er als erste Reaktion auf den Kohlschen Zehn-Punkte-Plan darauf, dass dieser eine „Tendenz zu einer Blitzvereinigung" aufweise und „dass die Geschichte selbst über die Prozesse und das Schicksal des europäischen Kontinents sowie über das Schicksal beider deutscher Staaten"[36] entscheiden würde. Im weiteren Verlauf sah er zunächst einen neutralen Status für das vereinigte Deutschland vor. Da diese Position im Westen wie im übrigen auch in einigen osteuropäischen Ländern[37] nicht mehrheitsfähig war, zeigte die sowjetische Politik größere Flexibilität und schloss zeitweilig auch eine NATO-Mitgliedschaft unter Bedingungen, wie sie die französische Mitgliedschaft kennzeichnet, nicht aus. Im Juli 1990 schließlich akzeptierte Gorbatschow die NATO-Mitgliedschaft des vereinigten Deutschland.

Diese z.T. überraschende Wandlung der sowjetischen Führung ist erklärungsbedürftig. Es scheint, dass um die Mitte des Jahres 1990 vor allem folgende Überlegungen maßgeblich waren:

- Das Wettrüsten überzog das wirtschaftliche Konto der Supermächte, vor allem aber das der SU[38]. Das Wettrüsten habe, so Schewardnadse, die SU „bis hin zur ökonomischen Erschöpfung" strapaziert; damit wird die politökonomische These von Paul Kennedy des *overstretching* angesprochen (vgl. Kennedy 1987).
- Gorbatschows Propagieren des Selbstbestimmungsrechts musste, um glaubwürdig zu sein, konsequenterweise auch auf Deutschland Anwendung finden.
- Ein vereinigtes Deutschland konnte der SU ein wichtigerer Partner sein als ein geteiltes. Die Wirtschaftshilfen beim Um- und Ausbau der zu reformierenden Ökonomie wurden dringend benötigt und dies konnte von einem vereinigten Deutschland eher erbracht werden.
- Die Öffnung nach Westen, insbesondere hin zur EG war ohne Deutschland nicht möglich. Das „gesamteuropäische

Haus“ musste alle wichtigen Länder dieses Kontinents mit einbeziehen.
- Der Vereinigungsdruck in der DDR war in der Zwischenzeit so stark geworden, dass er als nicht mehr reversibel zu betrachten war.
- Eine unnachgiebige Haltung der SU in der deutschen Frage hätte negative Auswirkungen auf das Verhältnis zu den Vereinigten Staaten gehabt, die aktiv für die Einheit eingetreten waren.
- Schließlich kann eine Fehlperzeption seitens Gorbatschows und Schewardnadses (wie im Übrigen auch anderer osteuropäischer kommunistischer Führer) nicht ausgeschlossen werden; ein Verlassen sozialistischer Prinzipien hielten sie für ausgeschlossen (Knudsen 1994, 221-222).

Die Akteure änderten also ihre Erwartungen und Perzeptionen in einem sukzessiven Prozess pragmatischer Anpassung an die sich ändernden Kontexte. Der Prozess zum erfolgreichen Abschluss der Zwei-plus-Vier-Verhandlungen zur Regelung der äußeren Aspekte zeigt das in gedrängter Zeit sich vollziehende Aushandlungssystem. Interne Umbrüche sind entscheidend gewesen für die Systemtransformation auch wenn die externen Veränderungen den Rahmen dafür abgegeben haben; die Handlungskorridore der einzelnen Staaten in Osteuropa sind durch die veränderten externen Kontexte erweitert und von den Akteuren in den einzelnen Phasen des Geschehens unterschiedlich genutzt worden. Dabei war die Erweiterung der einzelstaatlichen Handlungsspielräume nur für die auf Veränderung drängenden Kräfte eine Hilfe; die Konservativen sahen dies eher als Behinderung.

Für den Vereinigungsprozess der beiden deutschen Staaten lassen sich sechs Thesen formulieren:

Erstens fallen zum ersten Mal in der deutschen Geschichte Demokratisierung und staatliche Vereinigung zusammen. Zuvor schlossen sie sich aus oder standen sich in ihrer Programmatik diametral gegenüber.

Zweitens bildeten demokratische und nationale Appelle das Vehikel zur deutschen Vereinigung. Während sich in Osteuropa eine Los-von-Moskau-Bewegung bildete, war in der DDR eine Los-vom-SED-Regime mit Auslöser zur Vereinigung. Die Referenzgesellschaft Bundesrepublik war das – wie immer mit unterschiedlichen Erwartungen versehene – erstrebte Land und kann somit als instrumenteller oder ‚sekundärer' Nationalismus bezeichnet werden. Der Slogan von der Selbstbestimmung: „wir sind *das* Volk" zur nationalen Bestimmung: „wir sind *ein* Volk" deutet den patriotischen Umschwung an. Unmittelbar bewirkt hat die deutsche Vereinigung die DDR-Bevölkerung mit ihren Friedensgebeten, Montagsdemonstrationen, Fluchtbewegungen in westdeutsche Botschaften und über die ungarisch-österreichische Grenze.

Drittens waren die „Umwälzungen" in Osteuropa „Revolutionen", insofern sie 1. stoßweise und z.T. gewaltsam oder zumindest mit Druck erfolgten, 2. von Gruppen getragene Massenbewegungen waren und 3. von einer programmatischen Idee getragen wurden, die einerseits gegen die herrschende politische Klasse gerichtet war und andererseits das westliche Modell im Auge hatte und schließlich 4. weitreichende Wirkung auf die bestehenden gesellschaftlichen Strukturen hatten.[39] Diese vier Merkmale einer Revolution sind in unterschiedlichem Maße in den verschiedenen osteuropäischen Gesellschaften zum Tragen gekommen. Während die Punkte 2-4 unstrittig sein dürften, ist die Frage des Gewalteinsatzes der „friedlichen" Revolutionen umstritten. Doch wenn man den Prozess der Umwälzung in historischer Perspektive betrachtet, so können die Volksaufstände von 1953 in Ostdeutschland, 1956 in Ungarn und Polen sowie 1968 in Prag, die mit Gewalteinsatz geführt wurden, durchaus als gewaltsame Vorläufer gewertet werden.

Viertens haben sich DDR-Bürger vor allem durch das zunehmend größer werdende Wohlstandsgefälle zur Bundesrepublik und die Reisesperrungen für die Bevölkerung zu Flucht und Widerstand entschlossen; die Ineffizienz des Systems hat vor allem Teile der technischen Intelligenz – wenn sie nicht durch Privilegien am SED-Regime festgehalten haben – in die Opposition getrieben, während Teile der kulturellen Intelligenz mit wichtigen Vertretern dem Regime idealistisch oder nostalgisch die Treue hielt. Die relative Besserstellung der zum sogenannten Reisekader Gehörenden hat bei diesen zum Arrangement mit dem Regime geführt, was bei der übrigen Bevölkerung in der Zwei-Klassen-Gesellschaft DDR, bei den sogenannten kleinen Leuten, Unmut hervorrief. Diese bildeten denn auch das Gros der demonstrierenden Masse. Zwar wurde von der DDR-Regierung (Honecker) auf die Erfolge in ausgewählten Branchen (Microchip) und zum Vergleich auf andere sozialistische Staaten hingewiesen, aber der Abstand zum Lebensstandard in der Bundesrepublik vergrößerte sich; die eigenproduzierte Fehlperzeption und ideologische Befangenheit der wichtigsten Repräsentanten des DDR-Regimes (wie im übrigen auch paradigmatisch im Falle Ceausescus in Rumänien) kann in der Sprache der kybernetischen Lerntheorie von Karl W. Deutsch (1963) als pathologisches Lernen, d.h. als Lernunfähigkeit bezeichnet werden; diese führt zum Untergang bzw. bewahrheitet die an Honecker gerichteten Worte Gorbatschows: „Wer zu spät kommt, den bestraft das Leben." Die vermeintliche Überlegenheit gegenüber anderen früheren Ostblockländern wurde nach Auflösung des Ostverbandes zu einer relativen Unterlegenheit gegenüber westlichen Industriestaaten. In der DDR und in anderen osteuropäischen Ländern bildete sich eine Art Wohlstandspatriotismus, der die schlechte wirtschaftliche Lage als Vehikel (DM-Patriotismus) hatte.

Fünftens war demgegenüber die bundesdeutsche Bevölkerung zunächst abwartend und ihre Politiker keineswegs treibende Kraft, haben aber dann, als sich der Kollaps des SED-Regimes ankündigte, aktiv Hebammendienste geleistet (Kohls Zehn-Punkte-Plan). Die Hilfen für die Übersiedler haben den Prozess am Laufen gehalten und schließlich das Ende des SED-Regimes bewirkt. Erst danach ist es zur Transplantation bundesdeutscher

Organisationsformen gekommen. Die bundesdeutsche Außenpolitik hatte mit ihrem Beharren auf dem Grundgesetzauftrag zur Vereinigung und der Öffnung nach Osten die längerfristigen Rahmenbedingungen geschaffen.

Zwei ideologische Orientierungen traten an die Stelle des sozialistischen Internationalismus: zum einen ein neuer Nationalismus, der bei allen unterschiedlichen Ausprägungen in den verschiedenen Ländern auch als Weg-von-Moskau-Instrument eingesetzt worden ist, zum anderen durch die Verwestlichungsidee als neuem Leitgedanken.

Sechstens: Zur Rolle der deutschen Außenpolitik und ihrer Parteienvertreter kann zunächst gesagt werden, dass der Vereinigungsschub nicht von der Außenpolitik der beiden deutschen Regierungen, sondern von innenpolitischen Umwälzungen in der DDR und in Osteuropa ausging. Die Kohl/Genscher-Regierung hat allerdings recht rasch diese Entwicklung erkannt und den Prozess nach Kräften gefördert ohne Initiator gewesen zu sein. Der spezifische Beitrag der westdeutschen Regierungen zur Vereinigung kann zunächst als Rahmengeber (vertragliches Offenhalten der Vereinigung) und dann als Prozessakzelerator bestimmt werden. Auch wenn der Vereinigungsprozess „von unten“ seine Antriebskräfte erhielt, so muss auch die brillante Staatskunst der handelnden Akteure, vor allem Bush und Baker, Kohl und Genscher sowie Gorbatschow und Schewardnadze hervorgehoben werden, die zu konsensualen Lösungen beigetragen haben.

Siebtens sind deutsche und europäische Vereinigung miteinander verknüpft worden. „Wiedervereinigung und Westintegration, Deutschlandpolitik und Europapolitik sind wie zwei Seiten derselben Medaille. Sie bedingen einander.“[40] Das Stichwort oder den gemeinsamen Nenner bildet die „Verwestlichung“, so wie sie die Bundesrepublik in und nach der Besatzungszeit erfuhr und nun von der DDR quasi nachgeholt wurde. Dies schließt Demokratie, Menschenrechte und Marktwirtschaft mit sozialer Verpflichtung mit ein.

3.7.3 Vergleich der Vereinigungsprozesse 1870/71 und 1989/90

Ein Vergleich zwischen den beiden Vereinigungsprozessen 1870/71 und 1989/90 zeigt zugleich augenscheinlich den Paradigmawechsel von nationaler Machtpolitik, wie sie das 19. und beginnende 20 Jahrhundert kennzeichnete, zu kooperativer Verhandlungspolitik wie sie seit den fünfziger Jahren des 20. Jahrhunderts in Westeuropa praktiziert wird. War die Reichsgründung mit Mitteln der klassischen Kabinettspolitik sowie der Nutzung militärischer Mittel gegen den Widerstand europäischer Mächte im engen Zirkel politischer Eliten erfolgt – allerdings unterstützt durch eine deutsche Nationalbewegung, so wurde die Wiedervereinigung knapp hundert Jahre danach auf dem Verhandlungswege im Konsens mit den europäischen und transatlantischen Mächten sowie dem demonstrierten Willen der Bevölkerung erlangt. In beiden Fällen erfolgte die Vereinigung in einer Phase des Umbruchs in den internationalen Beziehungen, die von der politischen Führung geschickt genutzt wurde, und es ging auch um die Stabilisierung eines neuen europäischen Gleichgewichtssystems, in beiden Fällen um die Sicherheit der Deutschland umgebenden Mächte, und in beiden Fällen um die Errichtung eines föderalen diplomatisch nach außen abgesicherten innenpolitischen Regimes. Die Mittel, dies zu erreichen waren in diesen beiden Epochen jedoch verschieden: die deutsche Einheit wurde mit drei Kriegen, ein damals noch nicht geächtetes Mittel der Politik, erkämpft: 1864 gegen Dänemark, das die Herzogtümer Schleswig-Holstein einverleiben wollte und von Preußen zusammen mit Österreich geschlagen wurde, 1866 im Krieg gegen Österreich unter Beteiligung deutscher Bundesstaaten und 1870/71 gegen Frankreich, das durch die Niederlage die Entstehung eines preußisch-deutschen Kleinstaats nicht verhindern konnte. Die Einigung Deutschlands wurde somit mit „Blut und Eisen“ erkämpft. Bismarck gelang es, die nord- und süddeutschen Staaten auf die preußische Seite zu bringen und damit die großdeutsche Lösung mit Österreich zu verhindern. Akteure im

Prozess der Reichsgründung waren die politischen Eliten der führenden, allerdings geschwächten europäischen Mächte und nicht das „Volk" wie im Vereinigungsprozess hundert Jahre später. Bismarck gelang es, „den Zipfel des Mantels" (Bismarck) zu erfassen, ebenso wie Kohl später, der mit seinem „Zehn-Punkte-Programm" in die Offensive ging und die internationale Verhandlungsagenda bestimmte. Im machiavellistischen Sinne haben beide Politiker mit Tatkraft (*virtù)* die historische Gelegenheit (*occasione)* wahrgenommen, den Handlungsspielraum ausgefüllt, den die relative Schwäche der europäischen Mächte bot.

Im Gegensatz zur Zeit der Reichsgründung stellte sich das europäische Staatensystem nach 1945 bzw. Ende der achtziger Jahre in veränderter Konstellation dar: die Dominanz der USA in Konfrontation zur Sowjetmacht, die Schwäche der europäischen Mächte und die Integration europäischer Staaten in ein europäisches Gemeinschaftsprojekt, der Politikwechsel in der Sowjetunion unter Gorbatschow, der Sieg der USA im Kalten Krieg und schließlich die Aufstände und friedlichen Revolutionen in Osteuropa und der DDR waren Bedingungen, die die Wiedervereinigung nicht gegen, sondern mit den involvierten Mächten ermöglichten. Eingebettet in das europäische und transatlantische Bündnissystem wurde die Vereinigung erreicht und im Konsens mit den betroffenen und interessierten Staaten in bi- und multilateralen Verhandlungen beschlossen. Allerdings war in beiden historischen Situationen vor allem Frankreich (aber auch andere europäische Mächte) zunächst gegen die Vereinigung, konnte sich aber auf Grund seiner geschwächten Position (Niederlage, Supermacht USA) nicht durchsetzen. Zum ersten Mal in der deutschen Geschichte fielen staatliche Einigung und Demokratie zusammen. War das Kaiserreich ein von nationalem Impetus getragenes machtpolitisches, außenpolitisch durch Kabinettspolitik bestimmtes Gebilde, so stellt die vereinigte Bundesrepublik einen demokratisch legitimierten, europäisch integrierten und transatlantisch verbündeten „zivilen Handelsstaat" dar. Das Deutschland von 1990 ist im Unterschied zu 1871 keine Bedrohung für seine Nachbarn, vielmehr lebt zum ersten Mal in der Geschichte Deutschland mit all seinen Anrainerstaaten in „guter Nachbarschaft". Das Mittel für diesen Paradigmawechsel liegt in dem Konzept der regionalen Integration, die aus einem Null-Summen-Spiel ein Positiv-Summen-Spiel hat werden lassen und das Sicherheitsdilemma der Angst voreinander weitgehend aufgehoben hat. Der Preis, den die Bundesregierung bereit war zu zahlen, war die Aufgabe von rund ein Viertel des früheren Reichsgebiets in den Grenzen von 1937 sowie erhebliche Zahlungen an Russland bzw. die Sowjetunion für wirtschaftlichen Aufbau und für den Abzug der Truppen aus Deutschland.

3.7.4 Deutsche Einheit und europäische Integration

Das Junktim deutsche Einheit und europäische Integration lässt sich kontinuierlich in der deutschen politischen Auseinandersetzung verfolgen. Schon der *Generalvertrag* vom 26.5.1952 formuliert in Art. 7 als gemeinsames Ziel des Westens

> „ein wiedervereinigtes Deutschland, das eine freiheitlich-demokratische Verfassung, ähnlich wie die Bundesrepublik, besitzt und das in die europäische Gemeinschaft integriert ist."

In seiner zweiten Regierungserklärung 1953 sagte der erste Kanzler der Bundesrepublik *Konrad Adenauer:*

> „Noch niemand, meine Damen und Herren, der behauptet, zwischen Wiedervereinigung in Frieden und Freiheit und europäischer Integration bestehe ein unlösbarer Widerspruch, hat sein Geheimnis verraten, auf welche Weise und wodurch die Wiedervereinigung in Frieden und Freiheit zustande kommen und gesichert werden soll als auf dem Wege über die europäische Integration. Es gibt keinen anderen Weg zur Wiedervereinigung als diesen durch die europäische Integration."

Im Brief zur deutschen Einheit als Bestandteil des Moskauer Vertrags hat auch die sozialliberale Koalition dieses Junktim wieder aufgegriffen, wenn sie darin von einem „Zustand des Friedens in Europa ... in dem das deutsche Volk in freier Selbstbestimmung seine Einheit wiedererlangt", schreibt. Nachdem im Zuge der neuen Ostpolitik in den siebziger Jahren die Zweistaatlichkeit im Vordergrund stand, wird die Koppelung dann in den 80er Jahren von der konservativ-liberalen Koalition wieder aufgegriffen. *Kohl* erklärte beispielsweise am 23. Juni 1983:

> „Die deutsche Frage ist stets auch eine Frage des europäischen Gleichgewichts. Wer dies verkennt und eine neutralistische Lösung für möglich hält, erliegt einem nationalistischen Irrtum und steigt aus den geschichtlichen Erfahrungen aus. Die Wiederherstellung der Einheit Deutschlands ist nur im Rahmen einer europäischen Friedensordnung zu verwirklichen. Deutschlandpolitik ist immer auch europäische Friedenspolitik."

Auf eben dieser Linie und geradezu mit Ketten versehen liegt schließlich auch die „Erklärung zu Mittel- und Osteuropa" der *EPZ* vom Dezember 1989:

> „Wir streben die Stärkung des Zustandes des Friedens in Europa an, in dem das deutsche Volk in freier Selbstbestimmung seine Einheit wieder erlangt. Dieser Prozess muss sich auf friedliche und demokratische Weise unter Wahrung der Abkommen und Verträge sowie sämtlicher in der Schlussakte von Helsinki niedergelegten Grundsätze im Kontext des Dialogs und der Ost-West-Zusammenarbeit vollziehen. Er muss auch in die Perspektiven der europäischen Integration eingebettet sein."

Beide führende Außenminister bringen diese Perspektive auf den Punkt; *Hans-Dietrich Genscher:*

> „Je europäischer die deutsche Politik, umso mehr dient sie deutschen Interessen."

und Joschka Fischer sekundiert später:

> „Ein Erfolg für Europa ist auch ein Erfolg für Deutschland."

Das Junktim deutsche Vereinigung und europäische Integration wurde von allen Politikern in Ost und West gefordert. Die Bundesregierung hat eingewilligt, die bewährte und angesehene Deutschmark zugunsten einer europäischen Währung aufzugeben, und die Bundesbank in eine europäische Zentralbank übergehen zu lassen. Dies ist in den Plänen des Präsidenten der europäischen Kommission, *Jacques Delors*, vorgesehen und hat im europäischen Unionsvertrag (Maastrichter Vertrag) seinen Niederschlag gefunden. Das Europäische Währungssystem ist in die Wirtschafts- und Währungsunion übergegangen.

3.8 Die deutsche Außenpolitik nach der Vereinigung unter Kohl/Genscher bzw. Kohl/Kinkel 1990-1998

Durch das Ende des Ost-West-Konflikts, der Aufgabe der Breschnew-Doktrin, der Auflösung des sozialistischen Blocksystems und die Vereinigung der deutschen Staaten hat sich das außenpolitische Umfeld verändert: die USA verbleiben als einzige Supermacht, die Auflösung des Sowjetimperiums und das Auseinanderfallen von Jugoslawien haben zu zahlreichen Konflikten in diesen Gebieten geführt, die zuvor unter diktatorischer Kontrolle gehalten wurden. In der UNO hat sich zunächst der Konsenspegel erhöht, ohne dass allerdings die aufkeimenden kriegerischen Konflikte unter ihre Kontrolle gebracht werden konnten.

3.8.1 Veränderte internationale Rahmenbedingungen nach dem Ende des Ost-Westkonflikts

Nach dem Ende des Kalten Krieges zeichnete sich ein multipolares System mit unterschiedlichen Gewichten ab. Ökonomisch ist von einem Drei-Plus-Eins-System die Rede, bestehend aus den drei Wirtschaftspolen USA, EG/EU und Japan plus der VR China. Der relative Positionsverlust der Siegermacht des Kalten Krieges (vgl. Kap. 2.4) hat diesen dadurch wett zu machen versucht, dass sie in verschiedenen Krisenherden der Welt Militäraktionen z.T. im Rahmen der UNO und mit finanzieller Unterstützung anderer Staaten durchgeführt hat. Der sich schon in den achtziger Jahren andeutende Konsens zwischen den Supermächten des Kalten Krieges hat die UNO zunächst aus der Sklerose des Kalten Krieges befreit und ihr einen größeren Handlungsspielraum und größere Effizienz verschafft. Diese Aufwertung der universalen Organisation konnte als neues Moment in den internationalen Beziehungen markiert werden, das auch die „neue" Bundesrepublik zu aktiverer Politik herausfordert. Befreit von der zum Hindernis gewordenen Hallstein-Doktrin und nach der Lösung der „deutschen Frage" hat auch für die Bundesrepublik die Weltorganisation an Bedeutung gewonnen, zumal diese im Krisen- und Kriegsmanagement die wichtigste Organisation der Weltgemeinschaft darstellt. Allerdings blieb die NATO mit den USA als mächtigstem militärischem Akteur die wichtigste Ressource bei kriegerischen Verwicklungen z.B. im früheren Jugoslawien. Die Europäische Union hat sich mit ihrem außen- und sicherheitspolitischen Arm, der GASP und der ESVP, bei den Turbulenzen im Osten und Südosten des europäischen Kontinents vor allem auf zivile Maßnahmen beschränkt.

Die internationalen wie nationalen Veränderungen in Osteuropa ergeben für die deutsche Außenpolitik gänzlich neue Rahmenbedingungen. Man kann sagen, dass in säkularer Betrachtung die Jahre 1989/90 für die deutsche Politik eine vergleichbare Zäsur wie die Jahre 1914/19 und 1939/45 darstellen. Zentrale Themen der deutschen Außenpolitik, die sich aus der Spaltung des europäischen Kontinents und Deutschlands ergaben, sind durch das Ende des Kalten Krieges weggefallen oder haben durch die Gründung der Europäischen Gemeinschaften Modifizierungen erfahren. Auch die westliche Integrationspolitik ist durch die Erweiterung und Vertiefung der Europäischen Gemeinschaft/Union verändert worden. Der zweite Golfkrieg, die abgewendeten Putsche in der Sowjetunion bzw. in Russland, die Jugoslawienkriege, aber auch das zunächst skeptische dänische Nein zum Maastrichtvertrag haben für die deutsche Außenpolitik nach der Vereinigung neue Akzente gesetzt.

Veränderte Strukturen, neue Ausstattungsgrößen und Kontextkonstellationen erzwingen neue Handlungsoptionen. Welche Veränderungen markieren den Handlungskontext der vereinten Bundesrepublik?

Durch die Vereinigung hat sich zunächst geopolitisch wichtiges geändert:

- Von der Randlage des Kalten Krieges ist Deutschland wieder in die traditionelle europäische Mittellage gerückt mit dem wichtigen Unterschied zu früheren Zeiten allerdings, dass die westlichen Bündnis- und Integrationssysteme weiter bestimmend bleiben. Die Bundesrepublik liegt heute westlicher als das Bismarckreich.
- Auch die Potentialgrößen haben sich verändert: Durch die Vereinigung hat sich die Wirtschaftskraft um etwa 10 % erhöht, die Bevölkerung ist um 20 % gewachsen, und das Territorium wurde um 30 % vergrößert. Diese Zuwächse lassen die Bundesrepublik zur größten Demokratie im Herzen Europas werden.
- In den drei Bereichen von Macht – Sicherheit (Militär), Wohlfahrt (Ökonomie), Herrschaft (Politik) – ist sie zwar gut ausgerüstet, bleibt aber auf einem mittleren Niveau; militärisch bleibt der Verzicht auf ABC-Waffen, die Begrenzung der Mannschaftsstärke und das Fehlen eines ständigen Sitzes im UN-Sicherheitsrat, ökonomisch wurden für die neunziger Jahre die staatlichen Ressourcen auf die Ankurbelungs- und Transferprogramme in den neuen Bundesländer konzentriert; auch die vertraglich vereinbarten Zahlungen an Russland bzw. an die GUS haben die Staatsfinanzen in Anspruch genommen und damit Ressourcen gebunden. Hinzukommt, dass durch die Vollendung des Binnenmarktes und die Wirtschafts- und Währungsunion die EU der wichtigste transnationale Entscheidungsrahmen für eine Vielzahl wirtschaftlicher Vorgänge ist und die Bundesrepublik damit eingebunden bleibt in den kollektiven Willensbildungs- und Entscheidungsmechanismus.
- Als relativ selbständiger und aktiver Akteur hat Deutschland z.B. die Unabhängigkeit der ehemaligen jugoslawischen Provinzen unterstützt. Die europäische Integration wurde immer wieder mit neuen Initiativen gefördert, auch wenn Meinungsbefragungen in der Bundesrepublik – wie im Übrigen auch in anderen EU-Staaten – zeigen, dass die Skepsis gegenüber Brüssel gewachsen ist.

Mit der Mitgliedschaft der drei bisherigen EFTA-Staaten in der EU wird der Prozess der Erweiterung in den neunziger Jahren fortgesetzt. Innenpolitisch wurde nach. Art. 24 GG ein Mitbestimmungsausgleich für die Abgabe von Souveränitätsrechten an die EU auf subnationaler- und Länderebene angemahnt. Ihren vorläufigen Höhepunkt fand diese Diskussion bei der Ratifizierung des Maastrichter Vertrags 1992, der Kompetenzabgaben der Bundesbank an die Europäische Zentralbank und die Aufgabe der Deutschmark zugunsten der einheitlichen europäischen Währung (ECU, später Euro); auch wurden die europäischen Bürgerrechte ausgebaut und Ansätze zu einer gemeinsamen Außen- und Sicherheitspolitik formuliert. Das dänische Nein zum Maastrichtvertrag hat zunächst den Integrationsprozess verlangsamt.

3.8.2 Die Orientierungsdiskussion zu einer (neuen) deutschen Außenpolitik

Wie werden die genannten internationalen, regionalen und nationalen Veränderungen im wissenschaftlichen wie journalistischen Schrifttum wahrgenommen, wie interpretiert und beurteilt?

Das Ende des Kalten Krieges und die deutsche Vereinigung haben das Meinungsspektrum erweitert und lange akzeptierte Optionen diskussionswürdig werden lassen. Ein Buch mit dem Titel „Westbindung. Chancen und Risiken für Deutschland", also die Relativierung der Westintegrationspolitik, wäre noch in den achtziger Jahren nicht erschienen, lässt dies doch eine Tendenz der Abkoppelung vom Westen erkennen. Für die Generation der in die Bundesrepublik Hineingeborenen spricht der Bielefelder Historiker Ulrich Wehler deshalb polemisch von den „Meisterdenkern", den „Gurus und Irrlichtern" der „aggressiven neuen Rechten" (Wehler in: FAZ 6.5.1994).

Man kann im Meinungsspektrum zur Orientierung einer deutschen Außenpolitik nach der Vereinigung grob drei Positionen ausmachen: eine rechte national-konservative, eine linke und eine mittlere liberale Position.

Auf dem *rechten* Spektrum der Meinungsbildung wird wie in Zeitschriften „Junge Freiheit“, „Mut“, „Criticon“ die selbständigere Rolle Deutschlands betont und ein größeres weltpolitisches Engagement gefordert; das Heil für die Lösung anstehender Probleme wird bei einigen Autoren im Nationalstaat gesucht; der „Primat der Nation“ (Weißmann) wird beschworen, die „Mittellage“ betont und vor der „Utopie einer Totalwestintegration“ (Zitelmann 1993) gewarnt. Im etablierten wissenschaftlichen Schrifttum sind aber deutlich Vorbehalte vor einem Sonderweg und der Abwendung vom Atlantischen Bündnis zu erkennen; das abnehmende Gewicht der USA erfordere ein zunehmendes Engagement der Bundesrepublik. Das zugewachsene Machtpotential solle aber weder einem „neuen Größenwahn“ (Baring: 1988) anheimfallen, noch seitens eines bundesdeutschen Pazifismus einer „pastoralen Machtvergessenheit“ (Schwarz 1985), sondern müsse eigenständiger genutzt werden. Die „chaotischen“ Verhältnisse in der Peripherie, die labile, gefährliche und unbefriedigende internationale Machtordnung forderten ein stärkeres nationales Engagement und ein Bewusstsein über die Instrumente einer „verantwortlichen Machtpolitik“ (Schwarz 1985,1985). Dabei dürften auch militärische Instrumente zur Unterbindung regionaler Konflikte kein Tabu sein. Für die Bundesrepublik ginge es nach Schwarz erstens um den Erhalt der Werte liberaler Demokratien, zweitens um die Selbstbehauptung in der Gemeinschaft freier Republiken und drittens um die „Mitverantwortung für die globale Ordnung“. Zwei Strömungen gelte es zu widerstehen: einer unverantwortlichen Machtsteigerung unter der Vorgabe der Wahrung legitimer Sicherheitsinteressen und dem Druck einer friedenshungrigen Öffentlich keit Machtvergessener nachzugeben. „Verantwortungsethische Machtpolitik“ (Hacke) sei gefragt, nicht verantwortungslose Politik der Gewalt oder gesinnungsethische Politik nach den Grundsätzen der Bergpredigt. Einige Autoren fordern, über den Maastrichter Vertrag hinauszudenken und „Nationalstaatlichkeit“ (Mayer) zu akzeptieren.

Auf dem *linken* Meinungsspektrum wird vor allem die Gefahr eines „europäischen Hegemons Deutschland" gesehen und auf Ausbau und Demokratisierung der europäischen Strukturen gedrängt. In der Einschätzung einer unsicheren Umwelt trifft sich die linke Position mit der rechten, nur dass die Gefahr von Turbulenzen von den internationalen Märkten ausgehe (Narr, Deppe, Hufschmid in: C. Thomas et al. 1993). Deshalb gelte es, die Institutionalisierung von wirtschafts- und währungspolitischen Regulierungen zwischen Nordamerika – Ostasien – Westeuropa zu betreiben, um so die strukturellen Instabilitäten der kapitalistischen Entwicklung aufzufangen. Einwände gegen die Handelsstaatstheorie der Liberalen werden formuliert: die strukturellen Widersprüche der kapitalistischen Wirtschaft führten zu Krisen und Anfälligkeit für Schwankungen, die Veränderungen in den Metropolen und die Deformationen am anderen Ende der Welt blieben außer Acht. Aus den Schriften ist ein Plädoyer für die Bewahrung der alten zivilen Bundesrepublik herauszulesen mit dem Zusatz der Überwindung einer Zweidrittelgesellschaft im Innern und der Nord-Süd-Differenz im Äußeren. Die neue Bundesrepublik müsse bei ihrer militärischen Enthaltsamkeit bleiben und keine Präsenz auf internationalen Kriegsschauplätzen zeigen. Aus der Friedensbewegung stammen Vorstellungen von einer entmilitarisierten, das NATO-Bündnis aufkündigenden Bundesrepublik (Albrecht 1992); eine „Großmacht klassischen Zuschnitts", eine „europäische Hegemonialmacht" oder „militärische Machtpolitik" werden verurteilt.

Eine *breite liberale Mitte,* der die Mehrzahl der deutschen Politologen angehören, plädiert ebenfalls für eine Weiterentwicklung der alten bundesrepublikanischen Außenpolitik, betont die gewachsenen Interdependenzen und will dem vereinigten Europa mehr Gewicht in der Weltpolitik geben. Das Handelsstaatstheorem, das Rosecrance in die Debatte eingeführt hat, wird aufgegriffen; die Bundesrepublik müsse ein ziviler Handelsstaat bzw. ein „international kooperierender demokratischer Handelsstaat" (Rittberger 1990) bleiben. Dabei wird übersehen, dass die Bundesrepublik nie nur ein Handelsstaat wie etwa Singapur oder Hongkong war, sondern als Basis eine Industriegesellschaft besitzt. Die Gefahr durch Turbulenzen in der Peripherie wird in liberaler Perspektive durch Dependenzbeziehungen (Kohler-Koch 1989) für bewältigbar gehalten und einzelstaatliche Aktionen sollen abgestimmt mit anderen erfolgen. Die neue Bundesrepublik solle weder machtbesessen noch machtvergessen sein und schon gar nicht die „Geburt einer neuen deutschen Supermacht" bedeuten. In der Einschätzung des Gewichtes der neuen Bundesrepublik wird eher auf *low profile* gespielt, die Integration der Bundesrepublik in die westlichen Integrationsstrukturen könne einen nationalen bzw. nationalistischen Alleingang verhindern; sie sei keine „économie dominante", vielmehr vermindere die Einbindung in die Europäische Union das Eigengewicht. Die außenpolitischen Interessen lägen nach von Bredow und Jäger (1993) in Kriegsverhütung, offener Welthandelsordnung, der Stabilität der europäischen Integration, der Handlungsfähigkeit gesellschaftlicher Akteure, der Durchsetzung parlamentarisch-demokratischer Strukturen, dem Abbau von Asymmetrien zwischen Industriestaaten und Entwicklungsländern, der Befreiung von falschen Projektionen im Deutschlandbild sowie der Politik der Westintegration. Deshalb hätten die europäische Integration, die trilaterale Kooperation, die gesamteuropäische Koordination neben dem Ausbau bilateraler Beziehungen Vorrang.

Im Überblick zeigen sich in den drei Positionen Gemeinsamkeiten und Differenzen. Keine der drei aufgezeigten Positionen wünscht – von Teilen der minoritären Grünen und der PDS abgesehen – eine radikale Änderung in den Grundpositionen der alten Bundesrepublik, zumal nicht bezüglich der westlichen Bündnis- und Integrationssysteme. Lediglich Modifizierungen und – dies aber schon gravierender – Relativierungen sind sichtbar. Die Gemeinsamkeiten von rechten und linken Positionen sind so erstaunlich nicht, denn sie sind in der Geschichte nicht selten aufgetreten. Unterschiedlich ist jedoch die Perzeption der

Gefahr von Turbulenzen in der Außenwelt auf dem linken und rechten Spektrum, die zu verschiedenen Einschätzungen über die Art und Weise ihrer Beherrschung führt. Während die Rechte stärker in nationalstaatlichen Mustern von Machtpolitik eine Lösung sieht, wollen die Linken und Liberalen die internationalen Strukturen ausgebaut und verändert sehen.

Die Positionsbestimmung der neuen Bundesrepublik als einem Industrie- und Handelsstaat im Zentrum des europäischen Kontinents kann auch als *Brückenfunktion* gesehen werden mit der festen Verankerung im westlichen Bündnis, als treibende Kraft der Vertiefung und Erweiterung einerseits und der Öffnung nach Osten zur wirtschaftlichen und politischen Erneuerung der ehemals sozialistischen Staaten andererseits. Diese Brückenfunktion ist alles andere als eine, noch in der Nachkriegszeit gesehene, nationalistische Variante des Brückenkonzepts, des Neutralismus oder eines unabhängigen Mittlers; vielmehr gilt es aus eigenem wirtschaftlichen und Sicherheitsinteresse, das über das Militärische weit hinaus geht und den Wohlstandsgraben zwischen Ost und West überbrückt und die ideologische Spaltung aus der Zeit des Kalten Krieges überwindet. Die historische Aufgabe könnte es sein, die Tugenden der alten Bundesrepublik in den Osten zu tragen. Diese, in ersten Schritten bereits eingeschlagene Rolle bedeutet ein Weiterverfolgen der beiden Basisentscheidungen der Bundesrepublik in ihrer Geschichte, nämlich die der Westintegration in den fünfziger und die der Öffnung nach Osteuropa in den siebziger Jahren unter den neuen Voraussetzungen der Vereinigung zu Beginn der neunziger Jahre. Damit bleibt der Zusammenhang zwischen Außen- und Innenpolitik gewahrt, d.h. die Verknüpfung von Demokratie und sozialer Marktwirtschaft mit der Westorientierung. Die Brücke hat – um im Bild zu bleiben – auf der einen Seite einen festen Pfeiler und auf der anderen eine losere Verankerung.

Während die Westpolitik der Bundesrepublik im Verbund vor allem mit den anderen EU-Staaten angelegt ist, lässt die

Ostpolitik eher eine selbständigere bzw. koordinierte Politik zu. Das unabhängigere Agieren nach Osteuropa und zu Russland sowie zur Entwicklungsländerwelt bedeutet kein Abdriften aus dem westlichen Verbund; auch Großbritannien und Frankreich zeigen neben ihrem Engagement in Europa ein Profil als selbständige nationale Akteure. Beides, Integrations- und einzelstaatliche Politik schließen sich nicht aus wie die historische Erfahrung schon zu Beginn des europäischen Einigungsprozesses belegt (vgl. Pfetsch 1994, 120-137) und wie die Konstruktion der Europäischen Union als intergouvernemental und vergemeinschaftet strukturell angelegt ist.

Die Potentialgrößen Bevölkerung, Wirtschaftskraft und Fläche sprechen zunächst für eine gewisse Dominanz Deutschlands in Europa (vgl. Tab. 5). Andere Indikatoren, die als Motor der europäischen Integration genutzt werden können, sind die Industrie- und Handelsstaatlichkeit sowie die Zivilstaatlichkeit. In der Außenwirtschaftspolitik hat sich über Parteigrenzen hinweg eine liberale Freihandelspolitik mit deregulierenden und regulierenden Elementen als Leitlinie durchgesetzt; nicht alle Sektoren der Wirtschaft waren davon in gleichem Maße betroffen, doch die Freihandelsmaxime wurde von den Wirtschaftspolitikern aus allen drei traditionellen Parteien verfolgt.

Die von Timothy Ash (1994) vorgeschlagenen Optionen für die deutsche Außenpolitik nach der Wiedervereinigung, nämlich die *nationale Option*, die *Russland*-Option, die *karolingische* Option (Vertiefung der EU), die Option für das *erweiterte Europa* (Erweiterung der EU) oder die *weltpolitische Option* (global), wurden und werden parallel laufend wahrgenommen. Der Genscherismus, der ja gerade von dem Sowohl-als-auch, und nicht von dem Entweder-oder bestimmt war, wurde auch ohne Genscher weiter betrieben, d.h. sowohl die „special relationship" mit den USA, als auch die „amitié" mit Frankreich, sowohl die Vertiefung der Europäischen Union mit dem Zentrum Bonn-Paris (karolingische Option) als auch ihre Erweiterung um osteuropäische Staaten. Die Russland-Option wurde sowohl von Kohl als auch später von Schröder bedient. Für die bundesdeutsche Außenpolitik ergaben sich nach der Vereinigung und der Auflösung des sowjetischen Machtblocks neue Aufgaben und Prioritäten:

- nach Osteuropa gerichtet ging es um die Unterstützung des Übergangs vom kommunistischen Totalitarismus zu freiheitlicheren politischen Ordnungsformen und Orientierung an wirtschaftlichem Liberalismus;
- in Westeuropa um die Erweiterung und Weiterentwicklung der politischen Union;
- mit den USA musste eine Verständigung über die künftigen Strukturen der gemeinsamen Sicherheit gefunden werden; der verteidigungspolitische Spielraum bedurfte neuer Rahmenbedingungen, um mit Krisen wie denen in den ehemaligen Sowjetrepubliken und Jugoslawien fertig zu werden.
- Die Mitwirkung in den Vereinten Nationen machte eine innenpolitische Klärung militärpolitischer Optionen erforderlich sowie die Reform der Entscheidungsgremien der UN, die den neuen Realitäten der Zeit nach Ende des Kalten Krieges entsprachen.
- Innenpolitisch stand die Verarbeitung des Vereinigungsprozesses mit seinen ökonomischen, sozialen und psychologischen Problemlagen im Vordergrund. Politisch von Bedeutung und mit Wirkung nach außen wichtig war die Verarbeitung der nunmehr dritten Rechtswelle. Nach der NPD, die in den sechziger Jahren die politische Ohnmacht anprangerte, forderten die Republikaner in den achtziger Jahren die Abschirmung gegen Migration; nach der Wiedervereinigung hat ein vornehmlich von Jugendlichen getragener Antiasylradikalismus zugenommen. In dieser rechten aktionistischen Gemengelage trafen sich nach der Öffnung unterschiedliche Protestmomente, wie die zuvor tabuisierte Ausländerfeindlichkeit in der DDR.

Nach geopolitischen Aktionsfeldern lassen sich diese Verhaltensweisen und die daraus zu folgernden Optionen folgendermaßen konkretisieren.

3.8.3 Osteuropapolitik

Die Bundesregierung hat die Vertragspolitik der siebziger Jahre mit osteuropäischen Staaten nach der Vereinigung fortgesetzt und mit allen Staaten des früheren Warschauer Paktes vertragliche Vereinbarungen getroffen. Diese Abkommen berufen sich alle auf völkerrechtliche Prinzipien, wie sie in der Charta der Vereinten Nationen, in der Schlussakte von Helsinki, in der Charta von Paris und in anderen Dokumenten der KSZE-Folgetreffen festgelegt sind. Dazu gehören das Friedensziel, die Gewaltfreiheit, die Achtung der Menschenrechte, die souveräne Gleichheit, der Gebrauch friedlicher Mittel bei Streitigkeiten, die Verwirklichung von Rechtsstaatlichkeit, Demokratie, freier Selbstbestimmung sowie der Erhalt der natürlichen Umwelt. In chronologischer, die Prioritäten der Ostverträge Anfang der siebziger Jahre einhaltende Reihenfolge wurden im Zeitraum 1990 bis 1992 fünf Verträge mit der Sowjetunion bzw. Russland geschlossen, zwei mit Polen und je ein Vertrag mit Bulgarien, Ungarn, der Tschechoslowakei und Rumänien (vgl. Übersicht 5.). Auch andere EG-Mitgliedsstaaten sowie die EG selbst haben ähnliche Verträge mit osteuropäischen Staaten abgeschlossen. Die meisten dieser Verträge enthalten Unterstützungszusagen für die Aufnahme in die EU:

1. Mit der Sowjetunion wurden mehrere Verträge und Abkommen ausgehandelt, die den Abzug der sowjetischen Truppen aus dem vereinigten Deutschland regeln und die bilateralen Beziehungen angehen; unterzeichnet wurden:
   - am 9. Oktober 1990 das deutsch-sowjetische Abkommen über „einige überleitende Maßnahmen“ zum befristeten Aufenthalt der sowjetischen Truppen in Deutschland; in diesem Abkommen sind die finanziellen Leistungen der Bundesrepublik in Höhe von insgesamt 12 Mrd. DM für den Abzug der sowjetischen Truppen aus Deutschland geregelt: für den Zivilwohnungsbau, für den Unterhalt der sowjetischen Truppen, für den Transport sowie für Ausbildung und Umschulungsmaßnahmen. Legt man als Umrechnungskurs für die 3,2 Mrd. US$ an Deutschland be-

zahlten Marshall-Plan-Gelder das Verhältnis 1:4 zugrunde, dann entspricht die Höhe der in diesem Abkommen vereinbarten Gelder in etwa dieser Marshall-Plan-Hilfe.

- am 12. Oktober 1990 der Vertrag „über die Bedingungen des befristeten Aufenthalts und die Modalitäten des planmäßigen Abzugs der sowjetischen Truppen aus dem Gebiet der Bundesrepublik Deutschland" nebst Anlagen zum Verkehrswesen und zu Transportfragen; diesem Vertrag wurde am 21. Dezember 1990 von Bundestag und Bundesrat zugestimmt;
- am 9. November 1990 der „Vertrag über gute Nachbarschaft, Partnerschaft und Zusammenarbeit";
- am 9. November 1990 der Vertrag „über die Entwicklung einer umfassenden Zusammenarbeit auf dem Gebiet der Wirtschaft, Industrie, Wissenschaft und Technik";
- am 9. November 1990 das Abkommen „über die Zusammenarbeit auf dem Gebiet des Arbeits- und Sozialwesens."

2. Mit Polen am 14. November 1990 der deutsch-polnische „Vertrag über die Bestätigung der zwischen ihnen bestehenden Grenze" (Grenzabkommen); dieses Abkommen geht auf die Zwei-plus-Vier-Gespräche zwischen den ehemaligen Siegermächten, den beiden deutschen Außenministern und ihrem polnischen Kollegen zurück, die im Juli in Paris geführt worden sind und zur Klärung der wichtigsten Fragen geführt haben. Dazu gehört auch ein zweiter Vertrag mit der Republik Polen, nämlich der
3. am 17. Juni 1991 geschlossene deutsch-polnische „Vertrag über gute Nachbarschaft und freundschaftliche Zusammenarbeit"; darin unterstützt die Bundesrepublik Polen bei seiner Annäherung an die EG, und der deutschen Minderheit in Polen werden Rechte auf kulturelle Eigenständigkeit zugestanden. Gegen diesen auch zwischen den Regierungschefs ausgehandelten Vertrag opponierte die CSU mit der Forderung auf doppelte Staatsbürgerschaft für die deutsche Min-

derheit. Im Bundestag wurde der Grenzvertrag mit großer Mehrheit gegen 17 CDU/CSU-Stimmen angenommen, beim Nachbarschaftsvertrag gab es nur eine Gegenstimme. Für eine „Stiftung deutsch-polnischer Aussöhnung" zur Entschädigung polnischer Zwangsarbeiter werden von der Bundesregierung 500 Mio. DM zur Verfügung gestellt.

Übersicht 5: Verträge der Bundesrepublik mit Osteuropa nach der Wiedervereinigung

Mit der Sowjetunion:	
9. Oktober 1990:	Deutsch-sowjetisches Abkommen über den befristeten Aufenthalt sowjetischer Truppen, 12 Mrd. DM
12. Oktober 1990:	Abzug sowjetischer Truppen aus Deutschland
9. November 1990:	Vertrag über gute Nachbarschaft, Partnerschaft und Zusammenarbeit
9. November 1990:	Vertrag über die Entwicklung einer umfassenden Zusammenarbeit auf dem Gebiet Wirtschaft, Industrie, Wissenschaft und Technik
9. November 1990:	Abkommen über die Zusammenarbeit auf dem Gebiet des Arbeits- und Sozialwesens
Mit Polen:	
14. November 1990:	Vertrag über die Bestätigung der zwischen ihnen bestehenden Grenzen
17. Juni 1991:	Vertrag über gute Nachbarschaft und freundschaftliche Zusammenarbeit, Entschädigung polnischer Zwangsarbeiter 500 Mio. DM
Mit Bulgarien:	
9. Oktober 1991:	Vertrag über freundschaftliche Zusammenarbeit und Partnerschaft in Europa
Mit Ungarn:	
6. Februar 1992:	Vertrag über freundschaftliche Zusammenarbeit und Partnerschaft in Europa
Mit der CSSR:	
27. Februar 1992:	Vertrag über freundschaftliche Zusammenarbeit und Partnerschaft in Europa
Mit Rumänien:	
21. April 1992:	Vertrag über freundschaftliche Zusammenarbeit und Partnerschaft in Europa
Verträge der EG:	
15. Januar 1992:	Assoziierungsabkommen mit Polen, der Tschechoslowakei und Ungarn

4. Mit Bulgarien am 9. Oktober 1991 der deutsch-bulgarische „Vertrag über freundschaftliche Zusammenarbeit und Partnerschaft in Europa"; auch dieser Vertrag sieht die Unterstützung der Bundesrepublik für die bulgarische Annäherung an die EG vor.
5. Mit Ungarn am 6. Februar 1992 der deutsch-ungarische „Vertrag über freundschaftliche Zusammenarbeit und Partnerschaft in Europa"; dieser Vertrag sieht neben der Einhaltung genereller Prinzipien die Förderung konkreter Anliegen im bilateralen Verhältnis vor.
6. Mit der CSSR am 27. Februar 1992 der deutsch-tschechoslowakische „Vertrag über gute Nachbarschaft und freundschaftliche Zusammenarbeit"; dieser schwierige und in beiden Ländern umstrittene Vertrag enthält die Versicherung der Einhaltung der bestehenden Grenzen, die Zusicherung von Rechten für die deutsche Minderheit, die Bekräftigung der Nichtigkeit des Münchner Abkommens; ausgeklammert blieben Eigentumsforderungen der Sudetendeutschen. Auch dieser Vertrag sieht die Unterstützung der Bundesrepublik für die „Heranführung der Tschechischen und Slowakischen Föderativen Republik" an die EG vor.
7. Mit Rumänien am 21. April 1992 der deutsch-rumänische „Vertrag über freundschaftliche Zusammenarbeit und Partnerschaft in Europa"; Rumänien sichert den Minderheitenschutz der etwa 70 000 Rumänen-Deutschen zu; die Bundesrepublik unterstützt Rumänien bei seiner Annäherung an die EG.

Die EG hat am 15. Januar 1992 Assoziierungsabkommen mit Polen, der Tschechoslowakei und Ungarn unterzeichnet, die später zur Mitgliedschaft in der EU geführt haben.

Osteuropa muss in der Phase während und nach der Wiedervereinigung in dem Aufgabenkatalog an erster Stelle genannt werden, weil von dieser Region die größten Unwägbarkeiten, Unsicherheiten, ja Bedrohungen hätten ausgehen können und weil hier die Bundesrepublik kraft ihres wirtschaftlichen Potentials und längerfristiger Sicherheitsinteressen als relativ selbständiger Akteur hat auftreten können.

Zur innen- wie außenpolitischen Entwicklung in Russland gibt es vier denkbare Muster: *erstens* Russland entwickelt sich zur nationalistischen Diktatur und kehrt zur alten imperialen Politik zurück; *zweitens* Russland nimmt sich dem Schutz der russischen Minoritäten in den ehemaligen Sowjetrepubliken an (Kosyrev-Doktrin) und wächst so zwangsläufig in eine dominierende regionale Rolle hinein; *drittens* verwandte Kulturräume bauen untereinander neue Beziehungen auf, so die mitteleuropäischen, die baltischen und die zentralasiatischen Staaten; und schließlich *viertens* kommt es zu einem Abdriften zu Nachbarregionen: der zentralasiatischen Staaten nach Süden (Türkei, Iran, Afghanistan), der baltischen Staaten nach Nord-Westen (Skandinavien, Westeuropa) und der mitteleuropäischen Staaten nach Westen (EU, NATO etc.) (vgl. Segbers 1992, 192-208).

Das Sicherheitsrisiko ist für Westeuropa vor allem beim ersten Szenario groß, wo russische und westeuropäische Interessen kollidieren. Das zweite und dritte Szenario birgt Konflikte zwischen den mitteleuropäischen Ländern und Russland. Das vierte Szenario des Abdriftens führt unweigerlich zu Konflikten zwischen Russland und Westeuropa auf der einen und den muslimischen Ländern des Südens auf der anderen Seite.

Die russische Politik unter Vladimir Putin (1998-2008) hat sich weitgehend der ersten Option angenommen: eine stark nationalistisch geprägte Politik versucht Russland zu alter Größe zu führen und mit Hilfe der reichen Rohstoffressourcen die nationale ökonomische Basis zu erweitern und politisch einzusetzen (Weißrussland).

Für den Westen und insbesondere für Deutschland sind die Ostmärkte mittel- oder langfristig wieder interessant geworden. Der Export in die ehemaligen RGW-Länder ist nach 1990 auf Grund von Zahlungsschwierigkeiten zunächst deutlicher zurückgegangen als die Importe; die in den Verträgen vereinbarten Transferleistungen der Bundesrepublik an Russland tragen eher Konsum- nicht investiven Charakter, so dass damit eine Wirtschaftsbelebung in Zeiten des Umbaus kaum erwartet werden kann. Immerhin liegt der Anteil des Osthandels der Bundesrepublik immer noch etwas höher als der des Handels mit den USA. Insbesondere ist in den letzten Jahren der Anteil von russischem Gas und Öl bis zu 25 % gestiegen.

3.8.4 Westeuropapolitik

Im Westeuropa der Europäischen Union (EU) standen nach der Wiedervereinigung die Vertiefung und Erweiterung, die Demokratisierung und Verwirklichung des Maastrichter Vertrags sowie die Restrukturierung der politischen Organe der EU an. Die deutsche Europapolitik der Vertiefung und Erweiterung der Europäischen Gemeinschaft wurde auch in den neunziger Jahren fortgesetzt und in die Verhandlungen um die Vollendung der Wirtschafts- und Währungsunion mit den EG-Regierungen die Forderung nach einer Föderalisierung hin zu einer Europäischen Union eingebracht. Der Maastrichter Vertrag vom Dezember 1991/93 war in einzelnen Ländern hart umkämpft. Nach dem negativen Volksvotum in Dänemark stand die Volksabstimmung in Frankreich auf der Kippe und die Abstimmung im britischen Unterhaus konnte nur über zeitliche Verzögerung und Koppelung an die nochmalige positive dänische Abstimmung im Mai 1993 gerettet werden. Der positive Ausgang des Irland-Referendums wurde von den Parlamenten in den anderen EG-Staaten Spanien, Portugal, Deutschland, Niederlande, Griechenland, Belgien, Luxemburg und Italien nachvollzogen. Diese Vorgänge zeigen ein Dilemma an, das in der Diskrepanz zwischen Zentralisierung und Demokratisierung liegt (Scharpf 1992, 14). Die deutschen Regierungen haben sowohl für eine Vertiefung der Integration als auch für eine Erweiterung, die in Zukunft auch osteuropäische Staaten nicht ausschließen solle, optiert. Das Zielmodell für Europa wird in einer föderierten europäischen Union gesehen und soll nicht im Intergovernementalismus oder im Supranationalismus enden, d.h. die bestehende EG/EU bedarf weiterer föderalistischer und demokratischer Strukturen. Das Bundesverfassungsgericht hat in seinem Maastricht-Urteil mit dem Begriff des *Staatenverbundes* eine Wortschöpfung vorgenommen, die ein Gebilde zwischen Staatenbund und Bundesstaat zum Ausdruck bringen soll. Die Europawahl am 12. Juni 1994 hat den europapolitischen Integrationskurs der Bundesregierung nachhaltig bestätigt, allerdings in verschiedenen EU-Ländern Renationalisierungstendenzen sichtbar gemacht.

Die deutsche Europapolitik der Vertiefung und Erweiterung der Europäischen Gemeinschaft wurde auch in den 90er Jahren fortgesetzt und in die Verhandlungen um die Vollendung der Wirtschafts- und Währungsunion mit den Regierungen der EG/EU-Staaten die Forderung nach einer Föderalisierung hin zu einer Europäischen Union eingebracht.

In der Sicherheitspolitik wurde mit der deutsch-französischen Brigade und dem „Eurocorps" ein Anfang für eine Europäisierung gemacht und die Stärkung der WEU als europäischer Sicherheitsorganisation vorgesehen. In der Europapolitik hat die Bundesrepublik selbständigeres (Anerkennung ehemaliger jugoslawischer Staaten), selektiv unterstützendes (Eurocorps) sowie Gemeinschaftsverhalten (EG bzw. EU-Politik) gezeigt.

3.8.5 Transatlantische Partnerschaft

Die Neuorientierung des europäisch-amerikanischen Verhältnisses war nicht nur durch die Auflösung des sowjetischen Imperiums notwendig geworden, sondern auch durch Gewichtsverlagerungen zwischen beiden transatlantischen Pfeilern. Die Bush-senior-Administration sah als wichtigste Klammer zwischen der westlichen Welt die NATO an, der gegenüber die WEU oder die KSZE zweitrangig bleiben sollten. Die Europäer drängten auf mehr Gleichberechtigung innerhalb des NATO-Bündnisses und Bush begegnete dem mit dem Konzept des „burden sharing" bzw. gegenüber Deutschland als „partnership in leadership"; für die Clinton-Administration war ein mehr an Verantwortung der Europäer als Entlastung willkommen geheißen. Die „Partnerschaft für den Frieden", ein von Präsident Clinton inspiriertes Angebot der NATO an den europäischen Osten versucht Russland und die mitteleuropäischen Staaten gleichermaßen einzubeziehen.

Meinungsbefragungen in der Bundesrepublik ergaben Ende 1991, Anfang 1992 Mehrheiten für den Abzug amerikanischer Kernwaffen aus Deutschland. Über die weitere Präsenz amerikanischer Truppen waren die Meinungen geteilt, aber das kollektive Verteidigungsbündnis mit den USA sollte beibehalten werden (vgl. EA 24.4.1992). Gewünscht wurde eine größere Rolle der EG und Deutschlands in der Weltpolitik.

Mit den USA musste eine Verständigung über die künftige Struktur der gemeinsamen Sicherheit einschließlich Osteuropas gefunden werden. Der verteidigungspolitische Spielraum bedarf neuer Rahmenbedingungen, um mit Krisen wie denen in Osteuropa (ehemalige Sowjetrepubliken und Jugoslawien) fertig zu werden. Ökonomisch war mit den G-7 Gipfeltreffen ein Instrument der Abstimmung zwischen den wichtigsten westlichen Industriestaaten geschaffen worden und der Trilateralismus Amerika (NAFTA) – Europa (EU) – Ostasien (Japan) wird mit all seinen Interessengegensätzen weiterhin den ökonomischen Aktionsraum bestimmen. Dieser spielt vor allem für den Industrie- und Handelsstaat Bundesrepublik eine wichtige Rolle und dies in stärkerem Maße als für andere EU-Mitglieder, deren ökonomische Verflechtung mit der EU größer ist. Über 80 % des Außenhandels der Bundesrepublik wurden damals (1990) mit westlichen Industriestaaten abgewickelt; der Anteil der zwölf EU-Staaten betrug etwas über 50 %, m.a.W. etwa 30 % des Außenhandels wird im westlich kapitalistischen Ausland mit Nicht-EU-Staaten abgewickelt. Die ökonomischen Interessen deuten somit auch über den europäischen Markt hinaus und finden in der Forderung nach Liberalisierung der Weltmärkte ihren Ausdruck. Hierin trafen und treffen sich die US-amerikanischen und die deutschen Interessen.

In wichtigen die Außenpolitik betreffenden Fragen ist es eher – von ökonomischen Differenzen abgesehen – zu einer durch „Konkordanz“ (Schwarz 1980) und „Harmonie“ (Morgan 1974) bestimmten Politik gekommen; das Verhalten kann nach unserer Typologie (vgl. 1.3) im Großen und Ganzen als koordiniert unterstützend bezeichnet werden. Der geschilderte Vereinigungsprozess kann als exemplarischer Beleg dafür dienen.

Die Ausrichtung auf die USA würde der Bundesrepublik eine *vierte Option* geben, nämlich die einer *weltpolitischen Rolle* vor allem im ökonomischen Trilateralismus und würde vor allem von Atlantikern und ökonomischen Globalisten unterstützt werden. Die Offerte Clintons einer „special relationship“ zwischen den USA und Deutschland geht von dem Gedanken eines europäischen Intergouvernmentalismus mit Deutschland als der europäischen Führungsmacht aus.

3.8.6 Das deutsche Engagement im Rahmen der UNO

Das Engagement der Deutschen in der UNO ist seit den achtziger Jahren gewachsen. Deutsche UNO-Einsätze polizeilicher Art zur Überwachung von Wahlen hat es in Namibia und Kambodscha gegeben, deutsche Schiffe sind als Kontrollboote zur Überwachung des UN-Embargos in der Adria vor der Küste des ehemaligen Jugoslawiens eingesetzt worden, Versorgungsflüge in die Kriegsgebiete in Bosnien-Herzegowina haben im Rahmen von UNO-Einsätzen stattgefunden. Schon während des zweiten Golfkrieges sind deutsche Flugstaffeln zur Stationierung in die Türkei beordert worden. In Somalia ist eher humanitäre Hilfe geleistet worden, wie Lazarett-, Brunnen- und Bewässerungsanlagenbau. Diese Maßnahmen waren bisher eher friedenserhaltend als friedensschaffend (vgl. Übersicht 6).

Die innenpolitische Diskussion kreiste einmal um die Beteiligung an Blauhelmeinsätzen und an friedensstiftenden Maßnahmen und zum andern um die Forderung nach einem ständigen Sitz im UN-Sicherheitsrat. Das Bundesverfassungsgericht hat in seinem Urteil vom 12. Juli 1994 die Zulässigkeit von

Bundeswehreinsätzen im Rahmen der UNO nach vorheriger Zustimmung des Parlaments (Parlamentsvorbehalt) als mit dem Grundgesetz vereinbar erklärt. Die deutsche Forderung nach einem ständigen Sitz im UN-Sicherheitsrat macht eine umfassendere Reform dieses Entscheidungsgremiums erforderlich, die den neuen Realitäten in der Zeit nach dem Ende des Kalten Krieges entspricht und die die neuen regionalen Schwerpunkte in Europa, der Dritten Welt und im Pazifik (Japan) widerspiegeln. Bisher sind die Pläne zur Reorganisation des Sicherheitsrats am Widerstand einiger Mitglieder gescheitert.

3.8.7 Kontinuität oder Wandel nach der Vereinigung?

Welche Folgen ergeben die geschilderten internationalen, regionalen und nationalen Veränderungen für die bundesdeutsche Außenpolitik?

Da die Vereinigung der beiden deutschen Staaten nach dem Willen der frei gewählten Repräsentanten als Eingliederung der DDR in die Bundesrepublik nach Art. 23 des Grundgesetzes vollzogen wurde und nicht in Form einer Konföderation (Kohls 10-Punkte) oder einer Neubildung, die nach Art. 146 möglich gewesen wäre, liegt die These nahe, dass vor allem innenpolitisch die neue Bundesrepublik eine Fortsetzung der alten Bundesrepublik ist. Da sich die Vereinigung außenpolitisch nach den Bedingungen der verfassungs- und vertragsrechtlich vorgesehenen Konditionen vollzogen hat, liegt auch hier die Kontinuitätsthese nahe. Die Bundesrepublik ist integraler Bestandteil des westlichen Bündnis- und Integrationssystems geblieben und hat den Willen bekundet, dies auch in Zukunft bleiben zu wollen.

Aus der Zweiten Republik ist nicht, wie einige Autoren wahrhaben wollten, die Dritte Republik geworden. Zu gewichtig sind die innenpolitischen (soziale Marktwirtschaft, bundesstaatliche Ordnung, parlamentarische Demokratie, Rechtsstaatlichkeit etc.) wie außenpolitischen (EG/EU, NATO, OSZE) Kontinuitäten. Das Ziel der europäischen Einigung ist nach der Beendigung der Bedrohung aus dem Osten nicht aufgegeben worden; dies belegt, dass die europäische Integration für die Bundesrepublik nicht nur aufgrund dieser Bedrohung zustande kam und auch nicht nur als Vehikel zur Lösung der deutschen Frage instrumentalisiert wurde, sondern auch und vor allem den eigenen ökonomischen und politischen Interessen entsprach. Die organisierten Interessen von Unternehmen, Gewerkschaften und Kirchen haben die europäische Integration gefordert.

Dennoch: die neue Bundesrepublik ist nicht die alte. Zu groß sind die unterschiedlichen Vorstellungen und Mentalitätsprägungen zwischen den westlichen und den östlichen Bundesländern zu innen- wie außenpolitischen Themen. Während die Bundesrepublik in den fünfundvierzig Jahren ihres Bestehens eine Verwestlichung erlebt hat, blieben die DDR- Bürger im obrigkeitsstaatlichen Korsett; die Distanz zu westlichen Staaten (USA) und Bündnissystemen (NATO) ist auf Grund jahrelanger Propaganda deutlich größer, die zu Osteuropa deutlich geringer. Es haben sich politische Kulturen ausgebildet, die von unterschiedlichen Werten getragen waren und aufgrund der geopolitischen Lage eine unterschiedliche Orientierung erhielten. Der Prozess der Angleichung wird zwar die vom Westen geschaffenen Strukturen als dominant erhalten, aber ergänzt werden durch den Blick nach Osteuropa, vor allem dann, wenn die Märkte in Osteuropa wieder interessant werden.

Wie können diese zeitgeschichtlichen Umwälzungsprozesse erklärt werden?

Die Literatur zu den osteuropäischen Revolutionen ist inzwischen zahlreich geworden; sie unterscheidet sich nach Reichweite und Ursachen, nach kurz- und längerfristig wirkenden Faktoren, nach sozialen und beruflichen Schichten, nach innen- und außenpolitischen Ereignissen. Genannt werden in der einschlägigen Literatur folgende Faktoren bzw. Faktorkonstellationen in den ehemaligen sozialistischen Staaten: Legitimationsdefizite in Politik, Ökonomie, Kultur, Rechts- und Nationalstaatlichkeit; Fehlanpassung und Autismus der politischen Führung sowie deren Führungsschwäche; außenpolitisch war der Kurswechsel der Führungsmacht Sowjetunion sowie die Existenz von Referenzgesellschaften im Westen ausschlaggebend, innenpolitisch wirkten längerfristig Faktoren der nationalen Kultur (Religion), kurzfristig die Protest- und Fluchtbewegungen.

Theoretisch zeigt die Darstellung des Vereinigungsprozesses, dass der realistische Erklärungsansatz zwar zur Bestimmung nationaler Interessen im Sinne längerfristig bestimmender Orientierungen herangezogen werden kann – und wir haben diese nach nationalen, sicherheits- und wirtschaftlichen Interessen der Bundesrepublik qualifiziert – , dass dieser Ansatz allerdings zum Verstehen der deutschen Nachkriegsaußenpolitik erheblich modifiziert und durch andere Erklärungsansätze ergänzt werden muss. Zwar ist es sicherlich möglich, für historische Zeitabschnitte konstante Interessen einzelner Akteure auszumachen und auch die Regierungen auf bestimmte Präferenzen festzulegen, d.h. m.a.W. das nationale Interesse zu bestimmen; dieses resultiert einerseits aus grundlegenden Gegebenheiten der geographischen und geopolitischen Lage des Landes, den demographischen, ökonomischen, militärischen etc. Bedingungen und deren Umsetzung in Regierungspolitik. Andererseits sind es insbesondere für das Nachkriegsdeutschland die politischen Mitspieler, die den Aktionsrahmen abgesteckt haben, innerhalb dessen sich die Außenpolitik der Bundesrepublik vollzogen hat. Die Außenpolitik der „alten" Bundesrepublik war zum Teil mitgestaltet von auswärtigen Akteuren, meist aber zumindest koordiniert mit den wichtigsten Verbündeten. M.a.W. die Außenpolitik der Bundesrepublik muss mit Hilfe von Interdependenzansätzen (liberaler Institutionalismus) ebenso behandelt und erklärt werden wie mit Realismusansätzen; der Einfluss gesellschaftlicher Gruppen in den verschiedenen Phasen der deutschen Außenpolitik ist nicht mit dem rein staatlichen Handlungsverständnis vereinbar. Verbände, Kirchen, Medien etc. haben als Nicht-Staatliche-Akteure eine wichtige Rolle gespielt (vgl. Pfetsch 1993, 16-18).

Die innenpolitische Umsetzung der Vereinigungspolitik geschah seitens der Bundesrepublik eher im Stil klassischer Staatspolitik. Im innenpolitischen Entscheidungssystem war vor allem die Exekutive gefordert und maßgeblich beteiligt. Vor allem der Bundeskanzler und der Bundesaußenminister mit ihren jeweiligen Verwaltungen fiel die Rolle der aktiven Gestalter zu, nachdem der Umschwung in der DDR sichtbare Formen angenommen hatte. Die bremsenden oder eher verhalten reagierenden Gruppen und Institutionen wie die Oppositionspartei SPD mit ihrem Kanzlerkandidaten Lafontaine, die zur PDS sich gewandelte SED, die Bundesbank, einige literarische Meinungsführer (Günter Grass) etc. hatten keine mehrheitsfähige Anhängerschaft. Die Alternative zur Vereinigung nach Art. 23 GG, nämlich nach Art.146 GG mit einer neuen Verfassung wurde mit dem Volkskammervotum vom 23.8.1990 obsolet, fand aber z.T. Eingang in den Einigungsvertrag, der eine Revision des GGs bis 1994 vorsah, dann aber nur zu einigen Verfassungsänderungen geführt hat.

1998 endete die „Ära Kohl“ nach 16 Jahren, die länger war als die 14 Jahre Weimarer Republik oder die 12 Jahre Naziherrschaft und nur wenig kürzer als das Bismarck Reich mit 20 Jahren. Schwerpunkte der Kohlschen Außenpolitik – zusammen mit Hans-Dietrich Genscher – waren das Westbündnis (transatlantisch, europäisch) und in diese eingebettet die deutsche Vereinigung, die Beziehungen zu Russland (Jelzin) sowie die Fokussierung auf multilaterale internationale Strukturen. Kohl geht als Vereinigungskanzler in die Geschichte ein, auch wenn er die Vereinigung nicht initiiert hatte, dann aber als die Möglichkeit gegeben war hat er mit Staatskunst fördernd eingegriffen; er war ein deutscher Europäer in der Nachfolge von Konrad Adenauer. Die zivilstaatliche Ausrichtung seiner Außenpolitik war militärisch nicht weiter herausgefordert worden. Es blieb bei der Scheckbuchpolitik. Zivile humanitäre Einsätze bestimmten die Konfliktagenda. Innenpolitisch hat er in seinen letzten Regierungsjahren versäumt, den Exportweltmeister auf die Gegebenheiten der Globalisierung einzustellen. Sein Nachfolger musste die innenpolitischen Reformen in die Hand nehmen.

3.9 Die Außenpolitik der rot-grünen Koalition unter Schröder/Fischer und Merkel/Steinmeier im Zeichen der vierten Wegmarke der deutschen Außenpolitik (1998-2010)

Mit der Bundestagswahl 1998 wurde das christdemokratisch-liberale Bündnis nach 16 Jahren Kanzlerschaft von Helmut Kohl – die längste seit Bestehen der Bundesrepublik – durch das rot-grüne Regierungsbündnis – auch dies eine Novität in der Geschichte der Bundesrepublik – abgelöst. Als die Regierung im Herbst 1998 die Geschäfte übernahm, zeichneten sich in der Außenpolitik zwei große Herausforderungen ab: Zum einen musste über die Beteiligung und die Art der Beteiligung an einem militärischen Einsatz im Kosovo entschieden werden, eine Aufgabe, die aus der Zeit der Vorgängerregierung übernommen werden musste; zum anderen stand die Erweiterung der Europäischen Union und, damit im Zusammenhang stehend, die Reform ihrer Strukturen an. Auf beiden Gebieten mussten die Regierenden reagieren. Die Koalitionsregierung hatte es zunächst schwer, ein einheitliches Profil zu zeigen, und dies hatte zum einen mit dem außenpolitisch noch unerfahrenen neuen Personal, zum andern mit ihren jeweiligen Parteien zu tun.

In der Europapolitik lassen sich bei den beiden führenden Politikern der Koalition im Kern zwei unterschiedliche außenpolitische Positionen ausmachen. Der niedersächsische Ministerpräsident Gerhard Schröder hatte schon im Wahlkampf angedeutet, dass mit dem ‚Verbraten' deutscher Gelder in Brüssel Schluss sein müsse und erinnerte mit seiner „Money-Back"-Kampagne an die Margaret Thatchers der achtziger Jahre. Für die europäische Integration verhieß dies zunächst nichts Gutes. Der grüne Außenminister Joschka Fischer war überzeugter Europäer, und in dieser Frage folgte ihm seine Partei das Bündnis 90/Die Grünen. Von den vier möglichen bündnispolitischen Verhaltensweisen (vgl. Kap. 1.3) liegt Schröder näher bei eher national bestimmten Positionen, während Fischer dem integrationistischen Kurs vergemeinschafteter Politik näher stand.[41] Bei der Frage der europäischen Integration hatte der Niedersachse Schröder in dem Saarländer Lafontaine einen Opponenten und Fischers Erweiterungskurs mit der Türkei steht in einem gewissen Widerspruch zum europäischen Föderalismus, den er in seiner Berliner Humboldt Rede beschwor.

Fischers – wie z.T. Schröders – eigentliche Schwierigkeiten lagen jedoch auf dem zweiten Gebiet der außenpolitischen Herausforderungen, dem der militärischen Beteiligung in Bosnien, im Kosovo und etwas später in Mazedonien und Afghanistan. Aber nicht die Hauptakteure, Außenminister Fischer und Kanzler Schröder, sondern ihre jeweiligen Parteien – die Grünen mehr, die SPD weniger – erwiesen sich als Hindernisse und dem Zerbrechen nahe.

Der grüne Wahlkongress in Magdeburg im März 1998 hatte noch mit einer Stimme Mehrheit für den Rückzug der Friedensmission aus Bosnien gestimmt. Allerdings hatte sich der Länderrat der Partei im Juni gegen den Rückzug der deutschen Truppen aus Bosnien ausgesprochen. Joschka Fischer, der nie ein führendes Parteiamt innegehabt hatte, aber immer als der eigentliche Parteiführer angesehen worden war, hatte in den Jahren zuvor versucht, die Partei regierungsfähig zu machen und für eine Koalition mit der SPD vorzubereiten. In rhetorischen Meisterleistungen in Kassel im November 1997 und in Bonn im Oktober 1998 hatte er es verstanden, für seine Realo-Position Mehrheiten zu finden, die später auch durch personalpolitische Maßnahmen abgesichert wurden.

Schröder musste mit Rücksicht auf den linken Flügel in der Partei um Lafontaine vorsichtig operieren und verwies immer wieder auf UN-Beschlüsse und Bündnisverpflichtungen, die einen bewaffneten Einsatz legitimieren müssten.

Im Akteur-Struktur-Verhältnis sorgte nicht nur die Konstellation Führung versus Partei für Sprengstoff; vielmehr wirkten in das Parteigeschehen übergeordnete außenpolitische Problemlagen hinein, die unabhängig von den jeweiligen Akteuren entstanden und somit vorgegeben, ja aufgezwungen waren und bewältigt werden mussten. Sowohl die außenpolitische Sicherheitslage als auch die Strukturen der Europäischen Union erzwangen Handlungsbereitschaft und mussten einer Lösung zugeführt und innenpolitisch umgesetzt werden.

Die Aufgaben, die die rot-grüne Regierung bei Amtsantritt vorfand, sind in einem längeren historischen Prozess entstanden. Nach der Vereinigung im Jahre 1990 ist Deutschland geographisch wieder ins Zentrum Europas gerückt und hat an Potenzial hinzugewonnen: Hinsichtlich der Einwohnerzahl und der Wirtschaftsleistung ist Deutschland das größte Land der EU. Zum ersten Mal in seiner Geschichte bleibt Deutschland ohne territoriale Forderungen an seine Nachbarn und ist von befreundeten Staaten umgeben; seit mehr als sechzig Jahren ist es die größte Demokratie im Herzen Europas, verankert in der westlichen Demokratiewelt.

Die rapide Zunahme von Interdependenzbeziehungen in vielen Bereichen von Ökonomie, Gesellschaft und Politik, die seit den achtziger Jahren als Globalisierung und Europäisierung diskutiert wird, hat die Außenpolitik der Bundesrepublik geöffnet. Haben einerseits Integration und Kooperation die westliche Staatenwelt sicherer gemacht und das Sicherheitsdilemma weitgehend gelöst, so hat sich andererseits nach Auflösung des Ost-West-Konflikts nicht die verheißene neue Weltordnung eingestellt; vielmehr sind in der Peripherie Westeuropas neue Konflikte entstanden, die das Blocksystem eingehegt hatte. Nach der Beendigung des Ost-West-Konflikts und der Implosion der Sowjetunion und Jugoslawiens sind neue Nationalitätenkonflikte entstanden, die zu gewalttätigen Auseinandersetzungen geführt haben. Der Außenpolitik stellten sich somit neue Aufgaben: Aufbau einer neuen Sicherheitsarchitektur in Europa und Zentralasien, Einbeziehung Russlands und der ost- und mitteleuropäischen Staaten in diese neue Architektur, Konfliktregelung außerhalb der Demokratiewelt, Umgang mit den Ökonomie- und Demokratiegefällen innerhalb Europas sowie an seinen Rändern Kampf gegen den internationalen Terrorismus, Bekämpfung von Drogen- und Menschenhandel. In diesen Kontext fügen sich die beiden genannten Hauptaufgaben ein, die sich der deutschen Außenpolitik bei Regierungsantritt der rot-grünen Koalition stellten.

3.9.1 Die Koalitionsvereinbarungen

In der Koalitionsvereinbarung zwischen der Sozialdemokratischen Partei Deutschlands und Bündnis 90/Die Grünen vom 20. Oktober 1998 sind unter dem Titel „Europäische Einigung, internationale Partnerschaft, Sicherheit und Frieden“ folgende allgemeine Ziele genannt:

> „Die neue Bundesregierung wird die Grundlinien bisheriger deutscher Außenpolitik weiterentwickeln: die friedliche und partnerschaftliche Zusammenarbeit mit den Nachbarn, die Pflege der transatlantischen Partnerschaft, die Vertiefung und Erweiterung der Europäischen Union, die gesamteuropäische Zusammenarbeit in der OSZE, die besondere Verantwortung für Demokratie und Stabilität in Mittel-, Ost- und Südosteuropa und die Förderung nachhaltiger Entwicklung in allen Ländern des Südens. Grundlagen sind dabei die Beachtung des Völkerrechts und das Eintreten für Menschenrechte, Dialogbereitschaft, Gewaltverzicht und Vertrauensbildung. Die neue Bundesregierung begreift die internationale Zusammenarbeit als Politik der globalen Zukunftssicherung.“

In diesen generellen Leitlinien sind eher Kontinuitäten zu den Kohl-Regierungen angesprochen als dramatische Änderungen. In den folgenden Ausführungen des Koalitionspapiers wird der Akzent der neuen Regierung etwas deutlicher: Betont werden Krisenprävention, friedliche Konfliktregelung, Zivilisierung und Verrechtlichung der internationalen Beziehungen sowie die weltweite Einhaltung der Menschenrechte. Das Programm gewaltloser bzw. gewaltarmer internationaler Beziehungen in der

Tradition der Grünen und – in geringerem Maße – der Sozialdemokraten ist hier angesprochen.

Resümierend stellte der Kanzler nach Ablauf seiner vierjährigen Regierungszeit fest, dass die deutsche Außenpolitik nach wie vor Friedenspolitik sei und der Schutz der Menschenrechte zu den vorrangigen Anliegen der auswärtigen Politik gehöre. Es sei gelungen, den europäischen Einigungsprozess voranzutreiben; Deutschland habe eine Brückenfunktion zwischen den Staaten Westeuropas und den neuen Demokratien in Mittel- und Osteuropa eingenommen und sei seiner gewachsenen außenpolitischen Verantwortung in den zahlreichen bilateralen und multilateralen Foren, allen voran in den Vereinten Nationen, der OSZE und G8 nachgekommen.[42] Auf der Bundesdelegiertenkonferenz zur Verabschiedung des neuen Grundsatzprogramms von Bündnis 90/Die Grünen am 15.-17. März 2002 bilanzierte Außenminister *Fischer:* Die Grünen seien die einzige Partei gewesen, die sich den Fragen von Krieg und Frieden öffentlich gestellt hätte; beim derzeitigen Zustand der Welt sei der Verzicht auf Gewalt kontraproduktiv. Als zukünftige Aufgaben – die allerdings im Wahlkampf kaum eine Rolle gespielt haben – nannte Fischer die EU-Erweiterung und -Reform und die gerechte Gestaltung der Globalisierung nach den Maßstäben Entwicklung, Nachhaltigkeit, Gerechtigkeit und Menschenrechte.[43]

Wie sieht im Vergleich zu den eingangs formulierten und der Selbsteinschätzung zufolge auch eingelösten Zielen die tatsächlich praktizierte Politik aus? Welche außenpolitische Bilanz kann die rot-grüne Regierung nach sieben Jahren ihrer Tätigkeit nachweisen?

Außenpolitisch versuchten die führenden Politiker der Koalition zunächst neue Akzente zu setzen: Kanzler *Schröder* spielte die nationale Karte („deutscher Weg, „eine große Macht“), indem er die bundesdeutschen finanziellen Lasten der EU zu verringern suchte, während sein grüner Außenminister Fischer, aus der Friedensbewegung kommend, auf Distanz zur NATO ging. Zunächst begann somit die Regierung mit einigen Irritationen für die Bündnispartner. Sehr schnell musste die Regierung jedoch erkennen, dass das institutionelle internationale Umfeld Alleingänge nicht ermöglichte: Deutschland blieb ein verlässlicher NATO-Partner und engagierte sich im Kosovokrieg. Mit ihrer Forderung nach einer Herabsetzung des deutschen Anteils am EU-Haushalt konnte sich die deutsche Regierung mittelfristig in begrenztem Umfang durchsetzen. Außen- und militärpolitische Aktionen der neuen Bundesregierung bezogen sich vor allem auf die Krisenregionen des Balkans, des Nahen Ostens und Zentralasiens. Schröders anfängliche Betonung des Nationalen blieb weitgehend Rhetorik, symbolische Politik.

3.9.2 Die Herausforderungen zu Regierungsantritt

Bereits bei der Regierungsübernahme hatte sich abgezeichnet, dass der Konflikt im Kosovo eine der zentralen Herausforderungen der deutschen Außenpolitik darstellen würde.

Am 16. Oktober 1998 hatte der Bundestag noch in seiner alten Zusammensetzung in namentlicher Abstimmung einem möglichen Militäreinsatz der NATO unter Beteiligung der Bundeswehr gegen die Bundesrepublik Jugoslawien zur Abwehr einer humanitären Katastrophe zugestimmt. Dieser Linie außen- und militärpolitischen Engagements folgte die neue Bundesregierung, was die Koalition und Bündnis 90/Die Grünen während der gesamten Legislaturperiode vor Zerreißproben stellte.

Nachdem die Kosovo-Konferenz im Februar 1999 auf Schloss Rambouillet trotz verstärkter Interventionsdrohungen zu keinem greifbaren Ergebnis gekommen war, billigte der Bundestag am 25. Februar die Entsendung eines unter NATO-Kommando stehenden Kontingents von bis zu 6000 Soldaten. Der nach der Fortsetzung der Verhandlungen im März formulierte Vertragsentwurf wurde jedoch von der Bundesrepublik Jugoslawien abgelehnt, und am 24. März begannen erste NATO-Bombenangriffe auf Jugoslawien, an denen sich die Bundeswehr mit

ECR-Tornados beteiligte. Damit standen zum ersten Mal seit 1945 deutsche Soldaten direkt im Kampfeinsatz. Am 10. Juni endeten die Luftangriffe auf Jugoslawien. Am folgenden Tag entschied sich der Bundestag auf Grundlage der Resolution 1244 des UN-Sicherheitsrates für die Entsendung deutscher Truppen im Rahmen des KFOR-Einsatzes mit einem deutschen Kontingent von bis zu 8 000 Soldaten.

Übersicht 6: Bundeswehreinsätze im Rahmen humanitärer Hilfe und multilateraler militärischer Einsätze

Humanitäre und zivilgesellschaftliche Hilfe	
seit 1960	Erdbeben, Vulkanausbrüche, Hochwasser, Brandkatastrophen, Dürrekatastrophen, Medizinische Hilfe, Explosionsunglück, Nahrungsmittelknappheit, Hungersnöte, Überwachung von Wahlen (Namibia, Kambodscha) und des Embargos (Adria), Versorgungsflüge (Bosnien-Herzegowina), Infrastruktur (Somalia)
Militäreinsätze	
1991-1996	Irak: UNSCOM, Medizinische Evakuierung, Lufttransporte, 37 deutsche Soldaten
1993/94	Somalia: UNOSOM II, Luftbrücke, Hilfsflüge
Juli-Dez. 1994	Ruanda: UNAMIR, Luftbrücke, Versorgung von Flüchtlingen
1994-2009	Georgien: United Nations- Observer Mission in Georgia, UNOMIG; 12 deutsche Soldaten, Russland legt 2009 Veto gegen Fortsetzung der Mission im UN-Sicherheitsrat ein
1995-2004	Bosnien: Aufklärung, Minenabwehr, IFOR (Implementation Force – NATO), später SFOR (Stabilisation Force)
März-Juni 1999	Ehemaliges Jugoslawien: ‚Tornado' Flugzeugeinsatz mit 6000 Mann, erster Kampfeinsatz der Bundeswehr im Rahmen der NATO
seit Juni 1999	Kosovo: Einsatz der NATO-Sicherheitstruppe Kosovo Force – KFOR; bis zu 1 850 deutsche Soldaten im Einsatz
November 2001	Operation ENDURING FREEDOM zur Bekämpfung des internationalen Terrorismus, u.a. in Afghanistan und am Horn von Afrika; zwischenzeitlich bis zu 1 400 deutsche Soldaten
seit November 2001	Operation ACTIVE ENDEAVOUR zum Schutz des Mittelmeerraums vor Terrorismus unter Beteiligung der deutschen Marine
seit Jan. 2002	Afghanistan: ISAF Unterstützung der afghanischen Regierung bei Einhaltung der Menschenrechte, Herstellung der inneren Sicherheit, Ausbildung der Sicherheitskräfte, bis zu 4 900 deutsche Soldaten

2002-2003	Mazedonien: Operation AMBER FOX, Schutz der internationalen Beobachter
2002-2003	Kuwait: Schutz der Bevölkerung und Einsatzkräfte, ca. 250 ABC-Abwehr-Soldaten; 6 ABC-Spürpanzer „Fuchs"
März-Dez. 2003	Mazedonien: Operation CONCORDIA (EU), 40 deutsche Soldaten gewährleisteten Sicherheit der internationalen Beobachter
Juni-Sept. 2003	Kongo/Uganda: Operation ARTEMIS, Versorgung der Truppen, 100 deutsche Soldaten
seit Dez. 2004	Bosnien und Herzegowina: EUFOR Operation ALTHEA, bis zu 2400 deutsche Soldaten
März 2005-Juli 2011	Sudan: UNIMIS zur Absicherung des Friedensabkommens im Südsudan (bis zu 75 Soldaten)
Juli-Nov. 2006	EUFOR RD Kongo: Wahlüberwachung, 780 deutsche Soldaten
seit Sept. 2006	Libanon: Deutsche Marine Libanon-Küstenüberwachung im Rahmen UNIFIL; bis zu 300 deutsche Soldaten
seit Juli 2007	Sudan: UNAMID-Friedensmission in der Krisenregion Darfur
seit Dez. 2008	Somalia: EU-geführte Operation ATALANTA; Sicherung des privaten Schiffsverkehrs; Bekämpfung der Piraterie, bis zu 1400 deutsche Soldaten
seit Juli 2011	Sudan: UNIMISS zum Schutz des neuen Staates Republik Südsudan

Übersicht 7: Innenpolitische Weichen und außenpolitische Konfliktdeeskalation

März 1993	Bundeskabinett: Einsatz von AWACS-Flügen zur Überwachung des Flugverbots über Bosnien
Juli 1993	Bundestag: Einsatz der Bundeswehr in Somalia, UNOSOM II bis 1994
Juli 1994	Bundesverfassungsgerichtsentscheid: Einsatz der Bundeswehr außerhalb des NATO-Gebiets (out of area) laut Grundgesetz rechtens
Juli 1994	Bundestag: Einsatz zur Durchsetzung des UN-Embargos in der Adria gegen Rest-Jugoslawien
Dez. 1996	Bundestag: Bosnien-Einsatz Beteiligung an IFOR-Mission, 4000 Mann
Dez. 1997	Bundestag: Entsendung von 3000 Mann zur SFOR-Friedenstruppe Mazedonien
Okt. 1998	Bundestag stimmt Beteiligung an NATO-Einsatz ALLIED FORCE gegen Jugoslawien zu
Feb. 1999	Kosovo-Konferenz in Rambouillet ohne Ergebnis

Juni 1999	Bundestag: Entsendung eines deutschen Kontingents in den Kosovo mit bis zu 6000 Mann unter NATO Kommando, erster militärischer Einsatz der Bundeswehr
Juni 1999	Köln: Internationale Balkankonferenz, Stabilitätspakt für Südosteuropa
Juni 1999	Bundestag stimmt KFOR-Einsatz zu
Aug. 2001	Bundestag: ESSENTIAL HARVEST-Beteiligung in Mazedonien im Rahmen der NATO
Nov. 2001	Bundestag: Deutsche Soldaten im Rahmen der Afghanistan-Schutztruppe ISAF, 1 400 Mann, Schröder verbindet die Abstimmung mit der Vertrauensfrage
Nov. 2001	Bundestag beschließt Einsatz von dt. Soldaten im Rahmen von ENDURING FREEDOM
Dez. 2001	Petersberg bei Bonn: Afghanistankonferenz mit Deutschland & UNO, Bundestag erteilt Mandat für ISAF
Nov. 2004	Bundestag: Bundeswehrbeteiligung an der Operation ALTHEA in Bosnien-Herzegowina
März 2005	Der Bundestag regelt im Parlamentsbeteiligungsgesetz seine Mitbestimmungsrechte bei Auslandseinsätzen der Bundeswehr; der Parlamentsvorbehalt wird damit bekräftigt
Sept. 2006	Bundestag: Beteiligung deutscher Streitkräfte an der United Nations-Interim-Force in Lebanon (UNIFIL I); Bundestag stimmt im Sept. 2008 der Verlängerung des UNIFIL-Mandates zu
Dez. 2008	Bundestag stimmt Bundeswehrbeteiligung an der EU-geführten Operation in Somalia zu
Sept. 2011	Bundestag mandatiert die Beteiligung der Bundeswehr an UNIMISS im Sudan

Seit November 1998 waren deutsche Soldaten auch in Mazedonien stationiert, zunächst zum Schutz der OSZE-Beobachter. Mit den Stimmen der Unionsparteien und der FDP, aber ohne eigene Regierungsmehrheit, beschloss der Bundestag am 29.8.2001 die Beteiligung der Bundeswehr an der auf vier Wochen befristeten NATO-Operation *„Essential Harvest"*. Seit dem Herbst 1999 nimmt die Bundeswehr zudem an der nachfolgenden Operation „Amber Fox" teil.

Die Attentate des 11. September 2001 stellen eine gravierende Änderung der außenpolitischen Sicherheitslage dar; islamistisch-fundamentalistische Terroristen verübten an diesem Tag mehrere Terroranschläge in den USA, bei denen sie das World Trade Center in New York und Teile des Pentagon in Washington mit Passagierflugzeugen zerstörten. In der Folge erklärte die NATO das erste Mal in ihrer Geschichte den Bündnisfall. Am 11.10.2001 kündigte Bundeskanzler Schröder, der den Vereinigten Staaten bereits unmittelbar nach den Attentaten „uneingeschränkte Solidarität“ zugesichert hatte, einen neuen Abschnitt der deutschen Außenpolitik an, der eine „neue Verantwortung“ mit militärischer Beteiligung erfordere. Bündnis 90/Die Grünen waren in der Frage eines möglichen Einsatzes der Bundeswehr im „Krieg gegen den Terror“ jedoch gespalten. Eine deutsche Beteiligung an der Operation *„Enduring Freedom“* wurde vom Bundestag am 16.11. beschlossen. Bundeskanzler Schröder koppelte die Abstimmung hierzu mit der Vertrauensfrage und erhielt die Unterstützung der Koalitionsfraktionen.

Vom 27. November bis zum 5. Dezember 2001 fand auf dem *Petersberg* bei Bonn die UN-Konferenz zu Afghanistan statt, auf der eine Einigung über die Mitglieder der Übergangsregierung und über den Weg zur künftigen Regierungsbildung erzielt wurde. Auf der Grundlage der UN-Resolution 1386 beschloss das Bundeskabinett am 21.12.2001, 1 200 Soldaten für die internationale Afghanistan-Schutztruppe (ISAF) bereitzustellen. Das Mandat wurde am 14.6.2002 bis zum Dezember 2002 verlängert und das Kontingent auf 1 400 Soldaten erhöht.

Deutschland übernahm im Januar 1999 die EU-Ratspräsidentschaft und den Vorsitz in der G7. Auf dem Berliner Sondergipfel im März desselben Jahres wurde die Agenda 2000 der EU mit der Festlegung des Finanzrahmens der Union bis 2006 verabschiedet und dabei eine Verbesserung der Nettozahlerposition der Bundesrepublik erreicht. Am 12. Mai 2000 hielt Joschka Fischer an der Humboldt-Universität die als ‚privat‘ deklarierte Grundsatzrede zur Zukunft der Europäischen Union, in der er eine Verfassung mit föderaler Ausrichtung skizzierte und eine Debatte um die Finalität der EU auslöste.

Die Staats- und Regierungschefs der 15 Mitgliedstaaten der EU kamen vom 7.-10.12.2000 in Nizza zum Europäischen Rat zusammen. Thema des Gipfels war die Reform der EU um damit die Voraussetzungen für die geplante Osterweiterung zu schaffen. Somit stand der Gipfel ganz im Zeichen der folgenden Schwerpunkte: Ausweitung der qualifizierten Mehrheit, Neugewichtung der Stimmen im Rat, Größe und Zusammensetzung der Kommission sowie Reform der Regeln zur verstärkten Zusammenarbeit. Auch die Charta der Grundrechte wurde in Nizza verabschiedet.

Die Außenminister der 15 EU-Staaten unterzeichneten am 26.2.2001 in Nizza den Grundlagenvertrag über die Erweiterung der Union um mittel- und osteuropäische Bewerberstaaten. Als Zielvorgaben werden in der Schlusserklärung auch auf deutsche Initiative hin größere Bürgernähe, mehr Transparenz und eine bessere Legitimierung der Union genannt.

Bei der Entwicklungshilfe hatte sich die rot-grüne Koalition in der Koalitionsvereinbarung vorgenommen, „die Solidarität mit den Ländern des Südens [zu] stärken und weltweit eine nachhaltige Entwicklung zu fördern." Es zeigte sich, dass zumindest hinsichtlich der finanziellen Leistungen Unterschiede zu den Vorgängerregierungen nicht zu erkennen sind. Die öffentliche Entwicklungshilfe hat sich weder drastisch erhöht, noch sind die Ausgaben signifikant geringer geworden. Es bleibt die Ankündigung von Anfang 2002, den Anteil für die Entwicklungszusammenarbeit bis zum Jahr 2006 auf 0,33 Prozent des BSP zu steigern; diese Zielvorgaben wurden 2005/06 mit 0,36 % übertroffen.

Seit Gründung der Bundesrepublik hat die Diskussion um das Verhältnis Deutschlands zu Israel nicht aufgehört. Stand zunächst die Wiedergutmachung im Vordergrund, so bestimmte nach dem Sechs-Tage-Krieg 1967 das Verhältnis zwischen Israel und den arabischen Staaten die politische Agenda. Die deutsche Politik gegenüber dem Nahostkonflikt richtet sich nach wie vor nach den *UN-Resolutionen 242 und 338* (denen weitere nachfolgten), die den Rückzug aus den besetzen Gebieten und die Anerkennung des Staates Israel fordern. Diese nach beiden Seiten ausgewogene Politik hat auch die rot-grüne Regierung verfolgt. Zwar sind Deutschland oder die Europäische Union keine Hauptakteure in dieser Region, doch haben die zahlreichen Reisen und die Pendeldiplomatie des Außenministers sowie seine Ideenskizze zu einem Stufenplan vom Mai 2002 den Friedensprozess in Gang zu halten versucht und in einem Fall vorübergehend zu einer Waffenruhe beigetragen. Mit Zahlungen an die Palästinensische Autonomiebehörde versucht die EU (mit 25 % Beteiligung Deutschlands), die palästinensischen Gebiete entwicklungspolitisch zu unterstützen. Die wirtschaftlichen Beziehungen zu Israel sind seit längerem eng. Die Bundesrepublik ist nach den USA der zweitwichtigste Handelspartner. Mit Äußerungen des FDP-Politikers Jürgen Möllemann zur aggressiven israelischen Politik durch Scharon wurde in Deutschland eine Debatte ausgelöst, die bis zum Antisemitismus-Vorwurf führte. Die rot-grüne Regierung ging auf Distanz, was ihr umso leichter fiel, als die FDP der wahlstrategische Gegner war. In der Auseinandersetzung wurde mit moralischen Argumenten Wahlkampf betrieben.

Von besonderer Bedeutung ist seit jeher die Regierungspolitik gegenüber den beiden (ehemaligen) europäischen Flügelmächten USA und Russland.

In den ersten Jahren der Schröder-Fischer-Regierung hat es kaum Störungen im Verhältnis zur Supermacht USA gegeben. Gemeinsam sind im Rahmen der NATO die Interventionen auf dem Balkan geführt worden, und die Bundesregierung stand bei der Bekämpfung des Terrorismus uneingeschränkt hinter den USA. Irritationen sind erst während des Wahlkampfs im Herbst 2002 eingetreten, als Schröder sein absolutes Nein zu Militäreinsätzen gegen den Irak bekundete. Die Administration George W. Bushs hatte angekündigt, notfalls auch ohne UN-Mandat gegen die Regierung im Irak vorzugehen. Die Zulassung von Inspektoren der UN ohne genau spezifizierte Bedingungen genüge nicht. Hierzu und auch für den Fall einer UN-Militäraktion sagte die Regierung unter Schröder nein, während der Herausforderer Stoiber einen Militäreinsatz zunächst unter bestimmten Bedingungen nicht ausschließen wollte. Dadurch ist das Verhältnis zu den USA erheblich gestört worden. Schröder nahm (auch oder vor allem) aus wahlkampftaktischen Gründen eine Spaltung der Verbündeten in Kauf.

In Bezug auf Russland hat die rot-grüne Regierung eine Brückenfunktion eingenommen. Russland sollte nicht isoliert und in die westlichen Bündnissysteme einbezogen werden. Dies ist auch geschehen: Russland wurde Teil der G7 (und damit G8), zur NATO ist ein Sonderverhältnis beschlossen worden und mit der EU sind Verhandlungen über die Enklave Königsberg geführt worden.

Seit der Vereinigung ist die Rolle Deutschlands in den Vereinten Nationen gewachsen. Die „Maxime des selbstverpflichtenden kooperativen Multilateralismus“ (Knapp 2002, 18) wurde fortgeführt. Die deutsche militärische Beteiligung an über 20 Friedensoperationen und die Unterstützung vielfältiger Aktionsprogramme im Wirtschafts- und Sozialbereich deuten auf Kontinuität über Parteischranken hinweg. Die rot-grüne Regierung war diesem Multilateralismus ebenso verpflichtet wie die Vorgänger- und Nachfolgeregierungen. Im militärischen Bereich wirkt die Absicherung durch ein UN-Mandat legitimationsstiftend. Sie wurde daher immer gesucht und mit einer Ausnahme (Kosovo) auch gefunden.

Multilateralismus hat die bundesdeutsche Außenpolitik auch im Bereich des Umweltschutzes gezeigt: Am 22. März 2002 machte der Bundestag mit den Stimmen aller Parteien den Weg zur Ratifizierung des *Kyoto-Protokolls* zum Klimaschutz frei. Damit hat Deutschland das Abkommen zum Abbau der schädlichen Treibhausgase als eines der ersten Länder in der EU ratifiziert.

3.9.3 Exkurs: Militarisierung der Außenpolitik? Das Paradigma der ‚Zivilmacht'

Da Deutschland sich an militärischen Operationen beteiligt hat, stellt sich die Frage nach der Zivilgesellschaftlichkeit deutscher Außenpolitik. „Zivilmacht" zu sein war nicht die einzige Etikette. Andere wie „sanfte Macht", „Primat des Zivilen", „Handelsstaat", „eingebundener Handelsstaat", „Zentralmacht in Europa", „Großmacht Deutschland", „ziviler Handelsstaat", „Motor der europäischen Integration", „loyaler transatlantischer Partner", „partner in leadership", „Vermittler zwischen West und Ost" sind ebenfalls genannt worden. Der Bundesrepublik wurde beides attestiert, Machtvergessenheit und Machtversessenheit. All diese Bezeichnungen erfassen nur einen Ausschnitt aus der außenpolitischen Realität, betonen jeweils für wichtig erachtete Merkmale, die in der Zeit gelagert, sich verändern können. Am meisten in Umlauf gebracht wurde der Begriff des zivilen Handelsstaats.

Zivile Macht soll nach Hanns Maull (1993; 1997; 2007) eine Politik genannt werden, die multilateraler Kooperation den Vorzug gibt vor nationaler Machtpolitik und Unilateralismus, die sich für Regime- und Institutionenbildung sowie für supranationale Integration einsetzt, die ‚zivilisierte', auf Verrechtlichung setzende internationale Beziehungen betreibt durch Begrenzung des Einsatzes militärischer Mittel (Reserveinstrument), die gewaltarme Konfliktlösungen sucht, die Rechtsregeln fördert, Menschenrechte verteidigt und die sich für demokratische Werte einsetzt. Die Mittel hierfür sind in der Agenda für den Frieden von Boutros Boutros-Ghali angesprochen: Friedenserhaltung, Konfliktprävention und Friedenskonsolidierung.

Das Zivilmachtkonzept, zunächst für Innerstaatlichkeit konzipiert, kann in seinen Anfängen aus der „Theorie der Zivilmacht" von Norbert Elias (1976) hergeleitet werden und wurde von Dieter Senghaas (2004) in ein so genanntes zivilisatorisches Hexagon übergeleitet. Dabei spielen Rechtsstaatlichkeit, Gewaltmonopol, demokratische Partizipation, Interdependenz, soziale Gerechtigkeit und demokratische Konfliktkultur eine wichtige Rolle. Kirste und Maull (1996) haben versucht, Grundprinzipien und Handlungsmaximen zu definieren, die Kollektivmaßnahmen, Verrechtlichung, multilaterale Kooperation, globale Gerechtigkeit, Schaffung von Kontrollinstitutionen sowie Kriterien für militärische Gewaltanwendung vorsehen (vgl. auch Harnisch/Maull 2001).

In der Politikanlage wurde die verhandelte bi- und multilateral abgestimmte Außenpolitik fortgesetzt. Der Streit über die einzusetzenden Mittel ist müßig, wenn man diese auf unterschiedliche politische Lagen bezieht. Aus verhandlungstheoretischen wie praktischen Ansätzen wissen wir, dass die Symmetrie von Ziel und Mittel angemessene und Erfolg versprechende Strategien sind, und das heißt, dass in kriegerischen Auseinandersetzungen nur militärisches Drohpotential Aussicht auf Beendigung der Feindseligkeiten hat. Die westliche Integrationspolitik erfordert Instrumente der klassischen bi- und multilateralen Verhandlungsstrategie; zur Bewältigung von Konflikten – zumal kriegerischen Auseinandersetzungen – sind u.a. auch militärische Mittel erforderlich, die dem Arsenal des realistischen Ansatzes zugehören. Beide Politikansätze schließen sich nicht gegenseitig aus, komplementieren sich vielmehr in Bezug auf die Bewältigung unterschiedlich gelagerter Intensitätsstufen des Konflikts.

In diesem Sinne war die deutsche Beteiligung am militärischen Einsatz gegen Jugoslawien und seinen diktatorischen Machthaber Milosevic ein Einsatz für Demokratie und für Menschenrechte, die Organisation der UN-Konferenz auf dem Petersberg zu Afghanistan Friedenskonsolidierung, der Mazedonien-Einsatz sowohl Prävention als auch Konsolidierung, der Balkan-Stabilitätspakt eine friedenskonsolidierende Maßnahme.

Der Begriff der „Zivilmacht“ weist auf die Tatsache hin, dass der Militärhaushalt der Bundesrepublik prozentual heruntergefahren wurde und – verglichen mit anderen westlichen Ländern – sehr niedrig lag. Die *Militärausgaben* lagen noch 1970 bei 3,4 % des Sozialprodukts und ihr Anteil ist bis 2006 auf 1,5 %

vermindert worden. Auch in den achtziger Jahren haben die Militärausgaben die 5 %-Marke nie überschritten. Im Vergleich dazu ist der Anteil der *Sozialausgaben* am Bruttosozialprodukt von 18,4 % 1949 auf 34,1 % 1999 gestiegen und betrug 2004 22,3 %. Die Bundesrepublik war in der Vergangenheit des Kalten Kriegs in puncto militärischer Sicherheit eher ein „Trittbrettfahrer" vor allem der US-Amerikaner.

Hat sich durch das militärische Engagement Deutschlands das Image der Zivilmacht geändert? Hat eine Militarisierung der Außenpolitik stattgefunden? Die Antwort hängt davon ab, wie Militarisierung definiert wird und was unter einer Zivilmacht zu verstehen ist. Die Befürworter des Zivilmachtkonzepts betonen, dass es sich dabei um einen Idealtypus handelt und von vornherein militärische Mittel nicht ausgeschlossen wurden. Auch wenn man die militärischen Sicherheitsherausforderungen im Sinne der Verteidigung des Zivilmachtskonzepts interpretiert können die out of area-Einsätze dem Konzept zugerechnet werden, auch wenn sie eine neue Qualität in der deutschen Außenpolitik darstellt. Somit kann das Konzept – wenn auch modifiziert – beibehalten werden.

Wie können die vorherrschenden Kontinuitäten, aber auch die z.T. vorgenommenen Wechsel erklärt werden? Die möglichen Erklärungsfaktoren sind unterschiedlichen Bereichen zuzuordnen: dem (inner-)parteilichen Bereich, dem Akteurs-Bereich individueller Wirksamkeit und generationsspezifischer Lagerung, dem institutionellen Bereich des Regierungsapparats sowie dem Verhältnis des nationalen zum internationalen Umfeld.

Zum innerparteilichen Verhältnis zwischen Parteiführung und Parteivolk kann man von einem sukzessiven Anpassungsvorgang sprechen. In beiden Parteien setzte im Verhältnis Parteiführung und Parteibasis ein schmerzhafter Lernprozess ein; in beiden Fällen gelang es den Parteiführern mit dem Einsatz ‚letzter' Mittel – im Falle der Grünen durch Drohung mit dem Aus für die grüne Regierungsbeteiligung und im Falle der SPD mit dem Stellen der Vertrauensfrage – die jeweiligen Parteimitglieder hinter sich zu bekommen. Zur Frage „Do parties matter?“ kann für die erste Regierungszeit gesagt werden, dass die Parteien, vor allem die Grünen, in sukzessiver Annäherung an Apparat- und Umweltzwänge zumindest im außenpolitischen Bereich (weniger im innenpolitischen, wie der Atomausstieg lehrt) vom Pazifismus Abstand genommen haben. Nachdem die Grünen noch im März 1998 den Rückzug der Friedensmission aus Bosnien-Herzegowina gefordert hatten, lehnten sie auf der außerordentlichen Bundesdelegiertenkonferenz am 13./14. Mai 1999 zur deutschen Beteiligung an der NATO-Luftoffensive gegen die Bundesrepublik Jugoslawien den Antrag zur sofortigen Einstellung der Militäroperationen ab. Durch die Annahme eines Kompromissantrags des Bundesvorstandes, der eine befristete Feuerpause vorsah um diplomatischen Friedensbemühungen Raum zu lassen, vermied der Parteitag einen Bruch der rot-grünen Regierungskoalition. Auch die nachfolgenden Abstimmungen im Bundestag zu Militäreinsätzen fanden die Zustimmung der Mehrheit der grünen Abgeordneten.

3.9.4 Sozialpsychologische und generationsspezifische Erklärungen

Zur Erklärung individuellen Verhaltens bieten sich sozialpsychologische, soziologische und regionale Erklärungsansätze an. Das Webersche Konzept der charismatischen Führerschaft ist auf viele Politiker und Nicht-Politiker angewandt worden. Reduziert auf den Kern soll der Begriff zum Ausdruck bringen, dass von einer einzelnen Person Wirkungen ausgehen können, die das Umfeld verändern. In diesem Sinne hat Joschka Fischer, ohne Amtscharisma zu besitzen, vor allem durch überzeugendes Reden und eindrucksvolles Argumentieren die Partei der Grünen auf seinen Kurs gebracht. Die Wirkung auch auf die Bevölkerung kann an seinen konstant hohen Beliebtheitswerten abgelesen werden. Auch die positiven Umfragewerte für Schröder, der in Umfragen der beliebteste Politiker war und später nur durch seinen Vize abgelöst wurde, sprechen für persönliche Wirksamkeit, für Zuspruch und Sympathie. Allerdings besitzt Schröder im Vergleich zu seinem Vorgänger im Kanzleramt, Helmut Kohl, nicht die Gabe der persönlichen Vereinnahmung. Ein auch persönlich gefärbtes Verhältnis zu den führenden Politikern scheint bei dem unterkühlten Niedersachsen nicht sehr ausgeprägt.

Die Koalitionsvereinbarung stand unter dem Motto „Aufbruch und Erneuerung, Deutschlands Weg ins 21. Jahrhundert". Ist dieser Erneuerungsanspruch von einer neuen und jüngeren Generation deutscher Politiker erhoben worden und lässt sich im Sozialprofil des an die Macht gekommenen politischen Personals nachvollziehen?

Im Altersprofil des rot-grünen Bundeskabinetts sind das Neue und das Andere zunächst nicht nachvollziehbar. Im Altersdurchschnitt unterscheiden sich das letzte Kabinett der Kohl- und der Schröderregierung kaum voneinander (vgl. Tabelle 4). Unterschiede ergeben sich allerdings hinsichtlich der sozialen und beruflichen Zusammensetzung: In den Schröder-Kabinetten sind mehr Frauen, weniger Juristen und mehr Lehrer vertreten. Das Bild ändert sich, wenn man die politische Sozialisation der Kabinettsmitglieder und ihre individuellen Lebensläufe analysiert. Hier zeigen sich markante und ins Auge fallende Unterschiede, die die Aussage rechtfertigen, dass die rot-grüne Bundesregierung von einer anderen Generation, ja Gegenelite gestellt wurde.

In der *Generationenabfolge* hat die erste Generation die NS-Zeit, ihr Ende und die Folgen erlebt; die zweite Generation wurde in die beiden ersten Dekaden der Bundesrepublik hinein sozialisiert, bewertet die Bundesrepublik systemimmanent und identifiziert sich mit ihr. Eine größere Distanz zur geschaffenen politischen Ordnung und ihren Wertpostulaten zeigt die dritte Generation, die ihre prägenden Einflüsse während der Studentenrevolte, vor und nach 1968, erhalten hat. Die nachfolgende vierte Generation kann als entideologisiert, postmateriell und auf ökologische Werte fixiert bezeichnet werden. Schließlich kann in Fortsetzung dieser von einer fünften Generation gesprochen werden, die die Wiedervereinigung erlebt hat.

Tabelle 4: Sozialisation der Kabinettsmitglieder* der Kabinette Kohl und Schröder

Soziale Zusammensetzung	Kohl (1998)	Schröder (2002)	Merkel (2009)
Anzahl Kabinettsmitglieder	17	15	16
Durchschnittsalter	55	56	49,7
Jüngstes/ältestes Mitglied	32/68	47/70	32/67
Anteil Frauen	2 (11,7%)	5 (35,7 %)	6 (37,5%)
Anteil Juristen	8 (47,1%)	3 (21,4%)	7 (43,7%)
Anteil Lehrer			
Anteil Wirtschaft			
Sonstige[a]	1 (5,9%)	4 (28,6%)	–
	4 (25,0 %)	5 (31,2 %)	
Historische Sozialisationsperioden			
1. Generation: NS bis 1945/50	1 (5,9%)	1 (6,6%)	–
2. Generation: Bundesrepublikanisch, Adenauer, Erhard	12 (70,6%)	5 (33,3%)	2 (12%)
3. Generation: 68er, Anfang der 70er, Brandt, Schmidt	3 (17,7%)	9 (60,1%)	3 (18,7%)
4. Generation: „Kohl-Wende“	1 (5,9)	0 (0%)	11 (68,7%)

* Ohne Staatsminister, mit Bundeskanzler
a) Medizin (2), Theologie (1), Naturwissenschaften (2)

Quelle: Amtliches Handbuch des deutschen Bundestages (13. und 14. Wahlperiode), aktuelle Zeitungsinformation.

Tabelle 4 zeigt einen Schwerpunkt der zeitlichen Lagerung bei den Kohl-Regierungen in den ersten Dekaden bundesrepublikanischer Existenz, während eine Verdichtung der 68er-Generation bei den Mitgliedern des Schröderkabinetts zu beobachten ist. Einige der prominentesten Regierungsmitglieder, etwa Schröder, Fischer oder Trittin, haben ihre politischen Erfahrungen zur

APO-Zeit und in der 68er-Bewegung gemacht. Gerhard Schröder, früher Juso-Vorsitzender, eroberte das Kanzleramt mit machtpolitischem Instinkt, der soziale Aufstieg Fischers von der linksradikalen Spontigruppe „Revolutionärer Kampf“ zum Turnschuhpolitiker der hessischen Regierung und schließlich zum Außenminister der Bundesrepublik zeigen Wandlungs- und Anpassungsfähigkeiten ohne langfristig kontinuierliches berufliches Leben; Jürgen Trittin, früher Anführer einer kommunistischen K-Gruppe wurde Umweltminister, der einstige Terroristenanwalt Otto Schily wurde Innenminister, die ehemalige Juso-Vorsitzende „rote Heidi“ Heidemarie Wieczorek-Zeul Entwicklungshilfeministerin. Diese neue Generation kann im Verständnis der Elitentheorie als Gegenelite bezeichnet werden mit anti-amerikanischen Akzenten (Vietnam), Pazifismusneigungen und Dritte-Welt-Orientierungen. Trotz der anfänglichen Suche nach einem Neuanfang bleibt ein beträchtlicher Teil von Mitgliedern des Schröderkabinetts auch noch den Vorgängergenerationen verhaftet. Dem entspricht für die Programmatik wie für das Handeln der Anspruch auf Wandel und Kontinuität gleichermaßen. Die Merkel-Kabinette sind schließlich von einer jüngeren, z.T. durch die Vereinigung beeinflussten Generation geprägt.

Die aufgezeigten unterschiedlichen Positionen der Koalitionsrepräsentanten zu Europa lassen sich auch *regionalpolitisch* festmachen. Der Niedersachse Gerhard Schröder ließ zumindest in der Anfangszeit, merklich auch später, ein ‚nördliches‘ europäisches Profil erkennen mit Annäherungsversuchen an britische Europavorstellungen (EU-Beiträge, Sozialcharta, nationale Interessen); der hessische ‚Westler‘ Joschka Fischer erklärte die europäische Integration zum nationalen deutschen Interesse und plädierte in seiner „privaten“ Rede an der Humboldt-Universität für mehr Integration und verstärkte Zusammenarbeit. Für die Europäische Union hieß das mehr Intergouvernementalismus bei Schröder, mehr Vergemeinschaftung bei Fischer.

Die *institutionelle Einbindung* der Bundesrepublik sowohl in das europäische Integrationssystem als auch in die westlichen

Bündnissysteme lassen das Beharrungsvermögen der Apparate zur Wirkung kommen und verstärken die Kontinuitäten. „Kontinuität“, so formulierte der Staatsminister im Auswärtigen Amt, sei zunächst das Schlüsselwort der deutschen Außenpolitik gewesen „und dies aus gutem Grund, denn die Bundesrepublik Deutschland ist in ein dichtes Geflecht internationaler Bezüge und in einen supranationalen Ordnungsrahmen eingebettet, den es bei allem Veränderungswillen als Konstante deutscher Außenpolitik zu pflegen gilt“ (Ludger Volmer in: „Frankfurter Rundschau“ v. 7.1.2002). Der Politik nötigen diese institutionellen Verflechtungen Aushandlungsprozesse ab, die nur in wenigen Fällen Veto-Positionen zulassen. Kompromisse sind typische Verhandlungsergebnisse in solchen integrierten Politiksystemen, die Ausreißerpositionen *à la longue* nicht zulassen.

Auch *innenpolitisch* waren zahlreiche institutionelle ‚Hindernisse‘ zu überwinden. Alle Militäreinsätze mussten durch Bundestagsbeschluss abgesichert werden. Hierzu hat schon die Vorgängerregierung die Weichen gestellt und das Bundesverfassungsgericht seine Auslegung gegeben. Danach sind Einsätze jenseits des eigenen Territoriums möglich, wenn sie durch Bundestagsbeschluss abgedeckt sind (Parlamentsvorbehalt) und im Rahmen der Bündnisse erfolgen.

Nach „Lernen-unter-Stress“-Vorstellungen haben beide Parteien – die Grünen mehr, die SPD weniger – einen Lernprozess durchlaufen, der durch von außen kommende Störgrößen ausgelöst zu innerparteilichen programmatischen Änderungen geführt hat. Ohne einen solchen Lernprozess wäre es zu innenpolitischen Blockaden und zu außenpolitischer Isolation gekommen. Das Verhandlungspotential ist nach der Vereinigung größer geworden. Sowohl Kohl, als auch Schröder haben dies – jeder auf seine Weise – in die Waagschale geworfen.

In den ersten zehn Jahren ihrer vereinigten Existenz hat die Bundesrepublik außergewöhnliche finanzielle Leistungen zu erbringen gehabt: Erstens wurden in den zehn Jahren nach der Vereinigung mehr als 1 000 Milliarden Mark vom westlichen in den östlichen Teil des Landes transferiert. Diese Summe übersteigt absolut wie relativ die Marshallplanhilfe, die die Bundesrepublik in der Nachkriegszeit von den USA erhalten hatte, um ein Vielfaches. Zweitens muss an die Hilfe des Westens an Osteuropa nach dem Zusammenbruch des Sowjetimperiums erinnert werden. Die Leistungen der Bundesrepublik an die Sowjetunion zur Rückführung ihrer Soldaten betrugen allein 12 Milliarden DM. Diese Summe entspricht nach entsprechenden Umrechnungskursen etwa der Marshallplanhilfe (vgl. Pfetsch 1993, 64). Drittens hat die Bundesrepublik eine große Zahl von Asylanten aufgenommen: Waren es in den achtziger Jahren jährlich noch 80 000 Asylanten, so stieg diese Zahl auf 430 000 im Jahre 1992. In wenigen Jahren nahm die Bundesrepublik mehr als eine Million Menschen auf, die von Ost nach West gegangen sind. Viertens ist zu nennen, dass sich die Bundesrepublik mit 10 % an den Kriegskosten des zweiten Golfkriegs beteiligt und in diesem wie in anderen Fällen Scheckbuchdiplomatie praktiziert hat (vgl. Kaiser 2001, 17-19). Diese Belastungen, die z.T. noch bis in die rot-grüne Regierungszeit hineinreichen, sind zu berücksichtigen, wenn der außenpolitische Handlungsspielraum abgesteckt werden soll.

3.9.5 Bewertung nach Anspruch und Wirklichkeit

Politikwechsel war zunächst angezeigt, „doch die Verhältnisse, die sind nicht so“ (Brecht). Parallelen drängen sich auf zwischen dem Regierungsantritt der ersten sozialdemokratisch geführten Bundesregierung unter Willy Brandt und dem rot-grünen Regierungsanfang unter Gerhard Schröder: Beide Regierungen sind angetreten, innenpolitische Reformen durchzuführen. Sie wurden aber von den Umständen gezwungen, außenpolitisch tätig zu werden, mit dem Unterschied allerdings, dass Brandt seine schon in den sechziger Jahren begonnene Ostpolitik fortführen konnte, während die kriegerischen Verhältnisse auf dem Balkan und in Mittelasien Schröder eine nicht gewollte militärische Politik aufgezwungen haben. Beide Regierungen handelten lagegemäß, d.h. Brandt und Scheel nahmen die internationale Entspannung wahr und konnten erfolgreich die neue deutsche Ostpolitik realisieren; Schröder und Fischer reagierten angemessen auf die internationalen militärischen Herausforderungen und setzten erstmals in der neueren deutschen Geschichte das Militär ein, um die kriegerischen Auseinandersetzungen im Kosovo und – präventiv – in Mazedonien sowie in Afghanistan unter Kontrolle zu bekommen. In all diesen Fällen geschah dies durch Bundestagsbeschluss und im Einvernehmen mit den Verbündeten (allen voran den USA) und, mit Ausnahme des Kosovo-Einsatzes, im Verbund mit den Vereinten Nationen.

Außenpolitik wurde somit weniger stark von innenpolitischen Einflüssen bestimmt als von außenpolitischen Zwängen. Die Krisen auf dem Balkan, in Osteuropa und in Zentralasien haben die deutsche Außenpolitik zum Handeln gezwungen. Bestimmend hierfür war die Supermacht USA; gegenüber deren Politik war die der Bundesrepublik oder die der Europäischen Union zweitrangig. In Krisen und kriegerischen Situationen wie denen in Bosnien-Herzegowina, im Kosovo, in Mazedonien, und vor allem in Afghanistan hat nur eine Macht Aussicht auf Erfolg, die über gleichwertige, und das heißt symmetrische Mittel verfügt und diese auch gewillt ist einzusetzen. Hierzu waren weder die UN, noch die EU, noch die OSZE und schon gar nicht ein europäischer Einzelstaat in der Lage. Die Europäische Union ist mit ihrer Gemeinsamen Außen- und Sicherheitspolitik (GASP) noch nicht zu der immer wieder betonten Gemeinsamkeit gekommen, die ein schlagkräftiges Bündnis haben müsste. Auch hier zeigt sich der zivile, auf Ökonomie ausgerichtete Charakter der Europäischen Union und ihrer Mitglieder. Zwar ist die EU der 27 zu einem beachtlichen wirtschaftlichen und personellen Anziehungspunkt geworden. Die demographischen und wirtschaftlichen Messdaten zeigen, dass die EU-27 mit Deutschland als der größten Wirtschaftsmacht eben China und Indien die bevölkerungsreichste Region ist, neben den USA das größte Bruttosozialprodukt aufweist und den größten Anteil am Welthandel besitzt (vgl. Tab. 5). Eine Militärmacht, die über genügend Drohpotenzial verfügt und diese im Ernstfall auch einzusetzen bereit ist, ist die EU in absehbarer Zeit nicht.

Die rot-grüne Bundesregierung hat mit der geschilderten Politik im Grundsatz nicht die von den beiden Basisentscheidungen der deutschen Nachkriegspolitik ausgehenden außenpolitischen Grundlinien, Westintegration und Öffnung nach Osten, verlassen, auch wenn im Vergleich zur Vorgängerregierung neue Akzentsetzungen vorgenommen oder – wie der Staatsminister im Auswärtigen Amt, Ludger Volmer, formulierte – „neue Politikansätze" erprobt wurden.

Der Einsatz der Bundeswehr für *Out-of-area-Einsätze* wurde schon durch die Vorgängerregierungen sowie durch das Bundesverfassungsgerichtsurteil vorbereitet. Der rechtliche und politische Rahmen war damit schon abgesteckt worden; die Problematik bestand, wie geschildert, in der Durchsetzung in den eigenen Parteien.

Tabelle 5: Vergleich wirtschaftlicher Mächte (2010/11)

	Bevölkerung 2011 (in Mio.)	BSP 2010 (Mrd. US $)	Anteil am Welthandel in Prozent 2010	
			Exporte	Importe
Deutschland	82,2	3 281	8,3	6,8
Frankreich	63,1	2 560	3,4	3,9
UK	62,4	2 249	2,7	3,7
EU (27)	501,9	16 235	15,1	16,6
USA	313,1	14 587	8,4	12,7
Russland	142,8	1 480	2,6	1,6
Japan	126,5	5 459	5,1	4,5
China	1 347,6	5 927	10,3	9,0
Indien	1 241,5	1 727	1,4	2,3

Quelle: Statistisches Bundesamt Deutschland (2011); WTO (2010): Trade Profiles – http://stat.wto.org/CountryProfile/WSDBCountryPFReporter.aspx.

In der westlichen Integrations- und Bündnispolitik wurde von Schröder vor allem stärker die ‚nationale Karte' gespielt; dies wurde allerdings in gemischten Botschaften zum Ausdruck gebracht: Einmal war es die Nettozahlerposition in der EU, dann der „deutsche Weg" in der Irakpolitik im Kontrast zur „uneingeschränkten Solidarität" mit den USA im Kampf gegen den Terrorismus.

In der nach Osten gerichteten Kooperationspolitik hat dagegen die Regierung am eingeschlagenen Kurs festgehalten und sowohl die NATO-Erweiterung als auch die EU-Erweiterung gefordert und gefördert. Die Regierung hat dabei auch immer auf die Einbindung Russlands hingewiesen und dessen Sonderverhältnis zur NATO, den G7-Staaten und zur EU unterstützt.

Am Politikstil einer ausgehandelten und verhandelten, multilateral angelegten und durch neuartige Vergemeinschaftungs- und kollektive Entscheidungsprozesse ergänzten Politik (vgl. Pfetsch 1993, 17 ff.) hat sich im Prinzip nichts geändert, auch wenn die als ‚Genscherismus' bezeichnete Shuttlediplomatie nicht so intensiv gepflegt wurde. Die Scheckbuchdiplomatie wurde im Zeichen begrenzter Kassen heruntergefahren. Die Lasten der Vereinigung erforderten Mittel, die anderweitig – z.B. in der Entwicklungspolitik – nicht zur Verfügung standen. Vergrößerte somit einerseits die Vereinigung des Landes den Handlungsspielraum, so begrenzten die hierfür notwendigen Ressourcen den Handlungsspielraum wiederum. Die verhaltenen Reaktionen auf die Aufforderungen nach „größerer Verantwortung" finden vor dem Hintergrund dieser Belastungen und der hinzukommenden Rezession ihre Erklärung.

Dass Deutschland damit noch recht erfolgreich umgegangen ist, wird vor allem von ausländischen Beobachtern attestiert. Schmeichelhaftes Lob kommt von einem britischen Politikwissenschaftler, der schrieb, die Bundesrepublik habe „a successful track record in postwar diplomacy and statecraft. It possesses a skilled and experienced diplomatic corps, which amplifies German influence on European developments“ (Hyde-Price 2000, 113). Der israelische Wissenschaftler Shlomo Avineri ergänzt: „Die gegenwärtige deutsche Außenpolitik beruht ... nach innen auf einer demokratischen Infrastruktur und nach außen auf einer Politik, die ... demokratische[n] und europäische[n] Institutionen und Werte[n] verpflichtet ist. Einen solchen deutschen Staat hat es noch nie zuvor in der modernen Zeit gegeben“ (Avineri 1998, 32). In die Einschätzung fließen aber auch immer wieder Vergangenheitserfahrungen ein, die Zweifel an der Verlässlichkeit des eingeschlagenen Wegs aufkommen lassen. So meint Wolfgang Deckers von der Richmond American International University in London, „Germany is looking for a new international role, but has not found it yet ... German foreign policy is in flux [and] is not on predictable tracks yet“ (Deckers 2001, 15 f.). Von deutscher Seite heißt ein Resumée: „Die Strukturen, in denen sich Deutschlands Politik vollzieht, sind so günstig zu bewerten wie zu keinem Zeitpunkt seit der Herstellung des deutschen Nationalstaates (1871). Die ‚deutsche Frage‘, die die Ordnung des europäischen Staatensystems immer wieder in Frage stellte, ist gelöst, eine Rückkehr zur Großmacht- oder Machtstaatspolitik nicht in Sicht, und der ‚deutsche Sonderweg‘ gehört der Vergangenheit an. Der Handelstaat Deutschland hat seinen Platz im neuen Europa gefunden: auf der Grundlage einer nach über vierzig [sechzig, F.P.] Jahren gefestigten demokratischen Tradition, aus freiwilligem Entschluss eingebunden in die Sicherheitsgemeinschaften des Westens, um die Ausweitung des europäischen Stabilitätsraums nach Osten aktiv bemüht und dem Handeln im Verbund als außenpolitischer Richtschnur folgend. Gemessen an der Vergangenheit ist das nicht wenig“ (Staack 1998, 24).

In die Phase der rot-grünen Regierungszeit fällt das, was ich als die vierte Wegmarke der deutschen Außenpolitik bezeichnet habe und die die gravierenden Veränderungen betreffen, die sich bei der Wahl der außen- und sicherheitspolitischen Mittel gezeigt haben. War in der Anfangsphase der Bundesrepublik Sicherheitspolitik zunächst als nationale Selbstverteidigung definiert worden, so haben die Beitritte zu Militärbündnissen deutsche Sicherheitspolitik zu einer kollektiven werden lassen und war auf das Territorium des jeweiligen Bündnisses (NATO, WEU) begrenzt. Unter Schröder/Fischer haben *out of area -Einsätze* der Bundeswehr stattgefunden, die den Sicherheitsbegriff nicht nur materiell, sondern auch geopolitisch erweitert haben. Dieser tief greifende Wandel der deutschen Außen- und Sicherheitspolitik durch Einsatz der Bundeswehr – erstmals praktiziert im Kosovo 1999 – im Ausland auch jenseits des Territoriums der Bündnissysteme hat zu einer qualitativen Veränderung der deutschen Außen- und Sicherheitspolitik geführt, so dass von einer neuen Wegmarke in der Entwicklung der deutschen Außenpolitik gesprochen werden kann.

3.10 Die Außenpolitik der Zweiten Großen Koalition unter Angela Merkel und Frank-Walter Steinmeier sowie Merkel/Westerwelle (2005-2010)

Die CDU mit Angela Merkel gewann die Bundestagswahl 2005. Außenpolitisch allenfalls mit Erfahrungen in der internationalen Umweltpolitik vertraut kam Merkel als erste Frau und als erste ostdeutsche Politikerin ins Kanzleramt. Da koalitionsarithmetisch weder im konservativen noch im sozialdemokratischen Lager eine kleine Koalition möglich war, bildete die CDU zusammen mit der SPD eine Große Koalition, die zweite in der Geschichte der Bundesrepublik. Außenminister wurde der frühere Kanzleramtschef unter Gerhard Schröder, Frank-Walter Steinmeier. Im Koalitionsvertrag sowie in der Regierungserklärung am 30.11.2005 war Kontinuität in der Außenpolitik das bestimmende Motiv.

> „In der Kontinuität deutscher Außenpolitik lassen wir uns von den Interessen und Werten unseres Landes leiten. Grundlagen deutscher Außenpolitik sind die Beachtung des Völkerrechts und die Einhaltung der Menschenrechte sowie das Bekenntnis zu einem umfassenden Sicherheitsbegriff. Wir werden uns um die Stärkung europäischer Politik in multilateralen Gremien bemühen, die transatlantischen

> Beziehungen fördern und unsere Beziehungen zu unseren Nachbarn, Verbündeten und Partnern mit Ausgewogenheit und Augenmaß gestalten. Seit den großen weltpolitischen Veränderungen nach 1989 hat Deutschland in zunehmendem Maße internationale Verantwortung übernommen und sich weltweit Ansehen erworben."[44]

Das Zivilgesellschaftmodell müsse als „bilateraler Rechtsstaatsdialog, [mit] Maßnahmen zur Stärkung der Zivilgesellschaft und Demokratieförderung im multilateralen Rahmen" gefördert werden.

In diesen Zeilen zu Beginn des Koalitionspapiers kommt das außenpolitische Bekenntnis der Großen Koalition zum Ausdruck: Einforderung von Menschenrechten wo immer dies nötig erscheint, die Stärkung der europäischen Politik, die Betonung des Multilateralismus, die gute Nachbarschaft, das gedeihliche Verhältnis zu den Verbündeten sowie ein nicht nur auf militärischen Mitteln beruhendes außenpolitisches Instrumentarium. Die atlantische Partnerschaft und die europäische Einigung seien keine Gegensätze, sondern die „beiden wichtigsten Pfeiler unserer Außenpolitik."

> „Beide bilden die Grundlage für unsere bilateralen und internationalen Beziehungen, insbesondere für die enge Freundschaft und Zusammenarbeit mit Frankreich, mit Polen und unseren anderen Nachbarn, mit den Vereinigten Staaten von Amerika wie auch für unser Verhältnis zu Russland."

> „Die Bundesregierung ist bereit, auch zukünftig im multinationalen Rahmen Verantwortung zu übernehmen. Sie fördert das transatlantische Verhältnis und gestaltet die Beziehungen zu unseren Nachbarn, Verbündeten und Partnern mit Ausgewogenheit und Augenmaß. Partnerschaftliche Zusammenarbeit und Ausgleich von Interessen prägen die deutsche Außenpolitik."[45]

Das größere internationale Engagement als *global player* hatte sich schon seit den 70er Jahren im Außenwirtschaftsbereich angekündigt und wurde in den neunziger Jahren durch politische und militärische Beteiligungen im Rahmen der verschiedenen Bündnisse komplementiert. Diese angekündigten Vorgaben lassen sich in der Regierungstätigkeit mühelos nachvollziehen. Gegenüber der Vorgängerregierung lassen sich in der Folge einige Modifikationen beobachten; so im transatlantischen Verhältnis, das unter Kanzler Schröder zu Spannungen geführt hat (Irak-Krieg) sowie im Verhältnis zu Russland unter Putin; nicht der „lupenreine Demokrat“ (Schröder) wurde von Merkel hofiert, sondern der mit der Demokratie nach westlicher Auffassung auf Kriegsfuß stehende russische Präsident (Menschenrechte, Pressefreiheit) wurde eher auf Distanz gehalten zu Gunsten des Verhältnisses zum amerikanischen Präsidenten Bush.

In der Regierungserklärung vom 30. November 2005 der „Koalition der neuen Möglichkeiten“ wurden die Aufbruchsappelle der Bundespräsidenten Herzog und Köhler aufgenommen und sogar von den „zweiten Gründerjahren“ gesprochen. Die Herausforderungen seien groß: Terrorismus, Massenvernichtungswaffen, Bürgerkriege und internationale Kriminalität, die Stabilisierung des westlichen Balkans, der Wiederaufbau in Afghanistan, der Nah-Ost-Konflikt und die Armutsbekämpfung vor allem in Afrika. Als im engeren Sinne nationalen Interessen wurden die Forderung nach einem ständigen Sitz im Sicherheitsrat der UNO, sowie die Förderung der deutschen Sprache in Europa entsprechend ihrer Bedeutung genannt. In der Frage der Aufnahme der Türkei in die EU bleibt die Kanzlerin bei der „privilegierten Partnerschaft“.

Die außenpolitischen Prioritäten lassen sich u.a. an der Reihenfolge der Auslandsreisen der Kanzlerin ablesen: Paris, London, Barcelona, Warschau, Brüssel, Wien, Washington, Moskau, Frankreich, Jerusalem; zuerst also das europäische Bündnis, dann die atlantischen und russischen Partnerschaften, schließlich Israel. Im Unterschied zu Kanzler Schröder hat die Kanzlerin vor allem westliche Länder besucht, während bei Schröder Reisen in osteuropäische Länder die Mehrzahl der Visiten ausmacht. Da auch die Länder des Nahen Ostens mit Ausnahme Israels zur G-77 gehören, würde Merkel auf insgesamt 19 Reisen in Dritte-Welt-Länder kommen (vgl. Tab. 6).

Tabelle 6: Offizielle Auslandsbesuche der Bundeskanzler von Kohl bis Merkel 1982-2012

Länder	Kohl (1982-1998)	Schröder (1998-2005)	Merkel (2005-2012)
Frankreich	20	2	28
USA	11	5	14
Großbritannien	9	4	7
Länder Osteuropas	10	36*	43*
Länder der Dritten Welt	15	27**	38**

Quelle: Auswärtiges Amt (Hrsg.): Deutsche Außenpolitik 1990/91. Bonn 1991, S. 401 f.; Kanzleramt (online). http://www.bundeskanzlerin.de.
* inkl. Russland.
** Mitgliedsländer der G-77.

2007 hatte die Bundesregierung zwei wichtige internationale Treffen zu organisieren. In der ersten Hälfte 2007 hatte Deutschland die EU-Ratspräsidentschaft inne mit der wichtigen Aufgabe, den festgefahrenen Verfassungsvertrag auf den Weg zu bringen und zweitens hatte die Bundesregierung den Vorsitz des G-8 Treffens. In beiden Fällen wurde die Verhandlungsführung der Kanzlerin gelobt, hatte sie doch nach heftigem Widerstand seitens Polens, Großbritanniens und Frankreichs den Verfassungsvertrag als Reformvertrag unter Fach und Dach gebracht, der unter Vorsitz der portugiesischen Präsidentschaft feierlich als Lissabon Vertrag und nicht als Verfassungsvertrag verabschiedet wurde. Das G-8 Treffen in Heiligendamm endete mit der Verabschiedung eines Programms für „Globales Wachstum und Stabilität" sowie zum Klimawandel. In diesen internationalen Verhandlungen erwies sich die Kanzlerin als vermittelnde Moderatorin, die versuchte die unterschiedlichen Interessen zum Konsens zu führen. Dabei musste sie allerdings Federn lassen: der Verfassungsvertrag wurde zum „Reformvertrag" umgestaltet und wurde mit einigen wichtigen Änderungen zum ‚Lissabon Vertrag' umgetauft. Von einer europäischen Verfassung war von nun an nicht mehr die Rede. Im Gremium der acht wichtigsten Industriemächte konnten die ursprünglich angepeilten Emissionswerte nicht von allen Beteiligten akzeptiert werden. Nur die EU, Kanada und Japan konnten auf die Halbierung der globalen Emissionswerte bis 2050 festgelegt werden.

3.10.1 Exkurs: Europäisierung und die Rolle Deutschlands

Die europäische Integration hat auf verschiedenen Politikfeldern einen Grad an Dichte der Beziehungen zwischen den EU-Mitgliedsstaaten erfahren, so dass in der wissenschaftlichen Literatur eine Debatte um den Begriff der ‚Europäisierung' entstanden ist (vgl. Featherstone et al. 2003, Sturm 2005, Axt/Milososki 2007, Bafoil/Beichelt 2008, Vink 2008). Dieser Begriff bzw. dieses Konzept wird sehr unterschiedlich verstanden: es kann im weitesten Sinne als Zusammenführung verschiedener Politikfelder zu gemeinsamer Politik im Rahmen der EU verstanden werden; es kann auch die ökonomische Liberalisierung in einem gemeinsamen Markt meinen; in der engeren Fassung – und die gegenwärtige Debatte bestimmend – meint Europäisierung die Übernahme europäischer Regeln durch nationale Verwaltungen. Es ist ein Prozess strukturellen Wandels, der die Akteure, Institutionen, Ideen und Interessen sowohl der Mitgliedsstaaten als auch der Kandidatenländer formt. Im Prozess der Erweiterung wird die Übernahme der Vorgaben der Kopenhagener Kriterien zu Demokratie, Marktwirtschaft und erreichtem Stand der EU zur Voraussetzung für die Mitgliedschaft gemacht. Die Übernahme von Normen, Regeln, Verfahren wie sie im Zuge der Integration entstanden sind, läutet einen Prozess der Europäisierung bisheriger Nicht-Mitglieder ein. In diesem Sinne meint Europäisierung einen von außen angeleiteten Top-down-Effekt der Brüsseler Zentrale hin zu den nationalen Politiksystemen. Dieser kann im Prinzip auch von übergreifenden Globalisierungsprozessen ausgehen. Eine solche Übernahmestrategie blendet allerdings aus, dass die EU-Regeln selbst Ergebnis von komplizierten Verhandlungsprozessen sind, an denen Mitgliedsstaaten aktiv gestaltend beteiligt waren. Ein solcher Bottom-up-Prozess muss also ebenfalls als Teil des Europäisierungsprozesses gesehen werden. Das engere Verständnis des Europäisierungsprozesses, das nur einseitig die nationalen Prozesse und Institutionen betrachtet, die von der Europäischen Union beeinflusst worden sind, geht an der Realität des europäischen Politikprozesses vorbei. In ihrem Europäisierungsmodell bringen Risse/Cowles und Caporaso (2001) diese reversiblen Beziehungen zum Ausdruck (vgl. Graphik 2).

Graphik 2: Modell der Europäisierung

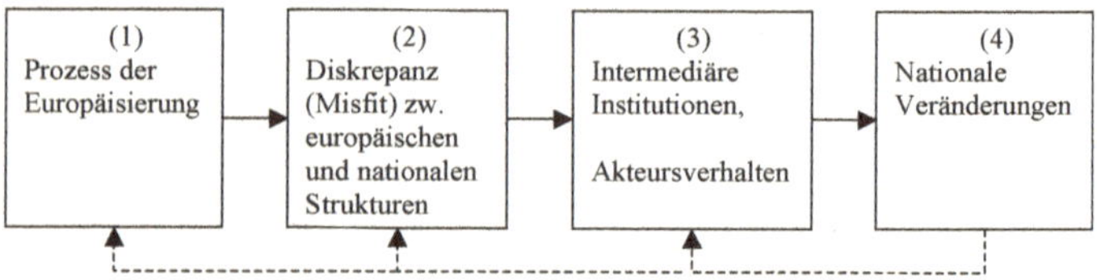

Quelle: Risse/Cowles/Caporaso 2001, 6.

Die einflussreiche Rolle der Bundesrepublik lässt sich bis in die Anfänge zurückverfolgen. Traditionell ist Deutschland eines der stärksten Unterstützerländer des europäischen Einigungsprozesses. Europa war für die meisten deutschen Politiker der ersten Stunde Dreh- und Angelpunkt außenpolitischer Orientierung. Deutschland und Europa gehörten von Anfang an zusammen; die Formel „Wiedervereinigung im Rahmen der europäischen Integration“ war von Adenauer bis Kohl eine raison d'être des nationalen Interesses. Das Ziel eines politischen Westeuropas stand Pate bei der Europapolitik des ersten Bundeskanzlers. Schon der erste Präsident der Europäischen Kommission, Walter Hallstein, hat maßgeblich das Funktionieren der europäischen politischen Strukturen sowie die europäische Politik bestimmt. Auf Betreiben von Willy Brandt wurde die Europäische Politische Zusammenarbeit EPZ ins Leben gerufen und damit der Grundstein gelegt für die späteren GASP und ESVP. Die *Genscher-Co-*

lombo-Initiative Anfang der achtziger Jahre hat etwas später die Einheitliche Europäische Akte auf den Weg gebracht. Helmut Schmidt und Valéry Giscard d'Estaing sind die Architekten des Europäischen Währungssystems EWS Ende der siebziger Jahre. Das Positionspapier der CDU/CSU von *Lamers* und *Schäuble* vom September 1994 propagierte ein „Europa der verschiedenen Geschwindigkeiten", das in Teilbereichen Wirklichkeit geworden ist. Die deutschen Bundesländer haben entscheidend den europäischen Regionalismus geprägt und den Ausschuss der Regionen mitgestaltet. Die Charta der Europäischen Menschenrechte sowie der Lissabon Vertrag tragen Züge deutscher Grundgesetzbestimmungen. Die Europäische Zentralbank EZB ist nach dem Modell der deutschen Bundesbank gebildet worden. Die Wirtschafts- und Währungsunion wäre ohne Deutschland als der größten europäischen Wirtschaftsmacht nicht zustande gekommen. Die Aufgabe der Deutschmark als Währung zugunsten des Euro war eine Konzession von Kohl an Mitterand. Auch war Deutschland aus eigenem Interesse ein Befürworter der Osterweiterung, die dazu führte, dass die Bundesrepublik heute umgeben ist von Mitgliedern der EU.

Das Bemühen um Fortschritte in der europäischen Einigung kann auch am Beispiel der EU-Präsidentschaft Deutschlands in der ersten Hälfte 2007 nachgezeichnet werden. Zur Entscheidung stand die Verabschiedung des Verfassungsvertrags an; Widerstand kam vor allem von Polen und Großbritannien. Die Kanzlerin im Verein mit dem französischen Staatspräsidenten Sarkozy und dem luxemburgischen Premier Junker konnte die polnische Führung durch Konzessionen zum Einlenken bewegen, so dass der Reform- bzw. Lissabon Vertrag schließlich verabschiedet werden konnte, auch wenn er durch das Referendumsveto der Iren zunächst aufgehalten wurde.

Zurück zur Politik der Großen Koalition. Zwischen der Kanzlerin und dem Außenminister gab es einen Dissens: während Merkel, wohl aus erlebter DDR-Erfahrung, die Menschenrechte bei ihren Besuchen in Russland und China einforderte und den Dalai Lama im Kanzleramt empfing, wollte Steinmeier die Beziehungen zu diesen Staaten nicht gefährdet sehen. Steinmeier weigerte sich im Mai 2008 das buddhistische Oberhaupt während dessen vier-tägigem Aufenthalt in der Bundesrepublik zu empfangen. Damit blieb Steinmeier eher auf der SPD-Linie von Schröder, der die Menschenrechte nicht als vorderste Priorität sah. Während die Russland- und China-Politik von der Betonung der Menschenrechts- und Selbstbestimmungsforderung (mit)bestimmt wurde, dürfte der Freiheitsimpetus der DDR-Bürgerin Merkel Pate gestanden haben zum transatlantischen und europapolitischen Engagement.

In der Sicherheitspolitik geht die Bundesregierung von einem umfassenden Sicherheitsbegriff aus:

> „Deutsche Außenpolitik fußt auf einem umfassenden Sicherheitsbegriff, der Außen-, Sicherheits- und Entwicklungspolitik miteinander verknüpft. ... Eine vorbeugende Politik der Krisenprävention kann entstehenden Konflikten besser begegnen. Der Rat der Europäischen Union hat diesen Grundsatz im Dezember 2003 in seiner Europäischen Sicherheitsstrategie verankert."

Zur Friedenssicherung im Ausland beteiligt sich Deutschland „an internationalen Friedenseinsätzen im Rahmen der Charta der Vereinten Nationen und des Grundgesetzes. Dieses Engagement erfolgt auf der Basis des Völkerrechts in enger Abstimmung mit unseren Partnern und Alliierten im Verbund von EU, NATO und VN. In diesem Kontext unterstützt Deutschland den Prozess der Stabilisierung, des „nation building" und des Wiederaufbaus, vor allem in Afghanistan und auf dem Balkan. Gegenwärtig wirken wir auch am EU-Engagement im Kongo mit. Deutschland hat dadurch geholfen, die ersten Wahlen in diesem Land seit 1960 zu sichern. Damit unterstützen wir die demokratische Entwicklung des Kongo."[46]

Die vierte Wegmarke der bundesdeutschen Außen- und Sicherheitspolitik ist dadurch gekennzeichnet, dass Deutschland sich an zahlreichen internationalen, auch militärischen Einsätzen beteiligt hat (vgl. Übersicht 6). Solche Einsätze hat es 2008 im Libanon zur Überwachung des Waffenstillstands gegeben, in Afghanistan zur Stabilisierung des Regimes, am Horn von Afrika zur Bekämpfung des internationalen Terrorismus; im Kosovo haben erstmals deutsche Soldaten an Kampfeinsätzen ohne UNO-Mandat teilgenommen zur Verhinderung ethnischer Konflikte, in Bosnien-Herzegowina zur militärischen Überwachung des Friedensvertrags von Dayton. Früher wurden friedenssichernde Einsätze im Kongo, in Mazedonien, in Kuwait, im früheren Jugoslawien, im Irak, in Somalia und in Ruanda durchgeführt, an denen sich die Bundesrepublik im Rahmen von UNO bzw. EU beteiligte. Dies waren allerdings Einsätze, die eher friedenskonsolidierenden Charakter hatten. Der Druck auf die Bundesregierung wächst, sich auch an risikoreicheren militärischen Operationen z.B. in Afghanistan zu beteiligen.

Dies als Militarisierung weg von der Zivilmacht zu bezeichnen, ist eine grobe Vereinfachung. Weder haben die Auslandseinsätze auf Betreiben der Bundesregierung stattgefunden, noch handelt es sich um unilaterale Einsätze. Die Einbindung in (westliche) Allianz- und Bündnissysteme war immer gegeben. Die Ziele solcher transeuropäischen polizeilichen und militärischen Einsätze sind mit den Vorgaben des ehemaligen UN-Generalsekretärs Boutros Ghali vereinbar, die den umfassenden Sicherheitsbegriff als präventiv, friedenserhaltend, friedenserzwingend und friedenskonsolidierend definiert hat. Die deutsche Politik hat sich Ende der neunziger Jahre, Anfang des neuen Jahrhunderts unter großen Schwierigkeiten diesem erweiterten Friedensbegriff geöffnet und unter ganz bestimmten Bedingungen militärische Einsätze für gerechtfertigt gehalten. Das Zivilgesellschaftsmodel kann unter Umständen nur funktionieren wenn Sicherheit gewährleistet ist, und diese kann in konfliktintensiven Situationen nur durch militärische Mittel hergestellt werden. Somit kann in kriegerischen Auseinandersetzungen das militärische Eingreifen geradezu die Voraussetzung für zivilgesellschaftliches Handeln sein.

Die Kennzeichen des einschneidenden Wandels – als vierte

Wegmarke bezeichnet – der deutschen Außen- und Sicherheitspolitik ist der Bruch mit einem national und bündnispolitischen Sicherheitskonzept und der Einsatz der Bundeswehr in *out of area* Operationen. Die Bundesrepublik hat sich dergestalt auf die veränderten neuen Herausforderungen an der Schwelle zum 21. Jahrhundert eingestellt.

Neben der Ost-West-Balance-Politik sind neue Schwerpunkte der deutschen Außenpolitik somit die Betonung der Menschenrechte, die Klima- und Umwelt- sowie die Energiepolitik. Ein zentraler Schwerpunkt der Regierungsarbeit war die Überwindung der EU-Verfassungskrise, die durch wiederholt negative Referenden in Frankreich, Holland, Irland nötig geworden ist.

3.10.2 Zusammenfassende Bilanz der Zweiten Großen Koalition

Die Achsenverschiebung im Ost-West-Verhältnis mag motiviert worden sein von dem Freiheitsimpetus einer ehemaligen DDR-Bürgerin und deren Forderung nach Einhaltung von Menschenrechts- und Selbstbestimmungsrechten. Auf dieser Linie liegen die verstärkte Annäherung an den Westen (transatlantisch, europäisch) und die Distanz gegenüber dem Osten (Russland, China).

Die Bilanz der Zweiten Großen Koalition kann – sekundiert von ausländischen Beobachtern – als durchaus positiv eingeschätzt werden. Die neuen Weichenstellungen Merkelscher Außenpolitik hin zur Freiheits- und Menschenrechtspolitik und der Achsenverlagerung von Ost (Russland) nach West (USA) scheinen zu tragen und sind nach Christian Hacke durchaus vereinbar mit einer klugen Balance zwischen nationalem Interesse, europäischem Gemeinschaftsbewusstsein, transatlantischer Verpflichtung und globaler Verantwortung: „Erst eine neue Balance zwischen atlantischer Zivilisation, europäischer Integration und Nation bietet die Chance, ein modernes außenpolitisches Konzept zu entwickeln“ (Hacke 2004, 583).

Zur Politik und zum Führungsstil von Angela Merkel lassen sich folgende Punkte nennen:

- Die Kanzlerin hat sich sowohl in der Großen Koalition als auch bei internationalen Konferenzen (EU, G-7/8, G-20) als geschickte Verhandlerin gezeigt und ausgleichend moderierend zusammengeführt. Ihr ist großes Verhandlungsgeschick attestiert worden.
- Ihr Politikstil ist eher kooperativ statt konfrontativ, ausgleichend statt polarisierend; dieser Politikstil war vor allem geeignet im Rahmen der Großen Koalition und der EU-Konferenzen. Sie hat den zum Reformvertrag mutierten Verfassungsvertrag als Lissabon Vertrag über die Hürden gebracht, mit allerdings vielen Kompromissen (152 Seiten Revisionen, 76 Seiten zusätzliche Protokolle und 53 Seiten Erklärungen).
- Aus ihrer Vergangenheit als DDR-Bürgerin sind doch feste Grundsätze zu erkennen: Eintreten für Menschenrechte in China oder Russland; Empfang des Dalai Lama; Eintreten für europäische (zurückhaltend gegenüber einem Türkei-Beitritt zur EU), und transatlantische Bündnisse (Westverlagerung zu den USA, größere Distanz zu Russland, doch dessen Einbindung); als ehemalige Umweltministerin liegt ein weiterer Schwerpunkt auf Umwelt und Klima. In der Finanz- und Weltwirtschaftskrise sind von der Großen Koalition die richtigen Maßnahmen getroffen worden.
- Ihr wird vorgeworfen, sie habe keine Visionen, kein eigenes Markenzeichen, das ihre Kanzlerschaft kennzeichnen könnte. Dies ist einerseits sicherlich richtig, jedoch ist die Zeit ihrer Kanzlerschaft nicht die Zeit großer Entwürfe, die wichtigsten Entscheidungen zur deutschen Außenpolitik sind in den vier Wegmarken zur West-, Ost- und Vereinigungs- sowie zur transeuropäischen Politik getroffen worden; hier konnten sich die Kanzler mit eigenen außenpolitischen Projekten profilieren: Adenauer mit der Westpolitik, Brandt mit der Ostpolitik, Kohl mit der Vereinigungspolitik und Schröder mit der transeuropäischen Politik. Innenpolitisch hat Erhard mit der sozialen Marktwirtschaft markante Spuren hin-

terlassen und damit nationales „sinnstiftendes Wohlstandsversprechen“ initiiert; das Wirtschaftswunder gehöre zum „Gründungsmythos der Bundesrepublik“ (Münkler 2009, 455 ff.). Merkel bleibt die Weiterentwicklung dieser Wegmarken; insbesondere hat die Meisterung der Weltfinanz- und Wirtschaftskrise 2008/09 innen- und außenpolitisches Handeln miteinander verbunden und weniger spektakulär zum Erfolg geführt; der Spielraum für große Bewährungen, für „große Erzählungen“ ist nüchternen Entscheidungen gewichen. Die Zeitumstände geben vor, was Politiker zur Bewährung leisten können.

3.10.3 Fortsetzung: Die Außenpolitik der Koalition zwischen CDU/CSU und FDP (ab 2009)

In ihrer Regierungserklärung am 10. November 2009 nennt Angela Merkel fünf Aufgaben, die aus der Sicht der im Oktober 2009 ins Amt gekommenen christlich-liberalen Regierung zu bewältigen seien, wovon drei davon außenpolitische Bezüge aufweisen, nämlich erstens die Überwindung der weltweiten Finanz- und Wirtschaftskrise, zweitens der Umgang mit den weltweiten natürlichen Ressourcen innerhalb eines globalen Ordnungsrahmens und drittens die Bewältigung der Bedrohungen von Freiheit und Sicherheit.

Zur Überwindung der Finanz- und Wirtschaftskrise 2008/9 legt die Koalition ein keynesianisches Konzept der Gegensteuerung vor: durch erhebliche finanzielle Stützungen von Banken und Wirtschaftsbetrieben, durch Steuererleichterungen und Prämienzahlungen zur Steigerung der Kaufkraft, die das Staatsdefizit weit über die von der EU vorgegebene 60 % Marge der öffentlichen Verschuldung anwachsen lässt, in der Erwartung, dass durch Ankurbelung der Wirtschaft der Schuldenabbau durch Steuermehreinnahmen möglich sein wird. Das magische Wort heißt Wachstum und hierzu beschließt die Bundesregierung ein Wachstumsbeschleunigungsgesetz. Wie Graphik 3 zeigt, konnte die Überwindung der Krise erfolgreich gemeistert werden. Bisher ist ein globales Abkommen zur internationalen Finanzordnung nicht zustande gekommen. Nationale Regierungen haben aber in ihrer Zuständigkeit notwendige Gegensteuerungsmaßnahmen ergriffen.

Graphik 3: Wirtschaftswachstum in der Bundesrepublik 1950-2009

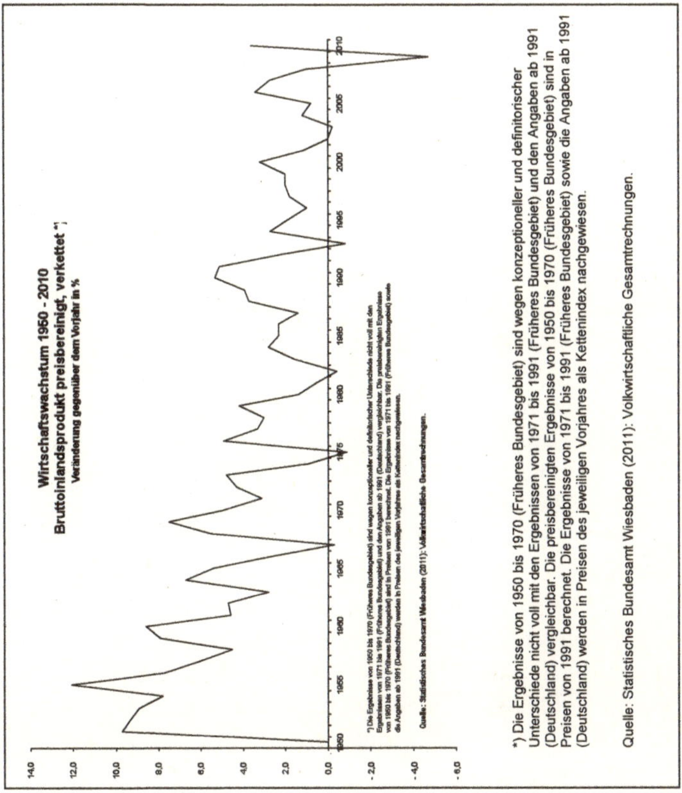

Der Klimagipfel in Kopenhagen im Dezember 2009 sollte dem Ziel dienen, weltweit der Erderwärmung gegenzusteuern sowie den CO_2-Ausstoß zu reduzieren; die Bundesregierung hat sich zusammen mit den EU-Partnern auf das Ziel von weniger als 2 Grad Erwärmung für die Zeit nach 2013 festgelegt, ein Ziel, das nicht von allen Teilnehmern als verbindlich akzeptiert wurde. Der wichtigste Rahmen für die Verhandlungen zu globalen Abkommen zu Ressourcen-, Umwelt- und Wirtschaftsfragen bildet die Gruppe der 20 wichtigsten Wirtschaftsnationen, die sich sowohl zur Finanz- und Wirtschaftskrise als auch zur Klimapolitik auf mehr oder weniger unverbindliche Richtlinien hat festlegen lassen. Globale Herausforderungen bedürfen globaler Abstimmungen. Auf dem Klimagipfel haben zwar die EU-Länder ein als verbindlich gedachtes Protokoll für die Zeit nach 2013 vorgelegt, das aber von einigen wichtigen Ländern wie China und Indien nicht als verbindlich anerkannt worden ist.

Im sicherheitspolitischen Bereich bleibt die „Koalition der Mitte" bei dem bisher eingeschlagenen Weg: Das transatlantische Verhältnis, insbesondere die NATO und die Europäische Union bildeten weiterhin den Sicherheitsanker Deutschlands. Das Engagement in Afghanistan soll in eine Übergangsstrategie münden, die den Afghanen die Möglichkeit gibt, selbst ihre Sicherheit zu gewährleisten. Während die Regierung zunächst keinen festen Abzugstermin nennt und die deutschen Kontingente aufgestockt hat, verlangt die Opposition der SPD zunächst einen Abzugstermin bis 2015 ohne zusätzliche deutsche Soldaten, was aber später revidiert worden ist. Im Sinne des zivilen Aufbaukonzepts werden die afghanischen Sicherheitskräfte unterstützt. Für Afghanistan ist auf der Londoner Konferenz im Januar 2010 ein gemeinsames Konzept für den Übergang zur Eigenverantwortung vorgelegt worden, das sowohl militärische und polizeiliche Ausbildung und Absicherung vorsieht als auch erhebliche Entwicklungshilfe für den Wiederaufbau zur Verfügung stellt. Somit sind zivilgesellschaftliche als auch sicherheitspolitische Elemente in die Strategie eingeflossen. Die Wirksamkeit dieser Instrumente ist noch vollkommen offen.

In den Bereichen Finanz-, Wirtschafts- und Umweltpolitik sind die Handlungsspielräume eng bemessen; international abgestimmte verbindliche Abkommen sind aufgrund national unterschiedlicher Interessen schwierig zu realisieren und zeigen nicht nur der deutschen, sondern auch der EU-Außenpolitik Grenzen auf.

Mit diesen Aufgaben hat die Bundesregierung vor allem mit von außen kommenden Herausforderungen zu tun, die alle mit großen Unsicherheiten des Gelingens verknüpft sind. Die Kanzlerin hat als gelernte Naturwissenschaftlerin solche Risiken benannt und sich damit gegen oppositionelle Angriffe abgesichert. Insgesamt bleibt die christlich-liberale Koalition in der Tradition der außenpolitischen Orientierung der Großen Koalition mit Akzentverschiebungen hin zu einem liberalen Kurs, der allerdings in der Außenpolitik kaum spürbar ist. Die anfänglichen Startschwierigkeiten der altersmäßig jüngsten Bundesregierung in der 60-jährigen Geschichte der Bundesrepublik scheinen überwunden und der pragmatische Kurs der verhandlungsgeschickten Kanzlerin setzt sich, allerdings ohne visionäre neue Züge, durch.

Der arabische Frühling, beginnend Ende 2010 in Tunesien, stellt die deutsche und europäische Außenpolitik vor die Wahl der Mittel in gewaltsame Konflikte einzugreifen. Die zunächst zögernde Haltung der Westmächte wurde im März 2011 zu Libyen aufgegeben, nachdem der UN-Sicherheitsrat eine Flugverbotszone über das Land erlassen hatte. Die deutsche Regierung durchbrach mit ihrer Enthaltung im Sicherheitsrat ein bisher außenpolitisch tabuisiertes Prinzip; sie hat nicht mit den engsten europäischen Verbündeten gestimmt. Europäische Partner wie Frankreich und Großbritannien haben mit ihren Flugzeugeinsätzen zur Unterstützung der revolutionären Kräfte die Entmachtung von Gaddafi mit bewirkt.

In den Jahren 2011 und 2012 waren innereuropäische Probleme zu lösen: die Verschuldung einiger EU-Länder wie vor allem Griechenland, aber auch Irland, Spanien, Italien und Portugal, sowie die Bankenkrisen in diesen Ländern; diese Krisen wurden immer wieder zu Euro-Krisen hochstilisiert, dabei handelt es sich um eine Schuldenkrise mit weit über die der Kopenhagener Kriterien hinausgehende Verschuldung der öffentlichen Hand, aber auch um die Überschuldung privater Banken. Als Gegenmaßnahmen wurden zunächst Rettungspakete in Form der Europäischen Finanzstabilisierungsfazilität EFSF (2010) und zunächst ab Mitte

Mai 2013, dann vorgezogen, des Europäischen Stabilitätsmechanismus (ESM) geschnürt. Im Juli 2012 wurde dann ein Fiskalpakt zur Begrenzung der Staatsschulden beschlossen, dem nicht alle europäischen Staaten zugestimmt haben; beschlossen wurde auch der Rettungsschirm für in Zahlungsschwierigkeiten geratene Banken, die direkt ohne Umwege über die Staaten Zugang zum Kapitalmarkt erhalten. Die deutsche Bundeskanzlerin hat in den Verhandlungen nationale, aber auch die Interessen stabilitätskonformer Staaten vertreten, wenn sie gegen die Einführung von Eurobonds „solange ich lebe", eintritt; diese Bonds ermöglichen Krisenländern günstigen Zugang zu Krediten, würden aber für Deutschland zu höheren Zinsbelastungen führen. Die deutsche Regierung plädierte immer wieder für Stabilität der Haushalte und Einhaltung der Stabilitätskriterien, wie sie sowohl im deutschen Grundgesetzt als auch in den Kopenhagener Kriterien sowie im Stabilitätspakt der EU festgelegt worden sind. Abkommen seien einzuhalten. Erleichterungen würden zur Aufweichung der Haushaltsdisziplin führen. Bei der Gegensteuerung zur Schuldenkrise sind Staaten wie Irland, Portugal, Spanien, Slowenien, Griechenland, die Slowakei und Italien unter Druck geraten; deren Staats- und Regierungschefs mussten im Zuge der Krise ihre Ämter aufgeben. Die verschiedenen Rettungsschirme versuchen die Webfehler der Währungsunion zu beheben, die darin bestehen, dass die Währungsunion nicht mit einer Wirtschafts- und politischen Union zusammen realisiert werden konnte.

Innenpolitisch wurden die Rettungsmaßnahmen kritisiert: der deutsche Steuerzahler würde zur Kasse gebeten, das Parlament sei nicht rechtzeitig und nur in aller Eile konsultiert worden, die Beschlüsse seien von den externen nicht legitimierten Akteuren wie der Troika bestehend aus Europäischer Kommission, Europäischer Zentralbank und dem Internationalen Währungsfonds gefasst worden. Der deutsche und der europäische Souverän sei dabei übergangen worden. Schließlich fehle die demokratische Legitimation. Vor dem Bundesverfassungsgericht wurde aus diesen und anderen Gründen Klage erhoben.

4. Sechzig Jahre bundesdeutsche Außenpolitik

Die Einteilung der bundesrepublikanischen Außenpolitik in die vier Wegmarken und geopolitischen Optionen der West-, der Ost-, der Vereinigungs- sowie der postnationalen Grundlagenentscheidungen mit zehn historischen Perioden erfolgte aufgrund dominierender Ereignisse in der Geschichte der Bundesrepublik und des internationalen Staatensystems. Die zehn Perioden in der Entwicklung der deutschen Außen- und Sicherheitspolitik seit 1945 lassen sich wie folgt zusammenfassend charakterisieren:

1. Die Periode 1945-49 kann als Phase der Orientierung sowohl der Alliierten als auch der Deutschen im Rahmen der durch das Ende des Zweiten Weltkriegs geschaffenen territorialen und staatlichen Gegebenheiten gekennzeichnet werden. 1947 ist dabei das Jahr der entscheidenden Wende von der Kriegsallianz zur Ost-West-Konfrontation. Die Optionen einer deutschen Außenpolitik werden deutlicher. Alternativen zur kleindeutschen Integrationspolitik mit Magnetwirkung auf die SBZ bzw. DDR verlieren im Zeichen des Kalten Krieges an Bedeutung. Insbesondere die US-Amerikaner schaffen die Voraussetzung für wirtschaftlichen Wiederaufbau und Integration in den Weltmarkt, eine Konstellation, die von einer auf Freihandel setzenden liberalen Wirtschaftspolitik aufgegriffen und umgesetzt wird. Die nationale Frage bleibt kontrovers. Die Vorstellungen zur Wiederherstellung des Einheitsstaats sind noch weitgehend von traditionellen nationalstaatlichen Ideen geprägt.
2. Die Periode 1949-56/57 ist gekennzeichnet durch die konsequente Fortführung der von Adenauer im Schatten des Kalten Krieges betriebenen Westpolitik als Rahmen für die nati-

onale Souveränität des westdeutschen Teilstaates. In dieser Phase – als erste Wegmarke der deutschen Außenpolitik gekennzeichnet – setzt sich in der Innenpolitik das Westintegrationskonzept von Kanzler Adenauer durch und findet mit den Deutschland-, den Römischen- sowie den NATO-Verträgen seinen vorläufigen Abschluss. Die Bundesrepublik erlangt den Status eines „semi-souveränen Staates“ (Katzenstein) mit politischen (Berlin) und rechtlichen (Rechtsvorbehalt) Einschränkungen. Europa- und globale Optionen geraten in der Frage EWG und EFTA vorübergehend aneinander.

3. Die Periode 1956/57-63: Die Wahl 1957 zum Bundestag mit der absoluten Mehrheit der Unionsparteien kommt einem Plebiszit für die Adenauersche Außenpolitik gleich. Die Opposition beginnt sich in Godesberg auf diese Situation einzustellen. Die Wahl de Gaulles zum französischen Staatspräsidenten (1958) und der Tod des amerikanischen Außenministers Dulles führen in den letzten Regierungsjahren Adenauers zu einer Orientierung an de Gaulles Politik und zu einer Abkühlung des Verhältnisses zur Kennedy-Administration. Dieser Kurs kann jedoch von Adenauer in seinem letzten Kabinett nicht mehr voll durchgesetzt werden. Der atlantische Flügel wird in seiner Partei stärker. Sein Außenminister Schröder bewirkt im Bündnis mit dem Koalitionspartner FDP eine flexiblere Ostpolitik („Politik der Bewegung“) und hält eher am atlantischen Bündnis als am europäischen Integrationskonzept Adenauers fest. Adenauer versuchte den Ost-West-Konfrontationskurs aus der Zeit der weltpolitischen Spannung zu retten, um den Westintegrationskurs fortsetzen zu können.
4. Die vierte Periode 1963-69 unter den Kanzlern Erhard und Kiesinger kann gesehen werden als Periode des Tastens nach neuen Orientierungsschwerpunkten. Diese Phase, international als beginnende Entspannungsphase bezeichnet, lässt mehr Beweglichkeit in der deutschen Außenpolitik aufkom-

men: zum westlichen Bündnis hin werden unterschiedliche Schwerpunkte diskutiert und zum Osten beginnen sich die ostpolitischen Vorstellungen von SPD und FDP nach und nach durchzusetzen. Im Zeichen der Entspannung beginnt eine flexiblere Ostpolitik. Eröffnung von Konsulaten in osteuropäischen Staaten, Berliner Passierscheinabkommen 1963, Erhards Friedensnote von 1966, Regierungserklärung der Kiesinger/Brandt-Regierung, Vorschlag zu einem Redneraustausch zwischen west- und ostdeutschen Politikern 1966. Durch die sowjetische Invasion in die Tschechoslowakei 1968 bekam die Ostpolitik einen Knick. Die Offenheit der Weltmärkte fängt in nicht unbeträchtlichem Maße die Rezession 1966/67 auf und vergrößert dadurch den Aktionsradius. Diese Periode ist zugleich auch die Inkubationsphase zu einer neuen Ostpolitik.

5. In der Periode 1969-75 fällt in der Deutschlandfrage die zweite Basisentscheidung: eine „Lösung" der deutschen Frage wird nicht mehr durch Konfrontations- und Revisionspolitik gesucht, sondern durch Akzeptanz der territorialen und staatlichen „Gegebenheiten" der Nachkriegszeit. Eine internationale Entspannungslage, dokumentiert im Helsinki-Prozess der KSZE, gab die Rahmenbedingungen für die neue Ostpolitik der sozial-liberalen Koalition unter Willy Brandt und Walter Scheel mit dem Architekten Egon Bahr. Westeuropa bleibt nach wie vor der unmittelbare Integrationsrahmen und die atlantische Allianz die Sicherheitsgarantie. Diese Phase der bundesdeutschen Außenpolitik ist gekennzeichnet durch die ostpolitischen Vereinbarungen der sozialliberalen Koalition. Die „Politik der kleinen Schritte" (Brandt), des „Wandels durch Annäherung" (Bahr) trägt Früchte und schlägt sich in den Moskauer, Warschauer und Prager sowie den deutsch-deutschen Verträgen nieder. In dieser eigentlichen „Phase der Entspannung" (Henry Kissinger) waren auch im deutsch-deutschen Verhältnis Verbesserungen möglich. Die Verhandlungen um die Begrenzung der

Rüstung (SALT 1 und II, MBFR) gehen weiter, Ost- und Westeuropa versuchen eine Annäherung (KSZE). Der Vertrag mit der CSSR 1973 und der Kanzlerwechsel von Brandt zu Schmidt lassen 1974 diese Periode ausklingen.

6. Die Periode 1975-1989: Die West- und die Ostpolitik geben den Regierungen Schmidt und Kohl ein solides Fundament für ein größeres auch weltpolitisches Engagement. Währungs-, Energie- und Rohstoffprobleme fordern die westlichen Industriestaaten zu abgestimmtem Handeln auch im Rahmen internationaler Organisationen heraus. Die Wirtschaftskraft der Bundesrepublik ist dabei ebenso von Bedeutung wie die Weltwirtschaftsentwicklung und die zunehmende außenpolitische Verflechtung. Nach dem KSZE-Gipfel in Helsinki 1975 verlagert sich die Konfliktachse vom Ost-West-Konflikt zum Nord-Süd-Gegensatz, wobei in den siebziger Jahren die beiden Konfliktachsen Ost-West, Nord-Süd sich überschneiden (Iran, Afghanistan). Die Lösung der Vereinigungsfrage tritt gegenüber transnationalen Fragen (Weltwirtschaftspolitik, Europäische Sicherheit, Nord-Süd-Konflikt, Energieprobleme etc.) in den Hintergrund.
   Diese Phase der Entspannung wird in den ausgehenden siebziger Jahren dann von einer Spannungsphase zwischen den Supermächten (1979-1985/86) abgelöst, der sich die deutsche Politik entgegenzustellen versuchte. Ab Mitte der achtziger Jahre beginnt sich die „neue Politik" von Michail Gorbatschow abzuzeichnen und damit eine Entspannung zwischen den Supermächten. Die Umwälzungen in Osteuropa, die deutsche Vereinigung, die Auflösung der Sowjetunion und des östlichen Paktsystems sind die Folgen.
   Die Westeuropapolitik erfährt in den siebziger und achtziger Jahren Erweiterung (1973, 1981, 1986) und Vertiefung (Einheitliche Europäische Akte 1986) – sowie von einer Zwischenphase 1979-85 abgesehen – Entlastung im Entspannungsprozess. Das atlantische Bündnis spielt vor allem im erweiterten Rahmen der westlichen Industriestaaten eine Rolle.

7. Die Politik der Vereinigung 1989/90 markiert die dritte Wegmarke: Die ausgehenden achtziger Jahre sind zugleich auch die Inkubationsphase zu den Revolutionen, die 1989 in Osteuropa stattgefunden haben. Polen mit Solidarnošč (1981), die Sowjetunion mit Gorbatschow (ab 1985: Ungarn mit Horn, die Tschechoslowakei mit Havel) sind die Fackelträger, die das kommunistische Kartenhaus in Brand gesteckt haben. Die deutsch-deutschen Beziehungen sind in dieser Phase verbessert worden und führen, durch die friedlichen Revolutionen auf den Weg gebracht, zur deutschen Vereinigung. Begünstigt durch Gorbatschows Politik und die Änderung in der US-amerikanischen Außenpolitik gegenüber der SU sowie die Freiheitsbewegungen in Osteuropa konnte am 3. Oktober 1990 die deutsche Vereinigung vollzogen werden. In einem im Rahmen der Zwei-plus-Vier-Verhandlungen auf den verschiedenen Ebenen ausgehandelten und international abgesicherten Prozess hat sich die deutsche Einheit mit friedlichen Mitteln erreichen lassen.
8. In der achten Periode von 1990 bis 1998 steht die deutsche Außenpolitik nach der Vereinigung im Zeichen politischer Veränderungen: Die Auflösung der osteuropäischen Paktsysteme und die Entstehung bzw. das Manifest werden neuer Konfliktherde in ihrem Gefolge sowie die Aufwertung der Vereinten Nationen durch kurzzeitige Zusammenarbeit der ehemaligen Supermächte haben der Außenpolitik des vereinten Deutschland neue Rahmenbedingungen gegeben. Nach der deutschen Vereinigung standen zunächst die Restrukturierung im Inneren (Verarbeitung der Vereinigung) und Äußeren (neue Rolle Deutschlands im veränderten Umfeld) im Vordergrund. Innenpolitisch musste zunächst der Vereinigungsprozesses verarbeitet werden, außenpolitisch die Einhegung der Turbulenzen auf dem Balkan. Die europäische Union mit ihrer Vertiefung (Maastrichter Vertrag) und Erweiterung (ehemalige EFTA-Staaten) bildete sowohl während als auch nach der Vereinigung einen wichtigen Handlungsrahmen.

9. Die Turbulenzen in Ost- und Südosteuropa nach der Auflösung Jugoslawiens zwingen die *rot-grüne Koalition* (1998-2005) unter Schröder und Fischer zu aktiv intervenierender Politik. In den neunziger Jahren beginnt angesichts der Bosnien- und Kosovokriege ein Umdenken in der deutschen Außenpolitik: die außenpolitische Enthaltsamkeit wird zugunsten eines größeren auch militärischen Engagements *out of area* aufgegeben und kann als neue Etappe und vierte Wegmarke in der Entwicklung der deutschen Außenpolitik bezeichnet werden. Das humanitäre und militärische Engagement nimmt außerhalb des Territoriums der Bündnissysteme zu, bleibt aber eingebunden in die Organisationen (NATO, EU, OSZE) sowie der UNO. Die Herausforderungen durch Terrorismus und Kriege zwingen die deutsche Außenpolitik zu Änderungen: die militärische Enthaltsamkeit wird zugunsten eines größeren Engagements *out of area* im Rahmen der Bündnissysteme in Bosnien, Serbien, Mazedonien, im Kongo oder Libanon aufgegeben. Auch die *failed states* in Afrika oder Asien haben die Bundesrepublik zu größerem transeuropäischem und weltpolitischem Engagement herausgefordert.
10. In der nachfolgenden Periode 2005 *bis heute* wird die Politik des globalen transeuropäischen Engagements unter Angela Merkel zunächst in der zweiten Großen Koalition 2005 bis 2009, dann in der christlich-liberalen Koalition ab 2009 fortgesetzt; allerdings wurden Akzentverschiebungen im Ost-Westverhältnis sowie in der Menschenrechts- und Selbstbestimmungspolitik vorgenommen. Die Wiederannäherung an die USA ist begleitet von größerer Distanz zu dem stärker werdenden Russland unter Putin. Die Einforderung von Menschenrechten und Selbstbestimmung in Russland und China distanzieren vorübergehend; die Überwindung der Krise in der Europapolitik (Verfassungsvertrag mit Negativvoten einiger Mitgliedsländer) bindet die Aufmerksamkeit der deutschen Außenpolitik. Die Kanzlerin kann sich

sowohl auf den EU-Gipfeln als auch bei den G-20-Treffen zur Umwelt-Finanz- und Klimapolitik als geschickte Vermittlerin profilieren. In der zweiten Amtszeit von Angela Merkel wird in der schwarz-gelben Koalition die Außenpolitik ohne große Veränderungen fortgeführt. Wichtige Themen bleiben das Engagement in Afghanistan und die Überwindung der Finanz- und Wirtschaftskrise durch abgestimmte staatliche Gegensteuerung.

Die Grundbedingungen, Ursachen und Antriebsimpulse der deutschen Außenpolitik sind fokussiert auf die *fünf Problemfelder* der *Vergangenheitsbewältigung*, der *(militärischen) Sicherheit*, der *nationalen Vereinigungsfrage*, der *ökonomischen Prosperitätsbedingungen* sowie auf das *internationale Staatensystem.* Alle fünf Aufgabenfelder wirken mehr oder weniger stark in das außenpolitische Handeln ein: die Bewältigung der Nazi-Vergangenheit bleibt bis in die zweite Hälfte des 20. Jahrhunderts hinein auch außenpolitisch ein sensibles Thema; die Wiedervereinigungsfrage bestimmte die deutsche Außenpolitik mit nachlassender Bedeutung bis zur Wiedervereinigung und ist seither erledigt. Auch die Sicherheitslage hat sich in den Jahren geändert: war noch in den ersten Jahrzehnten des Kalten Kriegs der militärische Schutz der Amerikaner von großer Bedeutung, so war nach der Wiedervereinigung dieser externe Schutz nicht mehr nötig. Die Sicherheitsfrage hat sich nach außen verlagert, und die Bundesrepublik ist selbst zu einem externen Sicherheitsakteur avanciert. Der weltwirtschaftliche Radius hat in dem von den US-Amerikanern nach dem Krieg aufgebauten Freihandelssystem seinen Platz gefunden und die Bundesrepublik als größte europäische Wirtschaftsmacht trägt selbst zur Aufrechterhaltung bei.

In Bezug auf die *geopolitischen Optionen* lassen sich folgende Lagerungen erkennen: die Option Nation betraf nicht nur das Verhältnis der beiden deutschen Staaten zueinander, sondern war eng mit der west- wie osteuropäischen Option verbunden. Die Art des europäischen Staatenbundes war zugleich auch eine Aussage über die Strategie in der Behandlung der deutschen

Frage. Die globale Option eines Welthandelsstaats ist das außenpolitische Pendant des innenpolitischen Modells „(soziale) Marktwirtschaft", der Rahmen oder die Basis des exportunterstützten Wachstums. Zugleich ist die globale oder mondialistische Option in ihrer transatlantischen Variante der tragende Pfeiler auch der militärischen Sicherheit des gespaltenen Landes gewesen. Der Umbruch in Osteuropa 1989/90 lenkte den Blick des vereinten Deutschland intensiver in diese, aber darüber hinaus auch in die transeuropäischen Regionen.

Die *zehn historischen Phasen* der Außenpolitik-Entwicklung waren in unterschiedlichem Maße von diesen vier geopolitischen Optionen besetzt. Die deutsche Option im Sinne eines selbstständigen Nationalstaates war vor allem in der ersten Orientierungs- (1945-49) und zweiten Westintegrationsphase (1949-56) sichtbar. Die westeuropäische Option bestimmte mehr oder weniger alle Perioden. Die globale oder transatlantische Option überwog besonders in der Adenauer- und Nach-Adenauer-Periode (1949-66), in der Weltwirtschafts-Krisenperiode (1975-89) und schließlich im Zuge der Wiedervereinigung (ab 1990). Über Europa hinaus beschäftigte sich die deutsche Außenpolitik mit den Krisenregionen des Balkans, in Asien und Afrika; diese transeuropäische Orientierung wurde auch mit militärischen Mitteln durchgeführt. Die Option Ost- oder Gesamteuropa war vor allem in der Phase der neuen Ostpolitik (1969-75) sowie der nachfolgenden Perioden sichtbar.

4.1 Kontinuität und Diskontinuität in der deutschen Außenpolitik

Im Rückblick auf die deutsche Außenpolitik von der Spaltung zur Vereinigung und auf die postnationale Politik stellen sich vor allem vier Fragen:

Frage (1) Lagen die außenpolitischen Grundsatzentscheidungen der beiden deutschen Staaten in der Kontinuität deutscher Außenpolitik (historische Kontinuität)?

Frage (2) Inwieweit haben die außenpolitischen Optionen der Bundesrepublik – und hier insbesondere die Westintegration und die neue deutsche Ostpolitik – zur Vereinigung der beiden deutschen Staaten beigetragen (nationale Frage)?

Frage (3) Hat die nationale Vereinigung die außenpolitischen Grundpositionen geändert? Oder ist die vergrößerte Bundesrepublik die Fortsetzung der alten Bundesrepublik (Tradition Bundesrepublik)?

Frage (4) Haben die terroristischen Anschläge vom September 2001 in den USA Einfluss auf die deutsche Außenpolitik ausgeübt (Terrorismus)?

Frage (1): Historische Kontinuität und/oder Diskontinuität deutscher Außenpolitik?

Zur Bestimmung sogenannter nationaler Interessen betont der realistische Theorieansatz in der Vergleichenden Außenpolitikforschung bzw. in den Internationalen Beziehungen die vorgegebene innenpolitische Ressourcen-Ausstattung sowie die externen Einwirkungen auf die geopolitische Lage eines Landes, die erst die Verfolgung nationaler Ziele möglich machen (Morgenthau 1993, 113 ff.; Vasques 1983, 26-27; Sullivan 1990, 4-5; Stein 1990, 4-5; Waltz 1979, 8-9). Das Nationalinteresse kann ganz allgemein definiert werden als Zielvorgaben der politischen Führung eines Landes und/oder von einer breiteren Öffentlichkeit, das als verbindlich angesehen und über eine bestimmte Zeit konstant gehalten wird.

In der Darstellung historischer Orientierungen gehe ich in der Systematik aus von den durch die geopolitische Mittellage in Kontinentaleuropa logisch gegebenen Kombinationen von Ost-West- und Nord-Süd-Beziehungen. Dabei können mit den geographischen Orientierungen unterschiedliche staatliche Subjekte verbunden sein. Für Deutschland im Sinne des variierenden historischen Begriffs lässt sich diese als Mittellage im Herzen Europas bestimmen und davon ausgehend idealtypisch sechs außenpolitische Optionsvarianten ausmachen: die einer selbständigen Mittellage, die im Bündnis mit dem Westen gegen den Osten gerichtete, die im Bündnis mit dem Osten gegen den Westen gerichtete, die der Gegnerschaft zu Ost und West und schließlich die der Verständigung mit Ost und West (vgl. Übersicht 8). Die vier Basisentscheidungen der deutschen Außenpolitik von 1949-2010 waren die west-, die ost-, dann die gesamtdeutsche sowie die transeuropäische außenpolitische Option. Im westlichen wie im östlichen Teil Deutschlands sind zunächst nach der Gründung der Staaten 1949 Entscheidungen für die Westintegration der Bundesrepublik und die für die Ostintegration der DDR gefällt worden. Mit der Adenauerschen West- und der Brandtschen Ostpolitik sind die zwei wichtigsten Pfeiler errichtet worden, die hinfort eine kontinuierlich verfolgte Außenpolitik ergeben haben. Eine neue Orientierung haben die Beziehungen zwischen den beiden deutschen Staaten und die Beziehungen zwischen der Bundesrepublik mit den osteuropäischen Staaten durch die Ostpolitik der siebziger Jahre erfahren. Ende der achtziger Jahre ist in einem gänzlich veränderten Umfeld die Vereinigung der beiden deutschen Staaten gelungen, an deren Zustandekommen die Kohl-Genscher Vereinigungspolitik maßgeblich beteiligt war. Die Turbulenzen in der Peripherie Europas machten dann ab Ende der neunziger Jahre den *out of area* Einsatz auch der Bundeswehr erforderlich.

In größerer historischer Perspektive wurden folgende politische und militärstrategische Orientierungen nach der Bildung des deutschen Einheitsstaates 1871 wahrgenommen:

4.1.1 Konzeptionen einer selbständigen Mittellage zwischen Ost und West

Konzeptionen einer selbständigen Mittellage zwischen Ost und West, zwischen Nord und Süd: In diese Position lassen sich zahlreiche mehr oder weniger weitreichende und unterschiedlich international abgesicherte historische Konstellationen einordnen:

4.1.1.1 Die kontinental-europäische Mittellage

Die kontinental-europäische Mittellage steht an der Wiege des ersten neuzeitlichen Nationalstaates: Bismarck hat die Reichseinheit gegen Nord, Ost und West durchgesetzt. Die Kriege Preußens und Österreichs gegen Dänemark 1864 (Nord), Preußens und einiger norddeutscher Staaten gegen Österreich 1866 (Ost) und der deutschen Staaten des Norddeutschen Bundes 1870/71 gegen Frankreich (West) ließ als „kleindeutsche Lösung" unter Führung Preußens die deutsche Einheit entstehen. Am Ende des Vereinigungsprozesses stand zunächst ein deutscher Nationalstaat ohne expansionistische Ansprüche, saturiert mittels eines ausgeklügelten Systems diplomatischer Bündnisse auf Bewahrung und Konsolidierung bedacht da. In den 1880er Jahren wurde aus dieser Mittellage eine europäische Großmacht.

4.1.1.2 Großmachtpolitisches Wirken

Das *großmachtpolitische Wirken* über die Grenzen hinaus wurde von den Nachfolgern Bismarcks imperialistisch-expansionistisch umgedeutet: aus einem equilibrierten, nach allen Seiten ausgewogenen Bündnissystem wird eine Achsenposition Nord-Süd (Deutschland, Italien), die um die „Großdeutsche Lösung" erweitert wird. Diese großdeutsche Konstellation richtet sich gegen Ost (Russland) wie West (Frankreich, Großbritannien) und bestimmt in dieser Konfiguration den Ersten wie den Zweiten Weltkrieg. Im sogenannten „Neuen Kurs" des Reichskanzlers Bethmann-Hollweg war diese Konstellation schon angelegt (vgl. Hillgruber 1971, 187 ff.).

Übersicht 8: Sechs historische geopolitische Optionen der deutschen Außenpolitik

- Kontinentaleuropäische Mittellage (Groß- bzw. kleindeutsche Lösung, saturiert bei Bismarck, weltmachtpolitisch ausgreifend bei seinen Nachfolgern Kaiser Wilhelm, Hitler)
- Westbündnis gegen den Osten (Europäisch-atlantisches Bündnis nach 1947, Westpolitik Adenauers)
- Bündnis mit dem Osten gegen Westen (Rapallo, DDR)
- Gegnerschaft zu Ost und West (Beginn beider Weltkriege)
- Verständigungspolitik (Stresemann/Briand, Ostpolitik Brandt)
- Deutschland als integrierte europäische Macht (nach 1951)

4.1.1.3 Selbständige Mittellage

Die modernere Variante einer *selbständigen Mittellage* bildet das Deutschlandkonzept von Stresemann Mitte der zwanziger Jahre (vgl. Turner 1975). Nachdem mit dem Rapallo-Vertrag eine Normalisierung mit dem einstigen Kriegsgegner im Osten erreicht worden war, wurde diese Ostpolitik durch Verhandlungen mit den einstigen westlichen Kriegsgegnern (Locarno-Vertrag) ergänzt, mit dem Ziel einer Revision des Versailler Vertrages zugunsten eines nicht-integrierten deutschen Nationalstaates.

4.1.1.4 „Brückenkonzeption" und „Dritte-Weg-Politik"

In der Tradition einer nationalen Mittellage stehen auch die Konzeptionen, die von führenden Politikern der Nachkriegszeit als Alternativen zur Adenauerschen Westintegration ausgefochten wurden: nämlich die *„Brückenkonzeption"* von Jakob Kaiser und die *„Dritte-Weg-Politik"* von Kurt Schumacher. Sie beide versuchten eine Mittellagenposition zwischen den Blöcken zu erreichen, der eine stärker in Abgrenzung gegen den Osten (Sowjetunion) als der andere.

4.1.1.5 Disengagementkonzepte

Die fünfte Variante einer selbständigeren Mittellage bilden die verschiedenen *Disengagementkonzepte,* die im ersten Jahrzehnt der Nachkriegszeit von SPD- und FDP-Politikern sowie von ausländischen Politikern (Pfleiderer, Rapacki, Eden, Gaitskell, Mollet) vorgeschlagen worden sind. Mit diesen Konzepten ist durch internationale Vereinbarungen versucht worden, eine unabhängige Mittellage zu sichern.

4.1.1.6 „Weltmacht Europas"

Die unter machtpolitischem Aspekt extremste und „allen Traditionen der deutschen Außenpolitik" (Dickmann) widersprechende Mittellage ist der Versuch, das nationalsozialistische Herrschaftssystem auf ganz Europa auszudehnen und zu einer *„Weltmacht Europas"* (Himmler) auf rassischer Grundlage auszubauen (vgl. hierzu Hildebrand 1990 (5); Hillgruber 1971; Jacobsen 1968). Der Zweite Weltkrieg und die schon ab Mitte der dreißiger Jahre beginnenden Vorbereitungen sollten dem Zweck dienen, gestützt auf ein Nord-Süd-Bündnis (Deutschland-Italien) vom Boden des Großdeutschen Reichs imperiale Politik nach Westen (Frankreich, England und kleinere Staaten in der westlichen Peripherie) und imperial-koloniale Unterwerfungspolitik nach Osten (Sowjetunion, östliche Staaten in der Peripherie) zu betreiben.

4.1.2 Westbündnis gegen den Osten

Eine zweite, von der Geographie gegebene Orientierung ist ein Westbündnis, das gegen den Osten gerichtet ist. Diese Variante findet sich in den strategischen Überlegungen zu Beginn des expansionistischen Angriffskriegs Hitlers, der meinte, die westlichen Großmächte, vor allem England, für den Ostfeldzug gewinnen zu können (vgl. Hillgruber 1971).

Als realisierte politische Option hat diese Variante ihren historisch tragenden Ausdruck im Konzept der Westintegration durch Konrad Adenauer gefunden, allerdings ohne expansive Absichten. Die verschiedenen westeuropäischen Integrationsbestrebungen (Montanunion 1951, EVG 1953, Westeuropäische Union 1954, EWG 1957, Euratom 1957 etc.) waren nach Adenauers Vorstellungen auf Westeuropa, in den späteren Regierungsjahren vor allem auf der „Achse Bonn-Paris" ruhend, konzentriert. Das atlantische Bündnis NATO wurde bedeutsam, nachdem die Europäische Verteidigungsgemeinschaft (EVG) gescheitert war. Diese verschiedenen Westbündnisse hatten ein mehr oder weniger ausgesprochenes östliches Feindbild, zumal in der Interpretation des „asienfeindlichen" Bundeskanzlers (Baring 1969).

4.1.3 Bündnis mit dem Osten

Die umgekehrte Konstellation, Bündnis mit dem Osten gegen den Westen, war vorübergehend nach dem Ersten Weltkrieg zu Beginn der Weimarer Republik im Vertrag von Rapallo angelegt. Walter Rathenau versuchte, dem westlichen Oktroy des Versailler Vertrages durch eine Allianz mit der Sowjetunion zu begegnen. Diese Ostorientierung ist jedoch mehr taktischer Natur gewesen und beinhaltet keinesfalls eine Abwendung vom Westen.

Die extreme Weiterführung dieser geographischen Variante ist durch und mit Hilfe des zweiten deutschen Staates, der DDR, vollzogen worden, deren bilaterale wie multilaterale Bündnisse explizit gegen den Westen gerichtet waren. Während die Bündnisbemühungen Rathenaus wie auch Bismarcks politisch-strategischer Art waren, bilden die verschiedenen Formen der Ostblockintegration ein auch wirtschaftlich wie gesellschaftlich weiterreichendes Programm.

4.1.4 Gegnerschaft zu Ost wie West

Die vierte Staatenkonstellation schließlich ist die der Gegnerschaft zu Ost wie West, wie sie zumindest militärisch die Anfänge der beiden Weltkriege bestimmt hat. Der Zweifrontenkrieg, wie er in zahlreichen Varianten generalstabsmäßig zu Beginn der Weltkriege durchgespielt wurde, war bei Hitler allerdings, im Unterschied zum Ersten Weltkrieg, ein strategisches Mittel zur Unterwerfung ost- wie westeuropäischer Völker.

4.1.5 Verständigungspolitik

Die fünfte kalkulatorische Variante in den Vierfelderbeziehungen bildet eine Verständigung mit den geographischen Nachbarn *(Verständigungspolitik)*. Diese Konstellation des Ausgleichs kann in die letzten Jahre der Weimarer Republik verortet werden, als Stresemann zusammen mit Briand versuchte, die Fesseln des Versailler Vertrags mit Hilfe eines Integrationskonzeptes in die Völkergemeinschaft z.B. durch den Beitritt zum Völkerbund 1926 abzustreifen.

Eine Variante dieser Konstellation bildet die Politik der sozialliberalen Koalition, die auf der Grundlage der Westintegration den „Ausgleich" mit dem Osten sucht. Diese Politik der „guten Nachbarschaft" (Brandt, Heinemann) hatte zum Ziel, die historische Belastung durch deutsche Angriffskriege abzutragen und über ein Integrations- bzw. Ausgleichskonzept zu einem neuen Zusammenleben zwischen den europäischen Staaten zu kommen.

4.1.6 Das Konzept des integrierten europäischen Staatenverbundes

Schließlich hat sich nach 1951 das Konzept einer integrierten europäischen Staatengemeinschaft durchgesetzt. Zunächst im Zeichen des Kalten Kriegs als Gegnerschaft gegen den sowjetischen bzw. sowjetisierten Osten angelegt, hat der fortschreitende europäische Integrationskurs nach dem Mauerfall und der Auflösung des Sowjetimperiums auch den Osten Deutschlands und Europas einbezogen. Damit hat der Prozess antagonistischer nationaler Konfrontations- hin zu regionaler Verhandlungspolitik ihren vorläufigen Abschluss gefunden.

Dieser historische Exkurs hat deutlich werden lassen, dass die nach 1945 vorherrschende Situation zwar Analogien mit der Bismarckzeit und der Zeit der „ruhigeren Lage" der Weimarer Republik nahe legen könne, dass aber die seit dem Zweiten Weltkrieg eingetretene Situation in ihrer weitreichenden Wirkung auf die inneren mentalitätsgeschichtlichen Verhältnisse des westdeutschen Staates (wie auch des ostdeutschen) ohne geschichtliche Vergleichbarkeit ist, und dies gilt insbesondere für die westliche Option, die im Bewusstsein der Deutschen weder in der Kaiserzeit noch in der Weimarer Republik und schon gar nicht in der Zeit der nationalsozialistischen Herrschaft akzeptiert worden war. Die mit der europäischen Integration geschaffenen gemeinsamen transnationalen Bündnis- und Verhandlungssysteme sind ohne historisches Vorbild. Ohne historisches Vorbild waren auch die optimalen Entfaltungsmöglichkeiten, die das marktwirtschaftliche Industriesystem Deutschlands der Nachkriegszeit in der umgebenden Staatenwelt antraf (vgl. Calleo 1978, 169).

Frage (2): Welchen Beitrag hat die bundesdeutsche Außenpolitik zur Vereinigung der beiden deutschen Staaten geleistet (nationale Frage)?

Im Rückblick kann gesagt werden, dass die Integration der beiden deutschen Staaten in die westlichen und in die östlichen Staatensysteme in der ersten Nachkriegszeit von der Wiedervereinigung zunächst weggeführt hat und die Teilung solange aufrechterhalten wurde wie der System-Antagonismus fortbestand. Die Option der Wiedervereinigung wurde aber sowohl bei den West- und Ostverträgen der Bundesrepublik als auch bei den frühen Ostverträgen der DDR offen gehalten.

Der Vereinigungsschub ging jedoch nicht von der Außenpolitik der beiden deutschen Regierungen selbst aus, sondern von den friedlichen Revolutionen in der DDR und in Osteuropa. Die Kohl/Genscher-Regierung hat allerdings recht rasch diese Entwicklung erkannt und den Prozess nach Kräften gefördert, ohne Initiator gewesen zu sein.

Nachträglich lässt sich sagen, dass sowohl Adenauers Konfrontationspolitik als auch Brandts Kooperationspolitik zur Vereinigung beigetragen haben. Die Verteidigung der westlichen Wertegemeinschaft in der Phase des Kalten Krieges ließ eine realistisch andere Politik als die des Staatsaufbaus im Zeichen der

Ost-West-Konfrontation nicht zu; die Perspektive der „magnetischen Anziehung" als Zukunftserwartung ist auf eine Weise zum Tragen gekommen, wie sie wohl von den Erfindern (Kennan, Schumacher, Adenauer) nicht erwartet werden konnte.

Doch auch die Brandtsche neue Ostpolitik kann retrospektiv einen wichtigen Beitrag zur Vereinigung für sich reklamieren. Im Klima der Entspannung wurde von dieser Politik ein Vertrauenspotential in Deutschland und Europa aufgebaut, das die Umwälzungen im Osten erleichtert und die Zustimmung zur Vereinigung ermöglicht hat.

Die Kriterien einer dauerhaften Verhandlungslösung, nämlich die Einbeziehung der wichtigsten Parteien, der gewaltfrei in verschiedenen Arenen ablaufende Verhandlungsprozess, in dem alle wichtigen Streitpunkte ausgehandelt und ohne Hintergedanken Unterschriften geleistet wurden sowie den Machtgegebenheiten der Akteure Rechnung tragend, wurden erfüllt.

Frage (3): Ist die Außenpolitik der neuen Bundesrepublik die der alten; was hat sich in der Außenpolitik des vereinten Deutschland geändert?

Innenpolitisch wie zunächst außenpolitisch ist die neue Bundesrepublik eine Fortsetzung der alten. Zu gewichtig sind die innenpolitischen Kontinuitäten wie soziale Marktwirtschaft, bundesstaatliche Ordnung, parlamentarische Demokratie, Rechtsstaatlichkeit etc. Allerdings bleiben durch vierzig Jahre separate Geschichte geprägte Mentalitätsunterschiede zwischen den westlichen und den östlichen Bundesländern erhalten. Das Zusammenwachsen dessen, was zusammengehört (Brandt) ist noch nicht abgeschlossen. Außenpolitisch ist aus der Zweiten Republik nicht die Dritte Republik geworden. Die Bundesrepublik ist integraler Bestandteil des westlichen Bündnis- und Integrationssystems (EG, NATO, KSZE) geblieben (vgl. 3.8.7).

Geopolitisch ist die Bundesrepublik von der Randlage des Kalten Krieges wieder in die traditionelle europäische Mittellage gerückt mit dem wichtigen Unterschied zu früheren Zeiten allerdings, dass die westlichen Bündnis- und Integrationssysteme weiter bestimmend bleiben.

Auch die Potentialgrößen haben sich verändert: die Wirtschaftskraft hat sich durch die Vereinigung lediglich um etwa 10 % erhöht, die Bevölkerung ist um etwa 20 % und das Territorium um ca. 30 % gewachsen. Die staatlichen Ressourcen wurden für die folgenden Dezennien in einem historisch wohl einmaligen Ankurbelungs- und Transferprogramm auf die neuen Bundesländer konzentriert; die vertraglich vereinbarten Zahlungen an Russland bzw. an die GUS und die weltweite Rezession haben hohe Schulden der Staatsfinanzen verursacht, die kommende Generationen abzutragen haben. Hinzu kommt, dass durch die Vollendung des Binnenmarktes und der Wirtschafts- und Währungsunion die EU der wichtigste transnationale kollektive Entscheidungsrahmen für eine Vielzahl wirtschaftlicher Vorgänge wurde.

Durch den Wegfall der Ost-Westkonfrontation, durch die Lösung der deutschen Frage und durch die neuen außenpolitischen Herausforderungen ist der außenpolitische Handlungsspielraum der Bundesrepublik größer geworden. Die konfliktreiche Umwelt und die Einbindung in Bündnissysteme verlangen mehr Verantwortung, so auch die transeuropäische *out of area* Politik, die den Zivilmachtstatus durch militärisches Eingreifen erweitert hat. Auch ist die Bundesrepublik als relativ selbständiger und aktiver Akteur z.B. im auseinander fallenden Jugoslawien aufgetreten. Die Bundesrepublik hat somit als nationaler und kollektiver Akteur nach der Vereinigung größeres Gewicht erhalten.

Frage (4): Haben die terroristischen September 2001 Anschläge die deutsche Außenpolitik verändert?

Zunächst hat die Regierung Schröder/Fischer die uneingeschränkte Solidarität mit den USA bekundet und dem NATO-Beschluss zugestimmt, wonach die terroristischen Anschläge in New York, Washington und Pennsylvania den Verteidigungsfall des Bündnisses ausgelöst haben. Allerdings hat die Bush-Administration nicht auf dieses Angebot zurückgegriffen. Die Reaktion der amerikanischen Politik auf die terroristischen Anschläge hat das westliche Lager gespalten; sowohl das transatlantische als auch das europäische Bündnis hat durch die mehr oder weniger unilaterale kriegerische Bekämpfung des Saddam-Regimes gelitten. Innenpolitisch wurden in der Bundesrepublik als Folge der Anschläge Maßnahmen ergriffen, die die Überwachung verdächtiger Personen erleichtert hat bei Einschränkung persönlicher Freiheitsrechte. Der 11. September 2001 war aber kein mit den vier Wegmarken vergleichbar einschneidendes Ereignis in der deutschen Außenpolitik.

4.2 Ausblick

Die außenpolitische Rolle Deutschlands wurde in der jüngeren Vergangenheit als „Zivilmacht", „Handelsstaat", „Integrationslokomotive Westeuropas", „Mittler zwischen Ost und West", „Wirtschaftsriese in Europa", „Exportweltmeister", „Weltmacht wider Willen" etc. bezeichnet. Der Außenpolitik Deutschlands wie Europas können folgende politische, wirtschaftliche und kulturelle Aufgaben zugewiesen werden.

Als größter Demokratie und Wirtschaftsmacht im Herzen Europas kommt es Deutschland zu, für Stabilität zu sorgen und im Verbund mit den anderen großen Demokratien, Frankreich und Großbritannien, Europa außenpolitisch sichtbar zu machen. Das Profil einer wertbestimmten regionalen Zivilmacht gilt es weiter auszubauen um die Segnungen von Frieden und Wohlstand auch nach außen zu vertreten. Die Mission Deutschlands und Europas kann es sein, einen zivilen Umgang zwischen Staaten zu pflegen um Gewaltkonflikte in der Peripherie einzuhegen und ein friedliches Miteinander durch regionale Einbindung und Demokratie zu erzeugen. Zivilität bedeutet dabei nationale Interessenkonflikte auf dem Weg der Verhandlung zum Ausgleich zu bringen. Nicht im Gegeneinander können unterschiedliche Interessen realisiert werden, sondern im Miteinander. Den Politikwandel von einem Nullsummen- zu einem Positivsummenspiel wie er sich in der zweiten Hälfte des 20. Jahrhunderts herausgebildet hat, gilt es zu erhalten und weiter zu entwickeln.

Das Wirtschaftswachstum also als Leitvariable des Wirtschafts- und Politikmodells hatte zunächst in der wirtschaftlichen Aufbauphase genügend autozentrische Antriebskräfte aus dem Innern des Systems selbst erhalten, flankiert von amerikanischer Hilfe. Die sukzessiven Modernisierungsetappen mit zunächst dauerhaften Gütern, die den Nachholbedarf der Nachkriegszeit deckten, dann mit der Freizeitindustrie und der Erneuerung der Städte, wurden allmählich ergänzt von Impulsen, die von außen kamen. Durch das schnelle Wachstum des Außenbeitrages zur nationalen Wertschöpfung gehen in zunehmendem Maße (Exportquote 1950: 8,5 %, 1960: 19 %, 1976: 26 %, 1990: 28,3 %, 2006: 38,3 %, 2009: 33,4 %, 2011: 41,3 %, Quelle: Statistisches Bundesamt. Online: https://www.destatis.de/DE/ZahlenFakten/GesamtwirtschaftUmwelt/Aussenhandel/Handelskennzahlen/Exportquote.html) entscheidende Wachstumsimpulse von ausländischer Nachfrage aus. Die seit den achtziger Jahren verstärkt einwirkenden Globalisierungskräfte führen zu mehr Konkurrenzdruck und Verlagerung von Produktionsstätten ins Ausland. Als relativ rohstoffarmes Industrieland ist Deutschland auf Importe von Rohstoffen, Metallen und Energie angewiesen und besitzt im Humankapital sein innovatives Potential. Die Abhängigkeit von Primärgütern wird auch zu einem politischen Problem insofern als Sicherheitsfragen involviert sind. Die politischen Herausforderungen sind umso größer, je strategischer (und damit verwundbarer) der Rohstoff in der Produktkette liegt. Die Sicherung der Zufuhr ist dann eine Frage der Außenpolitik. Der Wettbewerb um Rohstoffe und Energiequellen konzentriert sich auf das Dreieck Amerika-Europa-Asien und bezieht sich vor allem auf Zentralasien und Afrika. Durch Diversifikation der Zulieferer (wie z.B. mit den Pipelines Northern Line und Nabucco) kann die Abhängigkeit vermindert werden.

Durch Globalisierungsprozesse hat sich die Struktur des deutschen Außenhandels merklich verändert: Waren noch in den siebziger Jahren vor allem Rohprodukte und Nahrungsmittel importiert worden, so entspricht die Struktur der Importe heute in etwa der Struktur der deutschen Exporte als einem Mix von Rohstoffen und produzierten Waren. Der Konkurrenz im Billiglohnsektor der Schwellenländer in Asien (China, Indien) kann seitens der Industrieländer nur durch die Stärke im Hochtechnologiesektor begegnet werden.

In Bezug auf den europäischen Binnenmarkt wird die gemeinsame europäische Politik immer wichtiger, denn der überwiegende Teil der Produktion findet hier statt. Die europäische Wirtschaftspolitik bedarf im Sinne einer „sozialen Marktwirtschaft" der sozialen Abfederung des kapitalistischen Industriemodells.

Die Finanz- und Wirtschaftskrisen 2008/09 haben die Risiken aufgedeckt, die mit einem Turbokapitalismus und spekulativen Finanzmärkten verbunden sind. Die Aufgabe der deutschen und europäischen Politik muss es sein, die global und transnational agierenden Wirtschaftssubjekte durch staatlich abgestimmte und durch Regeln festgelegte Politik einzuhegen und zu stabilisieren. Es ist bisher noch nicht gelungen international abgestimmte verpflichtende Abkommen zustande zu bringen, die eine Finanz- und Wirtschaftsrezession verhindern könnten. Freie globale Märkte bedürfen global abgestimmter staatlicher Politik. Hierfür sind kollektive Vereinbarungen zwischen den wichtigen Wirtschaftsmächten erforderlich, wie sie im Rahmen von UN-Weltkonferenzen oder der Gruppe der G-8 oder G-20 versucht wurden. Auch die Währungsunion muss zu einer Wirtschafts- und Währungsunion ausgebaut werden wie sie schon in den siebziger Jahren vom Werner-Plan versucht wurde.

Schließlich steht Europa auch für sein reiches kulturelles Erbe und der deutschen Außenpolitik obliegt es, auch die dritte Säule seiner Politik sichtbar zu machen. Die nationale Ausstrahlung eines Landes basiert vornehmlich auf seinen kulturellen Leistungen; Europa steht von außen gesehen für seine kulturelle

Vielfalt und sein geistiges Erbe. Die Zusammenführung der verschiedenen europäischen kulturellen Traditionen bleibt als Aufgabe bestehen, um europäische Identität gegenüber anderen Kulturen zu zeigen.

Die europäische Integration hat dazu geführt, dass Deutschland erstmals in seiner Geschichte in guter Nachbarschaft leben kann. Im Innern der Bundesrepublik hat die Verarbeitung des Vereinigungsprozesses weiter Fortschritte gemacht und die wirtschaftliche und politische Stabilisierung der mittel- und osteuropäischen Länder ist weitgehend gelungen. Die sechzigjährige Geschichte der größten Demokratie im Herzen Europas ist eine Erfolgsgeschichte für Deutschland und Europa. Die Erweiterung des Aktionsradius Deutschlands und Europas verlangt ein größeres Engagement jenseits der regionalen Grenzen und erfordert bei der größer gewordenen EU aber auch höhere Anstrengungen zur internen Abstimmung, um zu einer wirksamen gemeinsamen europäischen Außenpolitik zu gelangen an der es zzt. noch mangelt. Man kann die Entwicklung der deutschen Außenpolitik auch so lesen: aus einem Objekt der Großmächte wurde ein aktiv gestaltendes Subjekt europäischer und globaler Politik. In Zukunft wird entscheidend sein, wie sich Deutschland und Europa in den neuen weltpolitischen Konstellationen mit den neu aufkommenden asiatischen Mächten positionieren kann.

Das wirksamste Mittel zur Stabilisierung der demokratischen Systeme in Europa war der Paradigmawandel Mitte des 20. Jahrhunderts: die europäischen Staaten sind aus verschiedenen Gründen von dem zuvor praktizierten Politikmuster nationaler Machtpolitik abgerückt und sind zu verhandelter Regionalpolitik übergegangen. Damit wurde das jahrhundertelang vorherrschende Sicherheitsdilemma gelöst: nicht im Gegeneinander sind nationale Ziele erreichbar, sondern im Miteinander; aus einer Nullsummen-Strategie wurde eine Positivsummen-Strategie. Und dies bedeutet die Fortsetzung der bewährten verhandelten, bi- und multilateral angelegten Außenpolitik eines zivilen Industrie- und Handelsstaates. Neuartige Vergemeinschaftungs- und kollektive Willensbildungs- und Entscheidungsverfahren haben die vier wichtigsten Wegmarken der deutschen Außenpolitik begleitet, nämlich die West-, die Ost-, die Vereinigungs-, sowie die transeuropäische Politik und sollten auch in Zukunft die Politikanlage bestimmen, damit Deutschland und Europa die Friedensinsel bleibt. „Zwischen den reißenden Schmelzwassern des Tauwetters steht Westeuropa wie ein Felsmassiv, das verhindert, dass zu viel Land weggespült wird und Europa in den Fluten von Ungewissheit und Orientierungslosigkeit versinkt. Deutschland muss in das Felsgestein eingebettet bleiben, ein verlässlicher Partner im europäischen Sicherheitsgefüge“ (Heuser 1991, 60).

Verzeichnis der Abkürzungen

AA	Auswärtiges Amt
AKP	Afrika-, Karibik-, Pazifik-Staaten
BDI	Bundesverband der Deutschen Industrie
BIP	Brutto-Inlands-Produkt
BRD	Bundesrepublik Deutschland
BSP, BIP	Bruttosozialprodukt, Bruttoinlandsprodukt
BT	Bundestag
COMECON	Council of Mutual Economic Assistance (= RGW)
CDU	Christlich-Demokratische Union
CIPEC	Intergovernmental Council of Countries Exporters of Copper
CSSR	Tschechoslowakei
CSU	Christlich-Soziale Union
DA	Demokratischer Aufbruch
DDR	Deutsche Demokratische Republik
DGB	Deutscher Gewerkschaftsbund
DK	Dänemark
DSU	Demokratische Soziale Union
EFTA	Europäische Freihandelszone
EG/EU	Europäische Gemeinschaft, Europäische Union
EKD	Evangelische Kirche in Deutschland
EL	Entwicklungsländer
EPZ	Europäische Politische Zusammenarbeit
ERP	European Recovery Program (Marshall-Plan)
ESVP	Europäische Sicherheits- und Verteidigungs-politik
EVG	Europäische Verteidigungsgemeinschaft
EWG	Europäische Wirtschaftsgemeinschaft
EZB	Europäische Zentralbank
F	Frankreich
FAO	Food and Agriculture Organization (Ernährungs- und Landwirtschaftsorganisation)
FAZ	Frankfurter Allgemeine Zeitung
FDGB	Freier Deutscher Gewerkschaftsbund
FDP	Freie Demokratische Partei

F & E	Forschung und Entwicklung
GASP	Gemeinsame Außen- und Sicherheitspolitik
GATT	General Agreement on Tariffs and Trade
GB	Großbritannien
GG	Grundgesetz
GR	Griechenland
GUS	Gemeinschaft Unabhängiger Staaten
I	Italien
IMF	International Monetary Fond (= Internationaler Währungsfond, IWF)
Infas	Institut für angewandte Sozialforschung
IS	Industriestaaten
J	Japan
KPD	Kommunistische Partei Deutschlands
KPdSU	Kommunistische Partei der Sowjetunion
KSZE, OSZE	Konferenz über Sicherheit und Zusammenarbeit in Europa, Organisation
MBFR	Mutual and Balanced Force Reduction (Konferenz über Truppenverminderung)
MLF	Multilateral Force (Multilaterale Atomstreitmacht)
MRP	Mouvement Republicain Populaire (Christdemokratische Partei)
NATO	North-Atlantic Treaty Organiziation (Nordatlantikpakt)
NL	Niederlande
NPD	Nationaldemokratische Partei Deutschlands
OAS	Organization of American States
OAU	Organization of African Unity
OECD	Organization for Economic Cooperation and Development (Organisation für wirtschaftliche Zusammenarbeit und Entwicklung)
OEEC	Organization for European Economic Co-operation (Europäischer Wirtschaftsrat)
OPEC	Organization of Petrol Exporting Countries (Organisation erdölexportierender Länder)
PDS	Partei des Demokratischen Sozialismus
RAF	Rote Armee Fraktion

RGW	Rat für gegenseitige Wirtschaftshilfe (= COMECON)
S	Schweden
SALT	Strategic Arms Limitation Talks
SBZ	Sowjetisch Besetzte Zone
SED	Sozialistische Einheitspartei Deutschlands
SMAD	Sowjetische Militäradministration in Deutschland
SPD	Sozialdemokratische Partei Deutschlands
SPÖ	Sozialistische Partei Österreichs
STAMOKAP	Staatsmonopolkapitalismus
SU	Sowjetunion
UdSSR	Union der Sozialistischen Sowjetrepubliken
UN, UNO	United Nations (Vereinte Nationen), United Nations Organization
UNCTAD	United Nations Conference on Trade and Development (Welthandels- und Entwicklungskonferenz)
UNIDO	United Nations Industrial Development Organization (Organisation der Vereinten Nationen für industrielle Entwicklung)
UNRA	United Nations Relief and Rehabilitation Administration
USA	United States of America (Vereinigte Staaten von Amerika)
VKSE	Vertrag über Konventionelle Streitkräfte in Europa
VN	Vereinte Nationen (UNO)
WEU	West European Union (Westeuropäische Union)
WTO	World Trade Organization (Welthandelsorganisation)
WWTK	Welt-Wissenschafts- und Technologiekonferenz für Entwicklung (United Nations Conference on Science and Technology for Development)

Namensverzeichnis

Stichwortverzeichnis

A

B

C

D

E

F

G

H

I

J

K

L

M

N

O

Z

Anmerkungen

1 Alle Zitate in: Internationale Politik: Europa hat die Wahl, DGAP, Mai 2009, Nr. 5.

2 Die wichtigsten Publikationen zur außenpolitischen Ereignisgeschichte sind folgende: Für die Jahre bis zur Gründung der Bundesrepublik: Hans-Peter Schwarz 1980; Becker et al. 1978; Wilfried Loth 1980; C. Scharf und H.-J. Schröder (Hrsg.) 1977 und 1979; Westdeutschlands Weg 1976. Für die erste Adenauerzeit: Baring 1969; Hanrieder 1967; Besson 1970. Für die ersten Jahrzehnte Bundesrepublik: Noack 1972; Besson 1970; H. P. Schwarz 1986; Vogelsang 1966. Zur Ostpolitik: Löwenthal 1974; Meissner 1972, Kaiser 1979; Kreile 1978; Schmid 1979. Zur neueren Zeit: Gesamtdarstellungen: Kaiser 1968; Grosser 1978; Calleo 1978; Vogelsang 1980; Pfetsch 1993; Haftendorn 2001; Hacke 2004 (hierin auch die neueste Literatur zur deutschen Außenpolitik); Schöllgen 2004; Bierling 2005, Hellmann 2006, Gareis 2009.

3 A penetrated system is defined as one „in which non-members of the national society participate directly and authoritatively, through actions taken jointly with the society's members, in either the allocation of values or the mobilization of support on behalf of its goals" (Rosenau 1997, 127).

4 Einen Überblick über die verschiedenen Interpretationsansätze gibt Wilfried Loth 1980.

5 Emmanuel Todd 2003: Weltmacht USA. München.

6 Ausführliche Darstellungen finden sich vor allem in folgenden Publikationen: Hans-Peter Schwarz 1980, S. 35-271; Thilo Vogelsang[10] 1980; Josef Becker/Theo Stammen/Peter Waldmann 1979; C. Scharf/H.-J. Schröder (Hrsg.) 1977 und 1979 (mit ausführlicher Bibliographie); Alexander Fischer 1975; Dietrich Geyer 1972, Westdeutschlands Weg zur Bundesrepublik 1976; John Gimbel 1976; Manfred Knapp 2004 (mit ausführlicher Bibliographie); Werner Link 1988.

7 Damit wiederholten die beiden Politiker das, was Stalin schon 1927 zu einer amerikanischen Delegation gesagt hatte: „In course of further development of international revolution, there will emerge two centers of world significance: a socialist center … and a capitalist center. Battle between these two centers for command of world economy will decide fate of capitalism and of communism in entire world" (G.F. Kennan 1967: Memoirs 1925-1950, 547).

8 Amerikanische Zone: Office of Military Government for Germany OMGUS in Frankfurt; britische Zone: Control Commission for Germany in Bad Oeynhausen; französische Zone: Conseil de Control pour l'Allemagne in Baden-Baden; sowjetische Zone: Sowjetische Militäradministration für Deutschland SMAD in Karlshorst.

9 Zu den wichtigen von den Alliierten getroffenen Vereinbarungen aus den Jahren 1944/45 gehören: die Dreimächteprotokolle vom 12. September und 14. November 1944 über die Besatzungszonen in Deutschland und die Verwaltung von Groß-Berlin, das Drei-Mächte-Abkommen über die Kontrolleinrichtungen in Deutschland vom 14. November 1944, die auf der Konferenz von Jalta vereinbarten Abmachungen der drei Hauptalliierten vom Februar 1945 und die Berli-

ner Vier-Mächte-Erklärung vom 5. Juni 1945. Frankreich war auf der Krim-Konferenz zur Beteiligung eingeladen worden und ist am 7. August 1945 dem Potsdamer Abkommen mit Vorbehalten beigetreten. Die Vier-Mächte-Verantwortung für Deutschland ist in diesen Abkommen fixiert.

10 Die wichtigsten Dokumente der Nachkriegspolitik sind: Amtliche Verlautbarung über die Konferenz von Jalta (3.11.1945), die Erklärung in Anbetracht der Niederlage Deutschlands und der Übernahme der obersten Regierungsgewalt hinsichtlich Deutschlands vom 5.6.1945, die amtliche Verlautbarung über die Konferenz von Potsdam v. 17.7.-2.8.1945 sowie die Direktive des amerikanischen Generalstabs an den Oberbefehlshaber der Besatzungstruppen in Deutschland vom April 1945 (Direktive JCS 1067), Texte in: Deuerlein 1957, von Siegler 1961. Europa-Archiv 1946 ff. Rede des amerikanischen Außenministers Byrnes am 6. September 1946 in Stuttgart.

11 Vgl. Protokoll vom 12.12.1944, European Advisory Commission EAC.

12 Bildung der Verwaltungsräte in den Westzonen und Einsetzung des ersten Verwaltungsrates in der Bizone 1946, Bildung der deutschen Wirtschaftskommission in der Ostzone 1947, die Neugestaltung der bizonalen Verwaltungsorganisation und der Beitritt Frankreichs zur Bizone im April 1949, Bildung des Wirtschaftsrates 1948 und Ausbau der Wirtschaftskommission in der Ostzone 1948, die Währungsreformen in den Westzonen und in der Ostzone 1948, schließlich das Inkrafttreten des Bonner Grundgesetzes im Mai 1949 und der Verfassung der Deutschen Demokratischen Republik im Oktober 1949.

13 Adenauer hatte allerdings zuvor die SPD beschuldigt, sie unterstütze die Labour-Demontagepolitik.

14 Neutralität kann sich auf verschiedene Gebiete beziehen. Im engeren und konstitutiven Sinne ist aber unter Neutralität die militärische Ungebundenheit und Nichtbeteiligung eines Staates an kriegerischen Auseinandersetzungen anderer zu verstehen.

15 Dies hat er sehr deutlich in der Denkschrift vom September 1952 dem Auswärtigen Ausschuss des Bundestages zur Kenntnis gebracht: „Wenn der Bonner Vertrag davon ausgeht, dass ein wiedervereinigtes Deutschland ebenso in den Westen integriert werden müsse, wie es jetzt für die Bundesrepublik vorgesehen ist, dann schließt der Vertrag die Wiedervereinigung aus. Zu glauben, dass die Sowjetunion den von ihr besetzten Teil Deutschlands räumen, gutwillig und in Frieden räumen würde, um nachher die NATO-Truppen und die EVG, soweit diese einen Teil von jener bildet, an der Oder-Neiße-Linie stehen zu haben, trägt den Gesichtspunkten des Gegners keine Rechnung und ist dadurch unwirklich" (Pfleiderer 1961, 104).

16 Zwei autobiographische Daten seiner Bürgermeisterzeit sind aufschlussreich: 1919 setzte sich Adenauer für ein von Preußen getrenntes Rheinland ein, und in einem Memorandum des Jahres 1926 beklagte Adenauer Stresemanns „Schaukelpolitik", ihm missfalle „dieses Unstete und Schaukelnde an der deutschen Außenpolitik!" (nach H.-P. Schwarz: 1980, 427), (siehe dazu auch Karl Dietrich Erdmann 1966). Zur Charakterisierung der Adenauerpolitik vor dem Hintergrund seiner rheinischen Herkunft gibt es variationsreiche Formulierungen. So bezeichnet Carlo Schmid Adenauer als einen aus vorrevolutionärer Epoche herüber ragenden

„Reichspatrizier", dessen negatives Verhältnis zum jenseits der Elbe liegenden Teil Deutschlands positiv korreliert mit seiner heimatlichen Umgebung, also zu dem, was man „von der Kreuzblume des Kölner Domes sehen konnte" (zitiert nach Soell 1976, Bd. 1, 136).
Ähnlich urteilt Golo Mann, der in Adenauer Züge eines „protestantischen Franzosen, des Chefs einer der Hugenotten-Clans" findet und Adenauers Patriotismus als „vorpreußisch, reichsstädtisch" bezeichnet (nach Soell 1976, Bd. 1, 565). Hans-Peter Schwarz charakterisiert das Adenauer-Profil als antipreußisch, national (nicht nationalistisch), westdeutsch-föderalistisch gegen politische Zentralisierung, antimilitaristisch, privat-kapitalistisch mit einer sozialen Komponente (H.-P. Schwarz 1966, 436).

17 Adenauer war für eine noch engere Formel eingetreten, wonach Rechte und Pflichten automatisch auf das vereinigte Deutschland übergehen sollen (vgl. Arnulf Baring (Hrsg.) 1974, 104 f. und Thomas Dehler 1969, 155 f.).

18 Noten vom 10. März 1952, vom 9. April 1952, vom 24. Mai 1952 und vom 23. August 1952.

19 Vgl. dazu Eberhard Schulz: An Ulbricht führt kein Weg mehr vorbei. Hamburg 1967, 30 ff., der dies auch für Stalins Nachfolger gelten lässt. Vgl. auch Soell 1976, Bd. I, 149. Der These, wonach die sowjetische Führung bereit war, nationalen deutschen Interessen entgegenzukommen, schließt sich auch Boris Meissner an (Meissner 1972, 482).

20 Der Vollständigkeit halber setzen wir die Statistik der bilateralen Zusammenkünfte der Regierungschefs fort: Unter Bundeskanzler Kurt Georg Kiesinger blieb diese Ausgewogenheit mit jeweils drei Besuchen in Frankreich und den Vereinigten Staaten erhalten. Seine Reiseaktivitäten bringen jedoch eine Öffnung zum asiatischen Bereich. Bei Willy Brandt wie bei seinem Nachfolger Schmidt gewinnen die Besuche in osteuropäischen Staaten an Bedeutung (fünf mal reiste jeder der Kanzler bis 1979) bei weiterhin höchster Priorität für die EG-Partner (Brandt 13, Schmidt 14). Die Reisen in die USA (Brandt fünf, Schmidt drei) halten sich mit denen nach Großbritannien die Waage. Die doppelte Anzahl der Schmidt-Reisen nach Frankreich im Vergleich zu denjenigen nach den USA dokumentiert mehr als nur die Erfüllung des Deutsch-Französischen Vertrags: sie sind Ausdruck der besonderen Rolle beider Staaten in Fragen der Europapolitik und in der Weltwirtschaft. Reisen in das außereuropäische Ausland sind aber vor allem vom Außen- und Wirtschaftsminister wahrgenommen worden, die man zur Vervollständigung des Bildes ebenso hinzurechnen müsste, wie die Treffen der Regierungschefs und Minister bei internationalen Konferenzen.

21 Diese allianzstrategischen Überlegungen sind einem Vortrag entnommen, den der damalige Staatssekretär im AA Carstens 1966 in der Akademie Eichholz hielt.

22 Vgl. Tutzinger Rede, in: Archiv der Gegenwart v. 15. Juli 1963, 10700/1.

23 Der sogenannte Schollwer-Plan von 1967 sah vor:
1. Eine Beseitigung der DDR ist weder mit Gewalt noch auf dem Verhandlungswege möglich. Die DDR ist längst zum Bestandteil einer ausbalancierten europäischen Nachkriegsordnung geworden, deren Bestand nicht nur im Interesse des Ostens liegt.

2. Der Bonner Anspruch, Deutschland in der Welt allein zu vertreten, ist aufzugeben.
3. Die DDR muss von Bonn als zweiter deutscher Staat anerkannt werden.
4. Bonn soll auf allen Ebenen mit der DDR verhandeln.
5. Die Bundesregierung soll auf die deutschen Ostgebiete verzichten und die gegenwärtigen Ostgrenzen anerkennen.
6. Zu allen ost- und südosteuropäischen Staaten sind volle diplomatische Beziehungen mit dem Ziel aufzunehmen, eines dieser Länder als Vermittler bei Verhandlungen mit der DDR einzuschalten.
7. Beide deutsche Staaten sollen sich gegenseitig bei der Aufnahme in die Vereinten Nationen unterstützen. Bonn und Ostberlin sollen die Interessen des jeweils anderen deutschen Staates in denjenigen Ländern vertreten, in denen dieser noch keinen Botschafter hat.

24 Vgl. BT März 1966 und SPD-Parteitag in Dortmund 1966.

25 Das Dokument ist abgedruckt und kommentiert in der FAZ v. 19.3.1992.

26 Gelegentlich wurde das wirtschaftliche Interesse an einer Beseitigung der politischen Belastungen im Verhältnis zu den Staaten Osteuropas deutlich ausgesprochen, so z.B. in folgender Äußerung Otto Wolffs von Amerongen: „Wir brauchen einen Schub von politischer Seite, weil dann auch wirtschaftlich viel mehr gemacht werden könnte“ (Handelsblatt vom 31.3.1970). In der Wirtschaftspresse wurde die Unterzeichnung des Moskauer Vertrages mit „diskretem Beifall“ bedacht (vgl. H. J. Krautheim, Ostpolitik und Osthandel, in: E. Jahn/V. Rittberger: 1974, 111 f.) Insgesamt hielten sich Interessenverbände und Industriesprecher mit Wertungen zurück. Nach Abschluss der Verträge war beim Ostausschuss der Deutschen Wirtschaft keine plötzlich aufflammende Osthandels-Euphorie zu registrieren: „Für die Bundesrepublik waren die vergangenen 12 Monate ein Jahr sehr aktiver Ostpolitik. Mit Moskau und Warschau unterzeichnete die Bundesregierung hochpolitische Abkommen, mit Prag bereitete sie einen entsprechenden Vertrag vor. Die stimulierenden Ausstrahlungen dieser Verträge auf die Handelspolitik waren nicht zu übersehen. Nie zuvor sind innerhalb eines Jahres so viele amtliche Wirtschaftsverhandlungen mit den osteuropäischen Ländern geführt worden wie 1970/71. Sämtliche neue Abkommen lassen den Wunsch der Bundesregierung erkennen, den Osthandel auszuweiten und zu erleichtern.“ (BDI-Jahresbericht: 1970/71, 163, in: Kreile 1978, 138) Obwohl bei Vertretern der Industrie ein deutliches Interesse an der Verbesserung der Handelsbeziehungen zwischen der westdeutschen Industrie und den RGW-Ländern bestand, hielten sich Verbandssprecher in der Phase der innenpolitischen Durchsetzung der Verträge sehr zurück. „Die deutsche Industrie wünscht die Ratifizierung der Ostverträge. Denn Moskau winkt mit Großaufträgen. Gleichwohl scheuen Deutschlands Industrielle aus Rücksicht auf die traditionellen Bindungen zur CDU die gebotene Interessenskoalition mit dem Kabinett Brandt-Scheel. Der Vorsitzende des Ostausschusses, Wolff von Amerongen, verwahrte sich dagegen, wirtschaftliche Argumente in die Vertragsdebatte einzubeziehen.“ (In: Der Spiegel, Nr. 14, 1972, 23) In Wirtschaftskreisen dominierte die Meinung, auch bei einer Nichtratifizierung würde sich das Volumen des Handels zwischen der BRD und den Staaten Osteuropas erhöhen, möglicherweise mit reduzierten Zuwachsraten. Das „Handelsblatt“

kommentiert: „Wenn die Verträge ratifiziert werden, wird sicherlich kein Boom im deutschen Ostgeschäft eintreten. Werden sie abgelehnt, so wird der deutsche Außenhandel nicht zusammenbrechen“ (Handelsblatt v. 29.3.1972). So erklärt sich, dass sich unter wirtschaftlichen Aspekten kein dringlicher Anlass fand, der die Interessensverbände der Industrie in die politische Debatte zugunsten der Regierungsparteien eingreifen ließ. „Auch hinter den Kulissen wurde allem Anschein nach kein nennenswerter Druck auf die CDU/CSU-Fraktion ausgeübt, der die Option für die Stimmenthaltung bei der Abstimmung im Bundestag mitbestimmt hatte“ (Kreile 1978, 141). Die mangelnde Bereitschaft des Industrieverbandes, die Politik der sozialliberalen Koalition zu unterstützen, ist aus gesellschaftspolitischen Gründen zu erklären.

27 Die Exporte der Bundesrepublik nehmen 1970-1971 um 15,6 % zu, zwischen 1971-1972 um 29,5 %, zwischen 1972-1973 um 41,3 %. Besonders spektakulär ist diese Zunahme der Exporte in die Sowjetunion und nach Polen. Im zeitlichen Trend jedoch wird diese Handelsbelebung wieder relativiert: die Ostexporte insgesamt erhöhten sich schon Mitte der sechziger Jahre (1964-65: 42,8 %, 1965-66: 36,4 %, 1966-67: 12,6 %), also zu einer Zeit, in der die offizielle Politik noch sehr verhalten gegenüber Ostkontakten war. Im Übrigen ist der Anteil der Exporte in die Staatshandelsländer immer unter 8 % geblieben. Als Motor für die Belebung der Konjunktur hat der Osthandel weder in der Rezessionsphase 1966/67 noch in der Talfahrt 1974/75 eine große Rolle gespielt. In beiden Fällen liegen die Zuwachsraten niedriger als in den Jahren davor.

28 Wichtige Ereignisse dieser Periode sind:
- der Rückzug der USA aus Indochina,
- die Abhöraffäre Watergate,
- der Frontwechsel Ägyptens im Ost-West-Verhältnis,
- der Yom-Kippur-Krieg zwischen Ägypten und Israel,
- die Erhöhung des Erdölpreises durch die OPEC,
- der Abschluss von SALT I,
- die Öffnung der VR China mit Hilfe der US-amerikanischen Politik,
- die Erweiterung der EG um drei Staaten.

29 Vgl. Das Atlantische Bündnis. Tatsachen und Dokumente. Brüssel 1990, 118 f.

30 Zum Beispiel in Jugoslawien (vgl. Viktor Meier, Yugoslave Communism, in: Communism in Europe. W. E. Griffith [Ed.], Cambridge 1964) oder in Polen und Ungarn.

31 Willy Brandt vor dem Auswärtigen Ausschuss des Deutschen Bundestages, März 1972 (zitiert nach Die Zeit, Nr. 42 vom 10.10.1975).

32 Die Idee zu der Zwei-plus-Vier-Formel wurde vom Chef des Politischen Planungsstabes des Department of State, Dennis Ross, vorgeschlagen und hat sich gegen die Bedenken des Nationalen Sicherheitsrates und der Europaabteilung im amerikanischen Außenministerium durchgesetzt (vgl. E. Pond: Die Entstehung von „Zwei-plus-Vier“. In: EA v. 10.11.1992). Vorgeschlagen waren ursprünglich auch Vier-plus-Zwei-Gespräche, bzw. Null-plus-Vier-Gespräche; auch wurde von einem Sechser-Mechanismus gesprochen.

33 James Baker: Erklärung des amerikanischen Außenministers, abgegeben zur Er-

öffnung der Zwei-plus-Vier-Verhandlungen in Bonn am 5. Mai 1990. In: Dokumente zur deutschen Vereinigung, Europa-Archiv, D 495.

34 Der Zehn-Punkte-Plan Helmut Kohls v. 28. November sah folgende Schritte zur staatlichen Vereinigung vor: 1. Konkrete Hilfestellung bei Fluchtbewegungen, 2. Zusammenarbeit mit DDR zur Unterstützung von Menschen beiderseits der Grenze, 3. Hilfen bei Wandel der DDR, inklusive Aufhebung des Machtmonopols der SED, 4. Vertragsgemeinschaft, 5. Konföderale Strukturen (Föderation) zwischen beiden Staaten, 6. Architektur Deutschlands muss sich in europäische Architektur einfügen, 7. Stärkung der Europäischen Gemeinschaft, 8. Weiterführung des KSZE-Prozesses, 9. Schritte zu Abrüstung und Rüstungskontrolle und 10. Selbstbestimmung der Deutschen über ihre staatliche Einheit.

35 Vgl. George Bush: Pressekonferenz des amerikanischen Außenministers James A. Baker am 29. November 1989 in Washington. Abgedr. in: K. Kaiser: Deutschlands Vereinigung, 1991, 169 (D14).

36 M. Gorbatschow: Gemeinsame Presseerklärung des amerikanischen Präsidenten, George Bush, und des sowjetischen Partei- und Staatschefs, Michail Gorbatschow am 2/3.12.1989. In: Kaiser 1991, 171 (D15).

37 Am 17. März 1990 erklärten die politischen Führer von Polen, Ungarn und der Tschechoslowakei, dass ein neutrales Deutschland „die schlechteste Alternative" (Dienstbier) und eine Mitgliedschaft Deutschlands in der NATO zum Vorteil osteuropäischer Staaten sei.

38 Die meisten Autoren betonen zur Messung von Machtpotentialen ökonomische und militärische Faktoren. Morgenthau fügt diesen die Qualität von Diplomatie und Regierung sowie den Nationalcharakter hinzu (vgl. F.R. Pfetsch: 1994, 147).

39 Bauman, Zygmunt: A Revolution in the Theory of Revolutions? In: IPSR, Vol. 15, No. 1, 1994, 15-24; Przeworski, Adam: Problems in the Study of Transition to Democracy. In: O'Donnell, G/Schmitter, P./Whitehead, L.: Transition from Authoritarian Rule. 1986; Porsch, B./Martin, A.: Die Revolution in der DDR. In: KZfSS, H.2 1991; Pollack, Detlef: Wer leitete die ‚Wende' ein? In: Sozialwissenschaften und Praxis, 13 Hamburg 1990; Opp, Karl-Dieter: DDR 1989. Zu den Ursachen einer spontanen Revolution. In: KZfSS, H.2, 1991; Staritz, Dietrich: Ursachen und Konsequenzen einer deutschen Revolution. In: Sonderband Fischer Weltalmanach, 1990; Meuschel, Sigrid: Wandel durch Auflehnung. In: Berliner Journal für Soziologie, 1991; Maier, Gerhard: Die Wende. Bundeszentrale für politische Bildung, Bonn 1990; Liebert, U./Merkel, W. (Hrsg.): Die Politik zur deutschen Einheit. Opladen 1991.

40 Helmut Kohl, Bericht der Bundesregierung zur Lage der Nation, abgegeben am 8. November 1989. Abgedr. (Auszug) in: Kaiser: Deutschlands Vereinigung. Die internationalen Aspekte. Bergisch Gladbach 1991, 156.

41 Auch bezüglich der außenpolitischen Krisenherausforderungen des Terrorismus und der Irakfrage lassen die beiden Politiker in ihren Reaktionen ein unterschiedliches Profil erkennen. Während Fischer in beiden Fällen der Bündnisfrage hohe Priorität einräumte und keine kategorischen Positionen bezog, lavierte Schröder zwischen zwei gegensätzlichen Extremen: Während er einerseits nach den Terror-

anschlägen des 11. September 2001 den USA die „uneingeschränkte Solidarität" versicherte, schloss er während und nach dem Wahlkampf 2002 andererseits jegliche Beteiligung an einem militärischen Einsatz im Irak aus.

42 http://www.spd.de/servlet/PB/menu/1009793/index.html.

43 http://www.gruene-partei.de/rsvgn/rs-dok/0,,4495,00.htm.

44 Gemeinsam für Deutschland. Mit Mut und Menschlichkeit – Koalitionsvertrag von CDU, CSU und SPD, Berlin, 2005, S. 146/160. Koalitionsvertrag: http://www.bundesregierung.de/Content/DE/StatischeSeiten/Breg/ko.

45 Ebd. S. 146.

46 Ebd. S. 159 (allerdings nur: „Deutsche Außenpolitik" bis „miteinander verknüpft" und „Zur Friedenssicherung" bis „auf dem Balkan").

Literatur

Abelshauser, Werner 1979: Zur Entstehung der ‚Magnet-Theorie' in der Deutschlandpolitik. In: Vierteljahreshefte für Zeitgeschichte. 27. Jg., S. 661-679.

Adenauer, Konrad: Erinnerungen, Bd. I, 1945-53 (1965), Bd. II, 1953-55 (1966), Bd. III, 1955-59 (1969). Frankfurt/M.: Fischer 1965, 1966, 1969.

Agnoli, Johannes/Brückner, Peter 1968: Die Transformation der Demokratie. Frankfurt/M.: EVA.

Albrecht, Ulrich 1992: Die Abwicklung der DDR: die „2+4 Verhandlungen"; ein Insider-Bericht. Opladen: WdV.

Archiv der Gegenwart v. 15. Juli 1963, 10700/1. Königswinter: Siegler-Verlag.

Ash, Timothy Garton 1994: Germany's Choice. In: Foreign Affairs, Vol. 73, No. 4.

Auswärtiges Amt (Hrsg.) 1991: Die Außenpolitik der Bundesrepublik. Köln 1972, Neue Aufl.

Avineri, Shlomo 1998: Eine erstaunliche Erfolgsgeschichte. In: Internationale Politik 53 (12), S. 27-32.

Axt, Heinz-Jürgen/Milososki, Antonio/Schwarz, Oliver 2007: Europäisierung ein weites Feld. In: Politische Vierteljahresschrift, 47, 1, S.136-149.

Axt, Heinz-Jürgen 1979: Bundesdeutsche Außenpolitik zwischen transatlantischer und west-europäischer Orientierung. In: U. Albrecht et al.: Beiträge zu einer Geschichte der Bundesrepublik. Köln: Pahl-Rugenstein.

Bafoil, François/Beichelt, Timm (Hrsg.) 2008: Européanisation. D'Ouest en Est. Paris: L'Harmattan (Collection Logiques Politiques), S.1-14.

Baring, Arnulf 1969: Außenpolitik in Adenauers Kanzlerdemokratie. München/ Wien: Oldenbourg.

Baring, Arnulf 1988: Unser neuer Größenwahn: Deutschland zwischen Ost und West. Stuttgart: DVA.

Becker, Josef/Stammen, Theo/Waldmann, Peter (Hrsg.) 1979: Vorgeschichte der Bundesrepublik. Zwischen Kapitulation und Grundgesetz. München: Fink.

Beichelt, Timm 2008: Dimension of Europeanization. In: Bafoil, François/Beichelt, Timm (Hrsg.) 2008: Européanisation. D'Ouest en Est. Paris: L'Harmattan (Collection Logiques Politiques), S. 31-53.

Besson, Waldemar 1970: Die Außenpolitik der Bundesrepublik. München: Piper.

Beyme, Klaus von (Hrsg.) 1979: Die großen Regierungserklärungen der deutschen Bundeskanzler von Adenauer bis Schmidt. München: Hanser.

Bierling, Stephan 2005: Die Außenpolitik der Bundesrepublik Deutschland. Normen, Akteure, Entscheidungen. München/Wien: Oldenbourg.

Bismarck, Otto Fürst 1905: Gedanken und Erinnerungen. Volksausgabe, Stuttgart/ Berlin.

Brandt, Willy 1968: Friedenspolitik in Europa. Frankfurt/M.: Fischer.

Brandt, Willy 1978: Begegnungen und Einsichten. 1960-1975. München/Zürich: Knaur.

Brandt, Willy 1989: Erinnerungen. Frankfurt/M.: Ullstein.

Brauch, Hans Günter 1979: Sozialwissenschaftliche Interventionsbegriffe und externe Einwirkungsphänomene im Bereich der internationalen Beziehungen. In: Simma, Bruno/Blenk-Knocke, Edda 1979: Zwischen Intervention und Zusammenarbeit. Interdisziplinäre Arbeitsergebnisse zu Grundfragen der KSZE. Berlin: Duncker & Humblot, S. 88 ff.

Braunmühl, Claudia von 1974: Ist die „Ostpolitik" Ostpolitik? In: Jahn, Egbert/Rittberger, Volker (Hrsg.) 1974: Probleme der Ostpolitik der BRD. Triebkräfte, Widerstände, Konsequenzen. Opladen: Westdeutscher Verlag, S.13-27.

Bredow, Wilfried von 2006: Die Außenpolitik der Bundesrepublik Deutschland. Wiesbaden: VS-Verlag.

Bredow, Wilfried von/Jäger, Thomas 1993: Neue deutsche Außenpolitik. Nationale Interessen in internationalen Beziehungen. Opladen: Leske & Budrich.

Calleo, David 1989: Geteiltes Land – Halbes Land? Essays über Deutschland, eingeleitet von R. Löwenthal. Frankfurt/Main: Ullstein.

Calleo, David 1978: The German Problem Reconsidered. Germany and the World Order 1870 to the Present. Cambridge: Cambridge University Press.

Carlsnaes, Walter and Steve Smith 1994: European Foreign Policy. London et al.: Sage.

Conze, Werner 1969: Jakob Kaiser – Politik zwischen Ost und West. Stuttgart: Kohlhammer.

Czempiel, Ernst-Otto/Schweitzer, Carl-Christoph 1984: Die Weltpolitik der USA nach 1945. Bonn: Bundeszentrale für politische Bildung.

Czempiel, Ernst-Otto 1989: Machtprobe. Die USA und die Sowjetunion in den achtziger Jahren. München: C.H. Beck.

Deckers, Wolfgang 2001: German Foreign Policy in the Balkans: Germany as Europe's New Hegemon? Paper presented at the Annual International Studies Convention, February, Chicago.

Dehler, Thomas 1969: Reden und Aufsätze. Köln/Opladen: WDV.

Delbrück, Jost/Ropers, Norbert/Zellentin, Gerda 1977: Grünbuch zu den Folgewirkungen der KSZE. Köln: Wissenschaft und Politik.

Dessler, David 1989: What's at stake in the agent-structure debate? In: International Organization 43, S. 441-473.

Deutsch, Karl W. 1963: The Nerves of Government. NewYork: Free Press.

Duchêne, François 1973: Die Rolle Europas im Weltsystem. In: Kohnstamm, Max/Hager, Wolfgang (Hrsg.): Zivilmacht Europa. Frankfurt/Main: Suhrkamp.

Dürr, Ernst 1978: Soziale Marktwirtschaft als Beitrag zu einer neuen Weltwirtschaftsordnung. In: Ludwig Erhard Stiftung: Soziale Marktwirtschaft als nationale und internationale Ordnung. Stuttgart: Bonn Aktuell.

EKD Denkschrift 1965: Die Lage der Vertriebenen und das Verhältnis des deutschen Volkes zu seinen östlichen Nachbarn. Hannover.

Elias, Norbert 1976: Über den Prozess der Zivilisation. Frankfurt/M.: Suhrkamp.

Erdmann, Karl Dietrich 1966: Adenauer in der Rheinlandpolitik nach dem Ersten Weltkrieg. Stuttgart: Klett.

Erhard, Ludwig (Hrsg.) 1954: Deutschlands Rückkehr zum Weltmarkt. Düsseldorf/ Wien: Econ.

Erhard, Ludwig 1957: Wohlstand für Alle. Düsseldorf/Wien: Econ.

Erhard, Ludwig 1962: Deutsche Wirtschaftspolitik. Der Weg der sozialen Marktwirtschaft. Düsseldorf/Wien: Econ.

Erler, Fritz 1952: Warum so eilig? In: Norddeutsche Zeitung vom 28/29 Juni 1952.

Europa-Archiv 1953 ff.

Fischer, Alexander 1975: Sowjetische Deutschlandpolitik im Zweiten Weltkrieg 1941-1945. Stuttgart: DVA.

Fischer, Joschka 2001: Vom Staatenverbund zur Föderation. Gedanken über die Finalität der Europäischen Integration. Berlin Humboldt Universität.

Gaddis, John Lewis 1987: The Long Peace. N.Y. Oxford University Press.

Gareis, Sven 2009: Politics within Alliances: Germany's Multilateral Foreign Policy. Jerusalem 2009: Hebrew University.

Gasteyger, Curt 1991: Europa zwischen Spaltung und Einigung 1945-1990. Bonn: Bundeszentrale für Politische Bildung.

Geyer, Dietrich 1972: Von der Kriegskoalition zum Kalten Krieg. In: Geyer, Dietrich (Hrsg.): Osteuropa-Handbuch. Köln/Wien: Böhlau, S. 343-381.

Gimbel, John 1976: The Origins of the Marshall-Plan. Stanford: Stanford University Press.

Grosser, Alfred 1978: Geschichte Deutschlands seit 1945. München: dtv.

Gruchmann, J. 1968: Der Zweite Weltkrieg. München: dtv.

Hacke, Christian 2004: Die Außenpolitik der Bundesrepublik Deutschland. Berlin: Ullstein.

Hacke, Christian 2004: Weltmacht wider Willen. Die Außenpolitik der Bundesrepublik Deutschland. Berlin: Ullstein.

Haftendorn, Helga/Karl, Wolf-Dieter/Krause, Joachim/Wilker, Lothar 1978: Verwaltete Außenpolitik. Köln: Wissenschaft und Politik.

Haftendorn, Helga 2001: Deutsche Außenpolitik zwischen Selbstbeschränkung und Selbstbehauptung. Stuttgart/München DVA.

Hall, Peter 1993: Policy Paradigms, Social Learning and the State. In: Comparative Politics 25 (3), S. 239-255.

Hanrieder, Wolfram F. 1967: West German Foreign Policy 1949-1963. International Pressure and Domestic Response. Stanford: Stanford University Press.

Harnisch, Sebastian/Maull, Hanns W. (Hrsg) 2001: Germany as a Civilian Power? The Foreign Policy of the Berlin Republic. Manchester: Manchester University Press.

Hellmann, Gunther 2006: Deutsche Außenpolitik. Eine Einführung. Wiesbaden: SV.

Heuser, Beatrice 1991: Die Zukunft der europäischen Sicherheit. In: EA v. 25.1, S. 60.

Hildebrand, Klaus [5]1990: Deutsche Außenpolitik 1933-1945, Kalkül oder Dogma? Stuttgart: Kohlhammer.

Hillgruber, Andreas 1971: Kontinuität und Diskontinuität in der deutschen Außenpolitik von Bismarck bis Hitler. Düsseldorf: Droste.

Huster, Ernst Ulrich et al. 1985: Determinanten der westdeutschen Restauration 1945-49. Frankfurt/M.: Suhrkamp.

Hyde-Price, Adrian 2000: Germany and European Order. Manchester: Manchester University Press.

Jahn, Egbert/Rittberger, Volker (Hrsg.) 1974: Die Ostpolitik der Bundesrepublik. Triebkräfte, Widerstände, Konsequenzen. Opladen: WDV.

Jopp, Mathies/Schlotter, Peter 2007: Kollektive Außenpolitik – Die Europäische Union als internationaler Akteur. Baden-Baden: Nomos.

Kaiser, Jakob 1946: Deutschland und die Union. Die Berliner Tagung 1946. Berlin.

Kaiser, Karl 1968: German Foreign Policy in Transition: Bonn between East and West, Oxford: Oxford University Press.

Kaiser, Karl 1979: Die neue Ostpolitik. In: Aus Politik und Zeitgeschichte, Band 43/79.

Kaiser, Karl 1991: Deutschlands Vereinigung. Die internationalen Aspekte. Mit den wichtigsten Dokumenten. Bergisch Gladbach: Bastei Lübbe.

Katzenstein, Peter 1987: Policy and Politics West Germany: The Growth of a Semisovereign State. Temple: Temple University Press.

Kennan, George 1967: Memoires 1925-1950. Boston et al.: Atlantic Monthly Press Book. Dt. Memoiren 1981.

Kennedy, Paul 1987: The Rise and Fall of Great Empires. New York.: Random House.

Kiersch, Gerhard 1977: Die französische Deutschlandpolitik 1945 -1949. In: Scharf, Claus/Schröder, Hans-Jürgen (Hrsg.): Politische und ökonomische Stabilisierung Westdeutschlands. Wiesbaden, S. 61.

Kirste, Knut/Maull, Hanns W. 1996: Zivilmacht und Rollentheorie. In: Zeitschrift für Internationale Beziehungen 3. Jahrgang Heft 2, S. 283-312.

Kissinger, Henry A. 1994: Die Vernunft der Nationen. Berlin: Siedler.

Kissinger, Henry A 1979: Memoiren. München: Bertelsmann.

Knapp, Manfred 2002: Die Rolle Deutschlands in den Vereinten Nationen. In: Aus Politik und Zeitgeschehen B 27-28, S. 11-18.

Knapp, Manfred 2004: Die Außenpolitik der Bundesrepublik Deutschland. In: Knapp, Manfred/Krell, Gert (Hrsg.) 2004: Einführung in die Internationale Politik. München: Oldenbourg, S. 135-200.

Knudsen, Olaf F. 1994: Context and Action in the Collapse of the Cold War European System. In: Carlsnaes, Walter/Smith, Steve: European Foreign Policy. London: Sage, S. 202 ff.

Koalitionsvereinbarung zwischen der SPD und Bündnis 90/Die Grünen 1998: Bonn, 20. Oktober.

Kohler-Koch, Beate (Hrsg.) 1989: Regime in den internationalen Beziehungen. Baden-Baden: Nomos.

Kreile, Michael 1978: Osthandel und Ostpolitik. Baden-Baden: Nomos.

Kroll, Hans 1967: Lebenserinnerungen eines Botschafters. Berlin: Kiepenheuer & Witsch.

Le Gloannec, Anne-Marie: The Unilateral Temptation: Germany's Foreign Policy after the Cold War. In: Friedrich-Ebert-Stiftung (Hrsg.) Internationale Politik und Gesellschaft. 1/2004, S. 27-39.

Leonhard, Wolfgang 1961: Die Revolution entlässt ihre Kinder. Berlin: Kiepenheuer & Witsch.

Liebert, Ulrike und Merkel, Wolfgang (Hrsg.) 1991: Die Politik zur deutschen Einheit. Probleme – Strategien – Kontroversen. Opladen: Leske.

Link, Werner 1975, 1988: Der Ost-West-Konflikt. Stuttgart: Kohlhammer.

Lippmann, Walter 1947: The Cold War. New York: Harper & Brother.

Loth, Wilfried 1980: Die Teilung der Welt 1941-1955. München: dtv Weltgeschichte.

Loth, Wilfried 1983: Der „Kalte Krieg" in der historischen Forschung. In: Niedhart, Gottfried (Hrsg.): Der Westen und die Sowjetunion seit 1917. Paderborn.

Löwenthal, Richard 1974: Vom Kalten Krieg zur Ostpolitik. In: Löwenthal, Richard/ Schwarz, Hans Peter (Hrsg.): Die Zweite Republik. 25 Jahre Bundesrepublik Deutschland. Eine Bilanz. Stuttgart: Seewald.

Mackscheidt, Klaus 1980: Einkünfte aus fremden öffentlichen Finanzwirtschaften. In: Handbuch der Finanzwissenschaft. Tübingen: Mohr, S. 965-986.

Masala,Carlo/Sauer, Frank/Wilhelm, Andreas. (Hrsg.) 2010: Handbuch der internationalen Politik. Wiesbaden: VS Verlag.

Maull, Hanns W. 1993: Civilian Power: The Concept and its Relevance for Security Issues. In: Babic, Lidija/Huldt, Bo (Hrsg.): Mapping the Unknown: Towards a New World Order. Yearbook of the Swedish Institute of International Affairs. London, S. 115-131.

Maull, Hanns 1993: Zivilmacht Bundesrepublik? In: Blätter für deutsche und internationale Politik 38(8), S. 934-948.

Maull, Hanns 1997: Zivilmacht Deutschland. Vierzehn Thesen für eine neue deutsche Außenpolitik. In: Senghaas, Dieter (Hrsg.): Frieden machen. Frankfurt/M.: Edition Surhkamp, S. 63-76.

Maull, Hanns W. 2007: Deutschland als Zivilmacht. In: Schmidt, Siegmar/Hellmann, Gunther/Wolf, Reinhard (Hrsg.): Handbuch zur deutschen Außenpolitik. Wiesbaden: VS Verlag, S. 73-84.

Mearsheimer, John 1990: Back to the Future. Instability in Europe after the Cold War. In: International Security 15(1), S. 5-56.

Meier, Viktor 1964: In: Griffith, William: Communism in Europe. Oxford: Pergamon Press.

Meissner, Boris 1972: Die sowjetische Deutschlandpolitik 1945-1949. In: Geyer, Dietrich (Hrsg.): Osteuropa-Handbuch. Köln/Wien: Böhlau, S. 448-473.

Morgan, Roger 1974: The US and West Germany 1945-79. London. Dt. 1974: Washington and Bonn. München: Piper.

Morgenthau, Hans, J. 1993: Politics Among Nations (1948). New York et al.: McGraw-Hill.

Müller-Armack 1971: Auf dem Weg nach Europa. Tübingen: Wunderlich.

Münkler, Herfried 2009: Die Deutschen und ihre Mythen. Berlin: Rowohlt.

Noack, Paul 1972/78: Deutsche Außenpolitik seit 1945. Stuttgart: Kohlhammer.

Nolte, Ernst 1974: Deutschland und der Kalte Krieg. München: Piper.

Peterson, John/Sjursen, Helena (Hrsg.) 1998: A Common Foreign Policy for Europe? London: Routledge.

Pfetsch, Frank R. 1981: Die Außenpolitik der Bundesrepublik 1949-1980. München: UTB/Fink.

Pfetsch, Frank R. 1990: Ursprünge der Zweiten Republik. Prozesse der Verfassungsgebung. Opladen: Westdeutscher Verlag.

Pfetsch, Frank R. 1991: Deutsche Einheit und europäische Integration. In: Liebert, Ulrike/Merkel, Wolfgang: Die Politik zur deutschen Einheit. Opladen: Leske & Budrich, S. 299-320.

Pfetsch, Frank R. 1993: Die Außenpolitik der Bundesrepublik 1949-1992. Von der Spaltung zur Vereinigung. München: UTB/Fink.

Pfetsch, Frank R 1994: Tensions in Sovereignty: Foreign Policies of EC Members Compared. In: Carlsnaes/Smith 1994, S. 120-137.

Pfetsch, Frank R. 2005: Die Europäische Union. München: UTB/Fink.

Pfetsch, Frank R. 2007: Das neue Europa. Wiesbaden: VS Verlag.

Pfleiderer, Karl Georg 1961: Politik für Deutschland. Reden und Aufsätze 1948-1956. Stuttgart: DVA.

Prawe, Diethelm 1976: Die Anfänge der Brandtschen Ostpolitik in Berlin 1961-63. In: Benz, Wolfgang/Graml, Hermann: Aspekte deutscher Außenpolitik im 20. Jahrhundert. Aufsätze Hans Rothfels zum Gedächtnis. Schriftenreihe der Vierteljahresschrift für Zeitgeschichte, Sondernummer. Stuttgart, S. 249-286.

Regelsberger, Elfriede: Gemeinsame Außen- und Sicherheitspolitik. In: Weidenfeld, Werner/Wessels, Wolfgang (Hrsg.): Jahrbuch der Europäischen Integration. Baden-Baden: Nomos 2006, S. 31-40.

Risse, Thomas/Cowles, Maria Green/Caporaso, James 2001: Europeanization and Domestic Change: Introduction. In: Greens Cowles, Maria/Caporaso, James/Risse, Thomas (Hrsg.): Transforming Europe. Ithaca/London: Cornell University Press, S. 1-20.

Rittberger, Volker 1990: Die Bundesrepublik Deutschland – eine Weltmacht? In: Aus Politik und Zeitgeschichte, B 4-5/19. Januar.

Rittberger, Volker (Hrsg.) 2001: German Foreign Policy since Unification. Manchester: Manchester University Press.

Rosecrance, Richard 1986: Der neue Handelsstaat. Frankfurt: Campus 1987. Engl.: The Rise of the Trading State. Commerce and Conquest in the Modern World. New York: Basic Books.

Rosenau, James 1990: Turbulence in World Politics. A Theory of Change and Continuity. Perinceton/NJ: Princeton University Press.

Rosenau, James 1997: Along the Domestic-Foreign Frontier: Exploring Governance in a Turbulent World. Cambridge: Cambridge University Press.

Sabatier, Paul/Jenkins-Smith, Hank (Hrsg.) 1993: Policy Change and Learning: An Advocacy Coalition Approach. Boulder: Westview.

Scharf, Claus/Schröder, Hans-Jürgen 1977/79: Politische und ökonomische Stabilisierung Westdeutschlands. Wiesbaden: Steine.

Scharpf, Fritz W. 1992: Horizontale Politikverflechtung. Frankfurt/M.: Campus.

Schmid, Carlo 1979: Erinnerungen. Bern/München/Wien: Scherz.

Schmid, Günther 1979: Entscheidung in Bonn. Die Entstehung der Ost- und Deutschlandpolitik 1969/70. Köln: Wissenschaft und Politik.

Schmidt, Siegmar/ Schünemann, Wolf J. 2009: Europäische Union. Baden-Baden: Nomos

Schmidt, Siegmar/Hellmann, Gunther/Wolf, Reinhard (Hrsg.) 2007: Handbuch der deutschen Außenpolitik. Wiesbaden: VS-Verlag.

Schöllgen, Gregor 2004: Die Außenpolitik der Bundesrepublik Deutschland. München: Beck.

Schuster, Rudolf 1973: Deutschlands staatliche Existenz im Widerspruch politischer und rechtlicher Gesichtspunkte 1945 bis 1967. München: Oldenbourg.

Schwarz, Hans-Peter 1985: Die gezähmten Deutschen. Von der Machtbesessenheit zur Machtvergessenheit. Stuttgart: DVA.

Schwarz, Hans-Peter 1980: Vom Reich zur Bundesrepublik: Deutschland im Widerstreit der außenpolitischen Konzeption in den Jahren der Besatzungszeit 1945-49. Stuttgart: Klett-Cotta.

Segbers, Klaus 1992: Wanderungsbewegung in und aus der früheren Sowjetunion. Bern: Schweizerische Friedensstiftung.

Senghaas, Dieter 2004: Zum irdischen Frieden. Erkenntnisse und Vermutungen. Frankfurt/M.: Suhrkamp.

Skowron, Ives u. Thomas 1992: Die Deutschlandpolitik der USA und der UdSSR im Kontext des deutschen Vereinigungsprozesses 1989-1990. Dipl.-Arb. Uni Leipzig.

Smith, Karen 2005: European Union Foreign Policy in a Changing World. Cambridge: Polity Press.

Soell, Hartmut 1976: Fritz Erler – eine Biographie. Berlin: Dietz.

Stein, Arthur A. 1990: Why Nations Cooperate. Circumstance and Choice in International Relations. Ithaka: Cornell University Press.

Steininger, Rolf 1983: Deutsche Geschichte 1945-1961. Darstellung und Dokumente in zwei Bänden. Frankfurt/M.: Fischer.

Sturm, Roland 2005: Was ist Europäisierung? In: Schuppert (Hrsg.): Europawissenschaften. Baden-Baden: Nomos, S. 101-127.

Teltschik, Horst 1991: 329 Tage. Innenansichten der Einigung. Berlin

Thomas, Caroline/Weiner, Klaus-Peter (Hrsg.) 1993: Auf dem Weg zur Hegemonialmacht? Die deutsche Außenpolitik nach der Vereinigung. Köln: Papyrossa.

Tuschoff, Christian 2005: Explaining the multilateral reflex: German Foreign Policy, 1949-2002. BMW Center for European and German Studies. The American Institute for Contemporary German Studies, Working paper No. 12-05. Georgetown University.

Varwick, Johannes (Hrsg.) 2004: Neues Europa – alte EU?. Opladen: Leske und Budrich.

Vink, Maarten 2008: Europeanization. A New Research Agenda 2008. London et al.: Palgrave.

Vogelsang, Thilo 1966, 1980: Das geteilte Deutschland. Stuttgart: dtv.

Zervakis, Peter A./Gossler, Sébastian von 2003: 40 Jahre Élysée-Vertrag. Hat das deutschfranzösische Tandem noch eine Zukunft. In: Aus Politik und Zeitgeschehen, 20.1.2003.

Zitelmann, Rainer/Weißmann, Karlheinz/Groheim, Michael (Hrsg.) 1993: Westbindung. Chancen und Risiken für Deutschland. Frankfurt/Berlin: Propyläen.

Tabellen, Graphiken, Synopsen und Übersichten

Der Autor

Prof. (em.) Dr. Frank Pfetsch studierte Volkswirtschaft und Politikwissenschaft an in- und ausländischen Universitäten. Seit 1976 lehrt er an der Ruprecht-Karls-Universität Heidelberg Politikwissenschaft mit Schwerpunkten in politischer Theorie sowie Konflikt- und Verhandlungsforschung.